高等职业教育文秘专业“十二五”规划教材
21世纪高职高专精品教材·现代秘书系列



# 秘书礼仪与职业形象设计

主　编　生素巧　程　萍
副主编　高卫红　刘　玉　段　赟
主　审　刘凤云

中国人民大学出版社
·北京·

# 前　言

当前形势下，以培养学生能力为核心的课程改革理念已深入人心，为适应教育改革新形势，本教材应运而生。作为一位秘书人员，在职场中的形象设计和行为举止尤为重要，因此，本教材创新地将“秘书礼仪与职业形象设计”并举作为本书的名字。

“秘书礼仪与职业形象设计”是秘书专业的学生学习的核心课程之一，也是一门应用性和实践性很强的学科。通过学习本教材，要让学生认识秘书礼仪与职业形象设计在现代公关活动以及管理中的性质、意义和作用；学习和理解秘书礼仪与职业形象设计的有关概念和基本常识；学会有关秘书礼仪在生活和工作中的具体运用，能运用礼仪技巧去解决工作中的问题等。

本教材在编写过程中，从体系、体例、方法和内容上进行了大胆的创新。尝试按职业能力形成规律，重新设计学习程序，采用模块和任务分解式教学强化秘书礼仪各专项技能，突出以学生为主体的实践教学，特别是创新实验和综合实训（案例和模拟任务），能活跃学生的思维、发挥学生的学习主动性、培养学生的创新意识和创新能力。

本教材结合以工作过程为导向的教改实践，在编写体例上做了一些新的尝试，按照工作情境、任务描述、工作实施、工作评估、相关知识、学法指导、技能训练和其他链接等小栏目安排全书的结构。真正体现了以能力为核心的教改精神和特色，要求教师灵活、具体地把秘书礼仪规范的详细要点与操作技巧细致准确地传授给学生，教会学生灵活有效地掌握所学知识，并提高运用礼仪知识解决生活和工作中的实际问题的能力，提升学生的品位和形象，改善他们的人际关系，实现未来的职业理想和人生目标。

本教材的编写者均是各个学校第一线从事礼仪理论研究和实践教学的教师，有丰富的实践教学经验，有的教师还是一些企业特聘的礼仪讲师。参与本书编写的学校有：江苏经贸职业技术学院、中国传媒大学南广学院、浙江丽水职业技术学院、南京钟山职业技术学院、南京工业职业技术学院等。参与本书编写工作的还有黄绮冰、王卉、朱彦、于淑健、解光夫、尤晓燕、朱晓蓉等老师。

在编写过程中，我们参考了大量的相关资料，在此向资料的作者表示诚挚的感谢。由于编者水平有限，书中如有错误或疏漏之处，恳请各位专家、老师和读者批评指正。

编者

# 目　录

模块一

# 秘书职业礼仪认知

## 学习目标

1. 理解秘书职业礼仪的含义与特征。
2. 理解秘书职业礼仪的重要意义。
3. 学会在实际工作中灵活运用秘书职业礼仪原则。

## 任务一　秘书礼仪的含义与特征

### 工作情境

上海美妆公司的总经理秘书王园最近很忙，因为她公司的最大客户——日本诚美会社的三浦展社长近期要来上海。这次来沪，他准备待一个星期左右，一是参观世博会，二是来美妆公司上海总部实地考察，顺便谈谈明年的一笔订单。

日本诚美会社是美妆公司的大客户，公司每年有30%的订单都来自于它，所以公司上下对三浦展社长一行的到来表示出高度重视。王园更是为此忙活了近一个月，关于社长先生的性格、年龄、爱好、住宿、饮食、日程安排等若干细节都跟对方公司进行了精细的沟通和确认。这天是客人到来的日子，为了保证水果新鲜，王园一大早去买进口水果，跟司机一起把水果放到三浦先生将要下榻的酒店房间。在把洗干净的水果放到果盘中的时候，茶几角把王园的丝袜给勾了个小洞。她想让司机到楼下去买一双换上，可那边总经理的电话又在催了。王园想：算了，反正裙子长及膝盖，勾坏的小洞又在腿弯内侧，留心遮盖的话，应该不会有人注意到吧。于是，王园就匆匆忙忙地跟总经理去机场接客人了。

陪同三浦先生在工厂参观期间，王园发现三浦先生好像有点不太高兴，跟自己谈话时也是不冷不淡、未知可否，特别是在端茶倒水、迎来送往的时候，总会隐约感觉到他的目光在追着自己。

王园心里直犯嘀咕，想不清楚为什么，猜测可能是丝袜的原因，但又觉得那不至于招来社长这么大的反应。接下来的几天，她全程陪同三浦社长一行，跟社长先生的秘书惠子小姐逐渐成了好朋友，旁敲侧击之后，她恍然大悟。原来，问题还是出在那双丝袜上。惠子小姐告诉王园，三浦先生是个非常注重礼仪和传统的人，平日里对公司男女职员的穿着举止都要求很高，如果不合乎公司规范，他会当面指出来。他经常在公司里强调，一个对自己的穿着举止都不在意的人，更不能指望他拿出更多的时间和精力放在工作和公司的发展上。一个公司够不够专业、管理规范不规范、有没有实力，从员工们的穿着举止就能看出七八分来。

## 任务描述

王园考虑到了接待重要客人的若干细节，却缺乏对社长个人信息的全面了解，不知道他非常重视礼仪，喜欢从礼仪方面去判断公司的实力。

## 工作实施

如果王园采取以下及时补救的方法，可能就不会给自己带来尴尬，也不会使公司的颜面受损。

方法一：因为丝袜是易坏的用品，所以最好在自己随身携带的包里或办公室抽屉里放上一两双备用。

方法二：王园可以跟总经理解释清楚，说明自己作为接待人员如果衣冠不整，会影响到接待的质量，特别是对于今天来的贵宾更不能大意。可以请总经理给她几分钟时间，到酒店销售部买双新的换上。

## 工作评估

丝袜破洞虽小，却事关公司形象。王园的主要问题就在于忽视了工作中的礼仪。她应该意识到自己作为一线的接待人员，不应该出现任何有损公司形象的穿着和行为。

## 相关知识

### 一、秘书礼仪的含义

礼仪是人类历史发展中逐渐形成并积淀下来的一种文化，是人类文明进步的表现形式之一。它是协调人际关系的约定俗成的行为规范，更是一个人、一个组织乃至一个国家和民族内在的精神文化素养的显示。近年来，我国对外的政治、经济、文化交往活动越来越频繁，2008 年北京奥运会、2010 年上海世博会等大事盛事不断，这些都迫切要求我国国民具备与物质文明相匹配的礼仪修养，熟知国际国内礼仪知识，在生活、学习、工作中主动而自觉地执行礼仪规范。所以，重视、开展礼仪教育已成为当下国民教育的一个重要内容。

在人际交往中，礼仪是以一定的、约定俗成的程序方式来表现的律己敬人的过程，涉及穿着、举止和交往等内容。礼仪作为一种社会规范，被人们广泛应用于各个场合，渗透到社会生活的各个领域，调整社会成员在交往中的各种关系，因此，礼仪的内容丰富多彩、纷繁复杂。人们在从事的职业中追求生存和发展，并形成了在职业活动中对他人和社会应承担的责任，同时必须遵守一定的职业行为规范，这样就形成了不同的职业礼仪。可以说，职业礼仪来源于市场经济发展的需要，顺应了各行业竞争的需要，是时代发展的必然产物。

从本质上来说，秘书礼仪属于职业礼仪，是秘书人员在开展秘书工作中行为规范的总和。根据秘书职业生活中的工作性质和范围，一般来说，可以把礼仪分为以下几种类型，即交往礼仪、接待礼仪、饮食礼仪、电子通讯礼仪、商务典礼礼仪、会务管理礼仪、涉外礼仪等。

交往礼仪，是指在社会交往活动中，人们所应具有的相互表示尊重、敬意、亲善和友好的行为规范与惯用形式。

接待礼仪，介绍了秘书在日常接待工作中所必须遵守的行为规范，具有权威性、规范性、对象性、技巧性的特点。

饮食礼仪，是每个民族在长期的饮食生活实践中，形成的一套属于自己的规范化礼仪。中国的饮食礼仪，数千年来由上到下成规成矩，是社会文明的具体体现之一。

电子通讯礼仪，通常指在利用电话、网络以及电报、传真等各种通讯手段时，所应遵守的礼仪规范。

商务典礼礼仪，是指举行开业典礼、剪彩仪式以及签字仪式等活动时应遵守的礼仪程序及规范。

会务管理礼仪，是指召开会议前、会议中、会议后参会人应注意的事项。懂得会务管理礼仪对会议精神的执行有较大的促进作用。

涉外礼仪，是涉外交际礼仪的简称，即中国人在对外交际中，用以维护自身形象、对交往对象表示尊敬与友好的约定俗成的习惯做法。

## 二、秘书礼仪的特征

### （一）公务性

秘书礼仪主要是指秘书在日常工作中应遵守的行为规范，它是与秘书的工作内容、特定功能直接相关的。秘书实施礼仪时，不仅代表个人，也代表自己所在的组织。秘书人员能否恰当而得体地运用礼仪，直接影响到组织的形象和效率。所以，秘书礼仪带有一定的公务性。

### （二）规范性

秘书礼仪是秘书在交际场合接人待物时必须遵守的行为规范。这种规范性，不仅体现在约束秘书在一切交际场合的言谈话语、行为举止方面，而且也要求秘书在一切交际场合必须采用的一种“通用语言”，这种语言是衡量他人、判断自己是否自律、敬人的一种尺度。

(三) 差异性

世界是丰富多彩的，礼仪也是五花八门、绚烂多姿。各地民俗礼仪千奇百怪，几乎没有人能说清楚世界上到底有多少种礼仪形式。从语言的表达礼仪到文字的使用礼仪，从举止礼仪到规范化礼仪，从服饰礼仪到仪表礼仪，从风俗礼仪到宗教礼仪等，在不同的国家、不同的场合，礼仪的表达方式也有所不同。比如，在人们常见的国际交往礼仪中，仅见面礼节就有握手礼、点头礼、亲吻礼、鞠躬礼、合十礼、拱手礼、脱帽礼、问候礼等。有些礼仪所表达的方式和内容，在甲国家或地区与乙国家或地区就可能截然相反。

(四) 变化性

每一种礼仪都有其产生、形成、演变和发展的过程，它是社会发展的产物，必然会随着时代和人们生活的不断变化而变化，可能会有一定的继承性，但是不存在僵死不变的永恒模式。所以，秘书人员要注意灵活运用礼仪的规范性。一般来说，在非正式场合，有些礼仪可不必拘于约定俗成的规范，可增可减，随意性较大。在正式场合，讲究礼仪规范是十分必要的。但如果双方已经非常熟悉，即使是较正式的场合，有时也不必过于讲究礼仪规范。

## 学法指导

与实践相联系是修养礼仪的根本方法。

1. 知行统一，重在实践。

2. 比较借鉴，非礼莫行。

3. 自觉自省，旨在提高。

## 技能训练

1. 在现实生活中，我们碰到过的不讲究礼仪的例子有哪些？有什么危害？我们应该如何讲究礼仪？

2.《春城晚报》1992 年 1 月 9 日载文节选：在某地一辆公共汽车上曾发生过一起乘客与乘务员之间的争吵。乘务员着急了，大声喊：“往里走，往里走，你堵在门口干什么？”乘客：“同志，态度好一点嘛!”乘务员：“态度？态度几分钱一斤?!”乘客：“刚才我不是跟你说了吗？我到前面一站就下车。”乘务员：“我不也在跟你说吗？你坐车就一块钱，想买什么态度?”

请从职业礼仪的角度进行分析。

3. 传说有人把于右任先生写的“不可随处小便”重新组合装裱，于是就有了“小处不可随便”的典故。其实“小处不可随便”是中国人自古以来的一条处事原则。古语道：“战战栗栗，日谨一日。人莫踬于山，而踬于垤。”告诫人们时时提防被小土堆绊倒，这或许是关于“小处不可随便”的最古老的教诲。

不光是中国，外国人也有类似的观念。针眼大的窟窿斗大的风；小处随便的人往往不受欢迎，在某些特殊的场合甚至会造成致命的后果。下面举一个最典型的例子。1786年，法国国王路易十六的王后玛丽·安东尼到巴黎戏剧院看戏，全场起立鼓掌。放荡不羁的法国公爵奥古斯丁为了引起王后的注意，面向王后吹了两声很响的口哨。这在当时被视为严重的调戏行为，国王大怒，把奥古斯丁投入监狱。而奥古斯丁入狱后似乎就被遗忘了，既没被审讯，也没被判刑，于是被日复一日地关押着。后因时局变化，他曾有过两次出狱的机会，但阴差阳错，终究还是无人问津。直到1836年，老态龙钟的奥古斯丁才被释放，他当时已经72岁。两声口哨换来50年的牢狱之灾，这实在是天大的代价。

与此相反，一滴水可以折射太阳的光辉，小处端正的人往往能取得人们的信任。法国有个银行大王，名字叫恰科。他年轻时并不顺利，52次应聘均遭拒绝，第53次，他又来到应聘过的某家银行，直接找到董事长，希望通过面谈让董事长了解和接纳自己，可是又被拒绝。恰科既有些失意，又有些气愤，但他保持平静的表情，礼貌地说完再见，转过身，低头向外走去。忽然，他看见地上有一枚大头针横在离门不远的地方。他知道大头针虽小，但弄不好也能对人造成伤害，就弯腰把它捡了起来。第二天，他出乎意料地接到了这家银行的录用通知。原来，他捡大头针的举动被董事长看见了。从这个不经意的小动作中，董事长发现了他品格中闪光的东西。这样精细的人，是很适合做银行职员的。于是，董事长改变主意，决定聘用他。恰科也因此而得到了施展才华的机会，走向了成功之路。

你是怎样理解“小处不可随便”这个问题的?

## 其他链接

### 日常礼仪六注意

1. 避免不该说出口的回答。如“不对吧，应该是……”这种话会显得你是在故意找碴。又如“听说……”这种话感觉就像是你在道听途说，有失得体。

2. 改掉一无是处的口头禅。每个人说话都可能带有习惯的口头禅，有些会让人产生反感，如“你懂我的意思吗”、“你清楚吗”、“基本上……”、“老实说……”。

3. 别问不熟的人“为什么”。如果彼此交情不够，问对方“为什么”有时会有责问、探人隐私的意味。如“你为什么那样做”、“你为什么做这个决定”这些问题都要避免。

4. 别以为每个人都认识你。碰到曾经见过面但认识不深的人时，绝对不要说：“你还记得我吗?”万一对方想不起来，就尴尬了。最好的方法是先作自我介绍：“你好，我是×××，真高兴又见面了。”

5. 掌握1秒钟原则。听完别人的谈话，在回答之前，先停顿1秒钟，这代表你刚刚在仔细聆听。若是随即回话，会让人感觉你好像早就等着随时打断对方了。

6. 微笑拒绝回答私人问题。如果被人问到不想回答的私人问题或让你不舒服的问题，可以微笑地跟对方说：“这个问题我没办法回答。”这样说既不会给对方难堪，又能守住你的底线。

## 任务二 秘书礼仪的原则与内容

### 工作情境

某天上午，研发部办公室秘书刘依然正忙着打印一份重要的研发报告，下午李经理要用这份研发报告向总经理汇报。她想集中精力赶紧把报告打完，谁知道，一会儿一个电话，叫她通知这通知那；一会儿来一个人，让她解决这事那事。刘秘书恨不得变成哪吒，生出三头六臂，把这些杂无头绪的事情都搞定。

资料来源：孟庆荣：《秘书工作案例及分析》，北京，清华大学出版社，2007。

### 任务描述

正在刘秘书忙碌之时，先后进来了两位客人，请问：刘秘书该如何接待？

### 工作实施

正在刘秘书忙碌之时，有人敲门，她心想又是谁呀，嘴里忙说："请进。"推门进来的是一个四十几岁的中年男人。刘秘书问他："您好！请问有什么需要帮忙的？"那人说："我是泰达公司的洪金龙，想见你们李经理，今天早上我跟他约好十点钟见面。"刘秘书看了一眼墙上的挂钟，还有 10 分钟到 10：00，就说："那您先坐会儿吧。"接着，就又低头忙碌起来。

紧接着，刘秘书又听见有人敲门，她说："请进。"这次推门而进的是研发部的常客，是李经理的老同学——市政府科技处的张处长。李秘书马上热情地迎上去，说道："张处长您好！您是来找我们李经理的吧，快请坐，我给您沏茶。"说着，手脚利索地沏好茶端给了张处长。张处长接过茶，说："谢谢，今天有时间就直接过来了，想跟你们经理谈谈市里那个项目的事情，他今天上午没别的事吧？"刘秘书忙说："李经理上午没什么事，我这就带您过去。"说完，就要带张处长去李经理的办公室。

这时，坐在一边的客人生气了，大声说："你这个秘书懂不懂先来后到的道理？难道这就是你们公司的待客之道？我是小公司的人，就不配受你这大公司秘书的接待吗？既然我在你们公司是不受欢迎的人，那我就先告辞了。"说完，摔门而去。

刘秘书一时愣住了，脸刷地一下红到耳根，张处长也尴尬地站在原地。

### 工作评估

刘秘书在与客人的沟通中，违背了三个原则：平等原则，对先来的客人不予理会，而对后来的客人热情倒茶；尊重原则，她无视先来客人的存在，这是极大的不尊重；诚信原则，明明经理 10：00 有约，她却称经理上午没事。正是刘秘书的诸多失礼表现，导致了自己、客人、张处长三方都没有面子，损坏了组织形象。

刘秘书应加强职业礼仪的修养，如果按职业礼仪规范来处理，就会显得有礼有节，避免案例中三方都很尴尬的局面。

对与公司有业务联系的客人，应平等、热情相待，一视同仁。况且先来的客人与李经理有约在先，刘秘书再忙也不能省略倒茶寒暄的基本礼貌，让人家干坐着，自己忙自己的，是很失礼的。如果实在没时间陪客人，可以跟客人解释说明一下，自己手头的工作很紧急，求得对方理解，同时提供茶水或报纸等，将客人安顿好再忙自己的，这样也是可以的。

张处长是临时造访，没有预约。在这种情况下，刘秘书应优先安排有预约的客人与李经理见面，回答张处长时，应讲明李经理上午约了客人，同时把先到的客人介绍给张处长。这样做，一是用事实向张处长表明立刻就见李经理有难处；二是通过介绍认识，可以把谁先去见李经理这个难题抛给二人自己决定。

如果先来的客人先去见李经理，刘秘书可以把张处长安顿好，请他先上网或看报纸，接着，在把先来的客人引进经理室时，顺便告诉李经理张处长在等，这样就提醒了李经理自动缩短会见时间，避免让张处长久等。张处长是李经理的老同学，关系相对近些，应该不会太过计较。

刘秘书如果这样做，不仅可以按照先来后到的公平原则去解决问题，同时还能灵活地处理两位客人之间的微妙关系。

## 相关知识

秘书礼仪，并不是刻板不变的，在不同国家、地区、行业，针对不同服务对象，不同类型的秘书服务往往会存在一些差异性。但是，在基本原则上，还是保持一致的，在主要内容方面也是共通的。

### 一、秘书礼仪的基本原则

所谓基本原则，就是绝大多数人在执行各种礼仪规范、从事各种礼仪活动时，都要共同遵守的基本准则。秘书礼仪的基本原则主要有五点。

#### （一）平等原则

平等原则，是指秘书人员在职场交往中，要经常提醒自己保持一颗平常心，跟领导、同事、客户、媒体记者等任何人群打交道，都应做到一视同仁，以礼相待，礼尚往来。对方有求于自己时，不能盛气凌人，颐指气使；自己有求于对方时，也不用卑躬屈膝，妄自菲薄。秘书人员应该认清，自己只是在从事一份特殊的工作，并不意味着自己在人格或精神上高人一等或矮人一头。

现实中，有个别秘书狐假虎威，充当“二首长”；当然，也不乏一些秘书唯领导马首是瞻，唯唯诺诺，低三下四。他们都违背了“人生而平等”的民主精神。

平等原则契合民主社会的发展趋势，是现代礼仪有别于旧时代礼仪的主要原则，也是现代礼仪的首要原则和重要基础。

（二）尊重原则

尊重，是礼仪的感情基础，是建立友谊、加深交往、发展关系的前提；尊重，是现代礼仪的实质，礼仪本身从内容到形式都是尊重他人的具体体现；离开尊重这一原则，任何礼仪就像失去了灵魂，显得苍白无力，难以打动对方。

尊重原则，是指秘书人员在职业交往中要自尊自爱，要尊重他人。尊重是一种互动行为，所谓“敬人者，人恒敬之”。自尊自爱，其实就是要律己，熟知对方的禁忌和喜好，通过规范自己的言行举止来照顾、尊重他人的感受，做到不冒犯别人。

尊重他人，就是不论对方的职位高低、身份贵贱、相貌美丑、才能大小，都能热情相待，礼遇有加。切记：尊重上级是天职，尊重同事是本分，尊重下级是美德，尊重客户是常识。特别要注意维护对方的自尊心，尊重对方的习俗、思想和个性，充分让对方感觉到他在你心目中是受欢迎和有地位的，能得到一种心理上的满足。

（三）诚信原则

诚信原则是指秘书人员在职业活动中应做到诚实守信，切忌失信于人。诚信是建立良好人际关系的基本条件，在讲究“信用”的当代社会，人们都非常看重一个人在贷款还款、人际应酬、生意往来等社会活动中的诚信度。

诚实，是一种美德，就是对人要真实诚恳，将外在行为和内在道德有机统一。在与人交往中，要心口一致、表里如一、言行相符，从而赢得对方的信任。如果待人表面一套、背后一套，口是心非，言而无信，那么，不管你表面上礼仪多么周到，言谈多么得体，对方最终也会识破你“伪君子”的实质。

守信，就是言必信，行必果。一个守信的人，在与人交往中说到做到、前后一致、准时守约、一诺千金，这样能建立自己良好的信誉，能赢得他人的信任和尊敬，能将双方的合作和交往正常、长期、稳定地发展下去。

（四）宽容原则

宽容原则是指秘书人员在职业交往中应做到心胸宽广，不过分计较对方礼仪上的得失。“严于律己，宽以待人”，能设身处地为别人着想，包容别人的过失。在待人时，需注重细节；衡量他人如何待我时，不拘泥于细节。对人宽容，是中华民族几千年的传统美德；就个人而言，也是获得友谊、拓展人脉的基本要求。

工作中来往的人们，可能来自不同的环境、国度、民族，具有不同的信仰、感情、个性，反映到礼仪上，也会各具特点。如果我们对此不加考虑，一味地用自己的一套标准和要求去衡量对方的言行举止，希望对方完全服从自己的意愿敬礼施礼，这是缺乏人文关怀的表现，势必造成沟通不畅。观察我们周围，有不少这样的人，品质良好但不善表达，或为人诚实但不拘小节，或动机善良却失之粗俗，正所谓“金无足赤，人无完人”的道理，千万不能求全责备。

（五）适度原则

适度原则是指秘书在施行礼仪的过程中，在熟悉礼仪准则和规范的基础上，注意各种情况下人际关系的距离，把握与特定环境相适应的人们彼此间的交往尺度，以建立和保持健康、良好、持久的人际关系。

在生活中，如果跟某个人关系特别好，或者和家人在一起的时候，不必太注重礼仪，此时，甚至会把礼仪称为“虚礼”，觉得彼此用不上这一套。当跟对方关系一般甚至陌生的时候，会非常注意规范自己的言行举止，害怕出现纰漏，冒犯对方。

跟人交往沟通要注意根据具体情况具体分析，因人、因事、因时、因地恰当处理、把握分寸，应和谐适度，避免过犹不及。礼仪可以使人们接近也可以使人们疏远。初次见面时，礼仪可以表现教养，展示个人的气质与魅力，但如果不分场合与亲疏乱用礼仪，反而会令人感觉是一种负担，拉远了距离，也易给人留下矫揉造作、缺乏诚意的印象。

## 二、秘书礼仪的主要内容

随着时代的变迁、社会的进步，人们的文明程度在不断地提高，在对我国古代礼仪扬弃的基础上，现代职业礼仪不断推陈出新，内容更完善、合理，也更丰富多彩。目前，秘书礼仪的内容大致可以分为以下几个方面。

### （一）礼节

礼节是指人们在日常生活中，特别是在交际场合中，相互表示问候、致意、祝愿、慰问以及给予必要的协助与照料的惯用形式。礼节是社会外在文明的组成部分，具有严格的礼仪性质。它反映着一定的道德原则的内容，反映着对人对己的尊重，是人们心灵美的外化。在阶级社会，由于不同阶级的人在利益上的根本冲突，礼节多流于形式。在现代社会中，由于人与人之间地位平等，其礼节从形式到内容都体现出人与人之间相互平等、相互尊重和相互关心。现代礼节主要包括介绍的礼节、握手的礼节、打招呼的礼节等。

当今世界是多元化的世界，不同国家、不同民族、不同地区的人们在各自的生存环境中形成了各自不同的价值观、世界观和风俗习惯，其礼节从形式到内容也不尽相同。

### （二）礼貌

礼貌是人们在交往过程中相互表示敬意和友好的行为准则和精神风貌，是一个人在待人接物时的外在表现。它通过仪表及言谈举止来表示对交往对象的尊重。它主要包括口头语言的礼貌、书面语言的礼貌、态度和行为举止的礼貌。礼貌是人的道德品质修养的最简单、最直接的体现，也是人类文明行为的最基本要求。在现代社会，人们常使用礼貌用语，对他人态度和蔼，举止适度，彬彬有礼，尊重他人已成为日常的行为规范。

### （三）仪表

仪表指人的外表，包括仪容、服饰、体态等。仪表属于美的外在因素，反映人的精神状态。仪表美是一个人心灵美与外在美的和谐统一，美好纯正的仪表来自于高尚的道德品质，它和人的精神境界融为一体。端庄的仪表既是对他人的一种尊重，也是自尊、自重、自爱的一种表现。

### （四）仪式

仪式指行礼的具体过程或程序，它是礼仪中一种比较正规、隆重的表现形式，主要是为了体现对某些事或人的重视。常见的仪式包括开业或开幕仪式、闭幕仪式、签字仪式、剪彩仪式等。

仪式一般都会有特定的程序，但是在现代礼仪中，仪式的程序逐渐出现了简化的趋势，一些繁文缛节纷纷被剥离、抛弃，摆脱了以前为了仪式而办仪式的作风，这与现代工作讲求效率、力行节约、追求环保等时代特点息息相关。

（五）礼俗

礼俗即民俗礼仪，它是指各种风俗习惯，是礼仪的一种特殊形式。跟仪式相比，它具有较强烈的民间性、隐蔽性、自发性。礼俗是由历史形成的，普及于社会和群体之中并根植于人们心中，在一定的环境经常重复出现的行为方式。不同国家、不同民族、不同地区在长期的社会实践中形成了各具特色的风俗习惯。“十里不同风，百里不同俗”，不但每一个民族、地区，甚至一个小小的村落都可能形成自己的风俗习惯，在此不一一列举了。

## 学法指导

1. 要注意礼节、礼貌以及仪表、仪式之间的联系与区别。
2. 礼仪是修养由内而外的表现，在平时应注重加强个人修养。
3. 应自我检查礼仪实施情况，吸取经验教训。

## 技能训练

1. 苏格拉底曾言：“不要靠馈赠来获得一个朋友，你须贡献你诚挚的爱，学习怎样用正当的方法来赢得一个人的心。”请用职业礼仪原则进行分析。

2.《林肯传》中有这样一段描述：一天，林肯总统与一位南方的绅士乘坐马车外出时，途遇一老年黑人深深地向他鞠躬，林肯点头微笑并摘帽还礼。同行的绅士问道：“为什么你要向黑人摘帽?”林肯回答说：“因为我不愿意在礼貌上不如任何人。”可见，林肯深受美国人民的热爱是有原因的。1982 年美国举行民意测验，要求人们在美国历届 40 位总统中挑选一位“最佳总统”时，林肯名列前茅。

林肯向老年黑人脱帽致礼说明了什么?

3. 局里就要开年度总结会了，要对今年的工作进行总结。还有不到一周的时间，为了保证会议顺利召开，秘书处的全部人员都集中到会议室，研究讨论会议的有关文件。首先讨论的是秘书处李处长给局长写的年度总结报告。李处长不愧是局里的第一支笔，报告写得洋洋洒洒，声情并茂，令人振奋。但在征求意见的过程中，秘书小周直截了当地提出了自己的看法，他认为李处长的报告中有多处统计数据不准确，原因在于李处长采用的统计方法不正确，应该加权处理的数据没有进行加权处理。而李处长认为他采用的这些数据都是下属各个单位报上来的数据，进行简单的加减就可以，无须进行其他处理。周秘书认为自己是学统计学专业的，是科班出身，坚持认为李处长的数据处理不当，惹得李处长很不高兴，脸越拉越长，说了一声“大家先休息一下”，就端着茶杯出去了。

休息期间，秘书处的老秘书长张大姐走过来和蔼地提醒周秘书说：“小周，要注意一下提意见的方式，当着这么多人的面，用那么肯定的语气说李处长错了，他会产生一种什么感受？如果我是李处长，我会觉得你就跟直接说我‘无知’一样。所以，即使你的意见是对的，也应该注意说话的方式。”周秘书马上辩白说：“我没有别的意思，只是实话实说，我这个人生来就是这样的性格，有什么说什么，不会装假，不会拐弯抹角。我认为做人要正直坦白。”话音未落，张大姐严肃地说：“为人正直和注意说话方式是两个不同的问题。为人正直，是指不撒谎，不欺骗，是个人道德品质问题；而说话方式是技巧问题，是工作方式方法问题，两者不能混为一谈。请你记住，对于我们这些职业秘书来说，用什么方式说话，永远比说什么更重要。”

你是怎么理解“对于职业秘书来说，用什么方式说话，永远比说什么更重要”这句话的？请找找身边的例子。

资料来源：孟庆荣：《秘书工作案例及分析》，北京，清华大学出版社，2007。

## 其他链接

### 众说纷纭话礼仪

- 戴尔·卡耐基：“一个人事业上的成功，只有15%是由于他的专业技术，另外85%要靠人际关系、处世技巧。”
- 拿破仑·希尔：“世界上最廉价而又能得到最大利益的一项特质就是礼节。”
- 赫尔岑：“生活里最需要的是礼仪，它比最高的智慧，比一切学识都重要。”
- 杰克·韦尔奇：“我不喜欢和一个不讲究礼仪的人交往，我相信很多人都和我一样。”
- 管仲：“善气迎人，亲如兄弟；恶气迎人，害于戈兵。”
- 艾努逊：“生命还不是短促得连讲礼貌的时间都没有。”
- 车尔尼雪夫斯基：“为了粗暴意味着忘却了自己的尊严。”

# 任务三 秘书礼仪的意义

## 工作情境

法国某城市的一家照相器材厂，经过技术人员的艰苦努力，研制生产出一种先进的显影液。世界许多国家和地区的同类型生产厂家纷纷派人来参观考察，无不对其生产工艺及产品配方抱有极大兴趣。在作为照相器材技术强国的日本，拥有诸多世界名牌的日本厂商对此也表示关注。日本的一家公司派来代表团。鉴于日本人的精明，厂方不由得打起十二分精神接待，以保护其机密技术。在厂方秘书人员的引导下，日本代表团成员到器材厂各车间参观，他们对生产设备、生产工艺及产品优良性能赞不绝口，来到显影液样品前面，参观者兴奋起来，有的参观者拿出相机不停地拍照，有的拿出笔记本记着什么，还有几位日本客人与厂方工作人员不时地低声交换着意见。一同参观的A先生弓着腰，拿着放大镜仔细地观察显影液，A先生做这个动作，是为了让领带沾上显影液，以便回去研究成分。虽然这一举动十分隐蔽，但还是没能逃脱接待人员的眼睛。

资料来源：孙荣：《秘书工作案例》，上海，复旦大学出版社，2005。

## 任务描述

秘书人员遇到这样的情况，需要即刻采取一个两全之策，既要保住厂方机密，又不应让前来参观的日本代表团难堪。

## 工作实施

考察现场的气氛非常热烈，一天过去了，日本代表团结束了访问，满载而归。然而，当A先生走出车间时，秘书人员礼貌地说："对不起，先生，您的领带在参观时弄脏了，这是我们工作的失误，请您换上我们赠送的新领带，以表我们的歉意，您的领带我们洗干净后再送还给您。"A先生无可奈何，只得把领带换下来。

## 工作评估

秘书人员用道歉、赠送领带的方式，把责任往自己身上揽，其实是一种以退为进的策略，既保住了公司的利益，也顾全了A先生的面子，还让心知肚明的A先生羞愧难当。

## 相关知识

秘书职业礼仪，来源于市场经济发展的需要，顺应了各行业竞争的需求，是时代发展的必然产物。它定位于职业人员的基础技能，是每一位职业人员工作的必备技能之一。从多维角度分析，秘书学习职业礼仪具有多方面的意义，具体表现在以下几个层面上。

### 一、秘书礼仪是企业文化的表现形式之一

当代社会，企业文化成为企业发展、飞跃的基石，任何一个有着宏伟蓝图的企业都非常注重企业文化的构建和维护。应该说，企业文化是一个长期的、系统的、循序渐进的工程，主要分为三个层面：表层，强调展示感染，主要通过员工礼仪规范、活动来完成；中层，强调规范感染，主要通过各项经营管理规章制度来完成；深层，强调导向渗透，通过一致而明确的价值观、经营理念、发展目标等来完成。由此可以看出，秘书是否具备成熟而规范的职业礼仪，是否具备良好的职业形象，直接影响到企业文化的建设是否稳固而扎实。

### 二、秘书礼仪能有效地提升个人的职业素质

礼仪往往是衡量一个人文明程度的准绳。它不仅反映着一个人的交际技巧与应变能

力，而且还反映着一个人的气质风度、阅历见识、道德情操、精神风貌，在职场中，则将之称为职业素养。职业素养是一个人职业生涯成败的关键因素。职业素养量化而成"职商"，英文为 Career Quotient，简称 CQ。比尔·盖茨有句名言："企业的竞争就是形象的竞争，员工的竞争就是素质的竞争。"职业礼仪不是死板地照搬或表演，而是个人职业素质由内而外的接受和体现，如果欠缺相应的内涵，一味照猫画虎，会让人感觉缺乏真诚，没有深度。所以，秘书职业礼仪的形成，如对于握手姿势、倒茶顺序、日常寒暄等若干细节的重视和修正，实质上也是个人职业素养提升的过程，最终的举止端庄、行为文明、动作规范是良好职业素养的体现。

## 三、秘书礼仪有利于创造良好的沟通氛围

根据卡耐基的研究，个人的成功 15% 靠的是专业知识、专业技能，而 85%要靠人际关系、处世技巧。礼仪与礼貌，用现代人的眼光看是一种信息传递，它可以用闪电般的速度把你的尊重之情准确表达出来并传递给对方，使对方立即获得情感上的满足，与此同时，礼貌又反馈回来——对方以礼貌回敬。于是双方热情之火点燃了，支持与协作便开始了。假如人皆如此，长此以往，必将促进社会交往的进一步发展，帮助人们更好地取得交际成功，进而造就和谐、完善的人际关系，取得事业的成功。对职业人而言，拥有礼仪及沟通知识，在不同场合适时适度地表现礼仪，意味着能与不同类型的人对上话，搭建沟通之桥，展现自己的专业素质与职业形象，这往往会令事业如鱼得水。所以说，礼仪是步入文明社会的"通行证"，是开启成功之门的"金钥匙"。

## 四、秘书礼仪有利于树立良好的组织形象

组织形象常常是在不经意间体现并塑造出来的。整洁优雅的环境，宽敞明亮、井然有序的办公室，独具个性、富有哲理的价值观，色彩柔和的服饰，彬彬有礼的员工，富于特色的广告等，都会给公众留下深刻的印象。礼仪则是通过员工的仪容仪表、言谈举止、礼貌礼节、仪式及活动过程表现出来的，它是塑造组织形象的基础工程。任何不讲究礼仪的组织，都不可能获得良好的社会形象。组织通过各种规范化的礼仪，还可以激发员工的自豪感，增强组织的凝聚力、向心力。如松下公司创作了自己的"松下之歌"、"松下社训"，每天早晨八点钟，遍布各地的松下员工一起高唱松下歌曲，他们都以自己是松下的员工而感到光荣。目前，我国的许多企业通过统一企业标识、统一企业服装、统一色彩等，塑造组织统一的社会形象，也使员工自觉地维护组织的形象。除此之外，还通过开业庆典、周年纪念、表彰大会等仪式，激发员工加深对本组织的了解，激起他们对组织的热爱之情，增强组织的凝聚力和向心力。可见，礼仪在树立组织形象中的作用是巨大的。

## 学法指导

1. 要加深对秘书礼仪意义的理解，注意秘书礼仪与企业文化、组织形象的密切

关系。

2. 在实践中自觉地运用职业礼仪，要加强对自我职业素养、沟通能力的提升。

## 技能训练

1. 一位纽约商人在周五住进曼谷东方饭店，发现饭店把他安排在二楼靠近楼梯的地方，因为信仰宗教的原因，他不能在周五乘电梯。曼谷东方饭店员工的服务可谓十分“到家”，连客人的宗教习惯也一清二楚。因此，这位商人后来成了东方饭店的常客。

请从秘书职业礼仪的意义进行分析。

2. 日本的著名实业家松下幸之助从前不修边幅，他的企业也因此而进展缓慢。一次，在他理发的时候，理发师不客气地批评他不重视自己的容貌：“你是公司的代表，却这样不重视衣冠，别人会怎么想？连人都这样随便，他的公司会好吗？”从那以后，松下幸之助一改过去的旧习惯，开始注意自己在公众面前的仪表仪态，生意也随之兴旺起来。现在，“松下”电器以及松下的其他各类产品享誉天下，这与松下幸之助长期率先垂范，要求员工懂礼貌、讲礼节是分不开的。

资料来源：http://www.maibaobao8.cn/shishangbaobao/200906/05-82.html。

员工的仪表仪态真的那么重要吗？请结合身边的案例说明。

3. 某谈话节目中，主持人和从前方回来的某记者聊巴以问题，记者话锋突然一转，跳到了民族特性的问题上来，一张嘴就是：“我认为犹太民族、日耳曼民族包括东方的大和民族有一个共同点，都是基因非常优秀的民族……”接下来又夸三个民族如何骁勇善战，如何坚强不屈等。主持人说：“咱中华民族不是一直号称勤劳勇敢吗？”记者接茬往下说：“我觉得说中华民族勤劳还行，勇敢我倒不认为……”接着说这三个民族都曾经以小打大，战胜了貌似强大的敌人，又说三个民族在战争中如何百折不挠、如何忠实，很少在战争中听到说有×奸出现云云。主持人临了还想卖弄一下自己的幽默，来了一句“我倒是经常听说‘汉奸’这个词儿”，两人对视一眼，以一阵刺耳的笑声结束节目。

资料来源：http://news.xinhuanet.com/newmedia/2005-07/07/content_3187656_1.htm。

请分析该主持人的行为有无不当之处。

## 其他链接

### 职业人对人对事的态度

● “礼貌”——是员工对同事、客户的最基本态度。对同事要面带微笑，“请”字当头，“谢”字不离口，“您”字挂嘴边。“您好，××公司”是公司人员接通电话时的必用语。

● “精神”——是员工必须保持的风貌。面对繁忙的业务活动，始终要展示姿态优美、意气风发、活力旺盛、信心十足的良好精神风貌。

● “忠诚”——是员工对企业必备的品质。有事必报，有错必改；不拉帮结派，不阳奉阴违。以企业的事业为己任，与企业同呼吸共命运。

● “团结”——是员工克服困难的法宝。同事间应互助友爱，排忧解难，同心协力为创造企业内外和谐的环境而献计献策。

● “协作”——是员工正常工作的前提。员工在工作时应一切以公务为出发点，不设置障碍，不扯皮、推诿，相互体谅。

● “沟通”——是员工增进理解的手段。企业员工的相互沟通是企业信息灵敏、反应迅捷的前提之一，加强与同事、客户的联络，可促使企业经济效益取得事半功倍的效果。

● “效率”——是员工按劳取酬的根本。提高工作效率，用最小的成本取得最大的经济效益，是企业追求的终极目标，也是员工获得丰厚回报的基础。

● “尽责”——是员工为企业服务的准则。无论是经营业务还是内部管理，都应以公司制度为本，按岗位职责行事，把工作落到实处。

● “威信”——是员工体现综合素质的尺码。应赢得他人信赖和尊敬。

资料来源：http://www.docin.com/p-95583833.html。

模块二

# 交往礼仪

## 学习目标

1. 熟悉见面礼仪中的称呼以及介绍、握手礼仪的规范。
2. 熟悉交谈礼仪、交谈的技巧和话题的选择方法，了解聆听的礼仪。
3. 了解馈赠礼仪的4W+1H原则，了解送礼的禁忌。
4. 了解舞会 、展览会等的礼仪。

## 任务一　见面礼仪

### 工作情境

天地公司总经理要去参加行业的“新产品展销会”，秘书李燕同去。在展会上，碰到很多新的客户，需要相互之间的介绍和认识。如果你是李燕，你如何做到在见面时给客户留下良好的第一印象?

### 任务描述

李燕必须要能运用称呼、介绍、握手礼仪知识等，给客户留下良好的第一印象。

### 工作实施

在称呼问题上，李燕按照各个客户的级别和职务，恰当地称呼了对方，如“王经理”、“张处长”等。在介绍的时候，也正确运用了介绍的相关礼节，不管是自我介绍还是介绍他人，都按照礼仪规范开启彼此交流的窗口。此外，她正确地运用了握手的礼节，落落大方地展示了公司良好的形象。

## 工作评估

李燕能够很好地运用见面礼仪的相关知识，工作较为规范。

## 相关知识

### 一、称呼礼仪

称呼是指人们在正常交往应酬中，彼此之间所采用的称谓语，在日常生活中，称呼应当亲切、准确、合乎常规。正确恰当的称呼，体现了对对方的尊敬或与对方的亲密程度，同时也反映了自身的文化素质。

（一）称呼的种类

1. 职务称呼

公务员在工作交往中，主要是以对方的职务相称，以示身份有别、敬意有加。下面介绍常见的职务称呼方法：

（1）仅称职务，例如："部长"、"处长"、"主任"等。

（2）在职务前加上姓氏，例如："王部长"、"张局长"等。

（3）在职务前加上姓名，这仅适用于正式的场合，例如："刘涛书记"、"孙伟厅长"等。

2. 职称称呼

在不同职业中有业务职称的，尤其是对具有高级职称者，在工作和交往中可直接按对方的职称进行称呼。以职称相称，主要方法有三种：

（1）仅称职称，例如："教授"、"律师"等。

（2）在职称前加上姓氏，例如："刘教授"、"张工程师"、"李律师"等。

（3）在职称前加姓名，这仅适用于正式的场合，例如："张杰教授"、"李俊工程师"等。

3. 行业称呼

直接以被称呼者的职业作为称呼，例如："老师"、"教练"、"医生"、"会计"、"警官"等。

4. 西洋称呼

例如："先生"、"女士"、"小姐"、"夫人"、"太太"等。

5. 姓名称呼

在日常交往中，平辈的朋友、熟人、同事之间均可彼此以姓名相称，长辈对晚辈也可以这么称呼。

6. 在姓名前面加"老"、"小"

例如："老张"、"大李"、"小孙"等。

7. 亲属称呼

例如："大爷"、"大娘"、"爷爷"、"奶奶"、"阿姨"、"大妈"、"大哥"等。

(二) 称呼的禁忌

1. 忌使用庸俗的称呼

有些称呼在正式场合不适合使用。例如，“兄弟”、“哥们儿”等一类的称呼，虽然听起来亲切，但显得档次不高。

2. 忌称呼外号

对于关系一般的人，不要自作主张给对方起外号，更不能用道听途说来的外号去称呼对方，也不能随便拿别人的姓名乱开玩笑。

3. 忌使用错误的称呼

常见的错误称呼一般是由误读或是误会造成的。误读是指念错对方的姓氏，这样是很不礼貌的。为了避免这种情况发生，可以事先问好别人，或者当面请教。

4. 忌使用不通行的称呼

有些称呼具有一定的地域性，比如山东人喜欢称呼“伙计”，但南方人却认为“伙计”是“打工仔”的意思；中国人把配偶经常称为“爱人”，在外国人的意识里，“爱人”是“第三者”的意思。所以，要入乡随俗，在哪里工作，就遵从哪里的习惯。

5. 忌使用不当的称呼

称呼对方时要谨慎、恰当。如果对方是公司的董事长，而你称他为“经理”，就会贬低对方的地位，是很无礼的。

(三) 国外称呼礼仪

称呼他人是一门极为重要的学问，若称呼得不妥当，则很容易立即让他人产生反感，甚至嫉恨在心，久久无法释怀。

1. 认识之人

对于自己已经认识的人，多以 Mr.、Ms. 或 Mrs. 等加在姓氏之前称呼，如 Mr. Chang，Ms. Shang，Mrs. Huang 等，千万不可以用名代姓。例如，美国国父乔治·华盛顿，人们一定称之为华盛顿总统、华盛顿先生，因为华盛顿是他的姓，如果称他为乔治先生，保证震惊全场，因为只有以前的黑奴才会如此称呼主人。

2. 重要人物

对于重要人物最好加上他的头衔，如校长、大使、参议员、教授等，以示尊重。一般而言有三种人在名片上和头衔上是终身适用的，这三种人是：大使（Ambassador）、博士（Doctor）以及公爵、侯爵、伯爵、子爵、男爵等代表皇室贵族的爵位。在称呼他们时一定要加头衔，否则表示十分不敬，甚至视为羞辱，务必谨慎小心。

3. 不认识之人

对于不认识之人，可以用 Mr.、Madam 来称呼，也不应一见外国人就称其为“Sir”。只有对看起来明显的年长者，或是虽不知其姓名，但显然是十分重要的人士才可以用“Sir”称呼，当然面对正在执行公务的官员、警员等也可以用“Sir”称呼，以表尊敬。而对于女士则一律以“Madam”称呼，不论她是否已婚。

4. 年轻人

可以称年轻的男子为 Young man，年轻的女子则称为 Young lady，可以将小孩子称为 Kid (s)。

## 二、介绍礼仪

介绍礼仪是礼仪中基本的也是很重要的内容。介绍是人与人进行相互沟通的出发点。在社交或商务场合，如能正确地利用介绍，不仅可以扩大自己的交际圈，广交朋友，而且有助于进行必要的自我展示、自我宣传，并且替自己在人际交往中消除误会，减少麻烦。

### (一) 自我介绍

在社交活动中，如欲结识某些人或某个人，而又无人引见时，可向对方自报家门，自己将自己介绍给对方。

1. 自我介绍的方式

(1) 应酬式：适用于某些公共场合和一般性的社交场合，这种自我介绍方式最为简洁，往往只包括姓名一项即可。例如："你好，我叫张强。""你好，我是李波。"

(2) 工作式：适用于工作场合，这种方式包括介绍本人姓名、供职单位及部门、职务或从事的具体工作等。例如："你好，我叫张强，是金洪恩电脑公司的销售经理。"再如："我叫李波，我在北京大学中文系教外国文学。"

(3) 交流式：适用于社交活动中，希望与交往对象进一步交流与沟通。这种方式包括介绍姓名、工作、籍贯、学历、兴趣及与交往对象的某些熟人的关系。例如："你好，我叫张强，我在金洪恩电脑公司上班。我是李波的老乡，都是北京人。"再如："我叫王朝，是李波的同事，也在北京大学中文系，我教中国古代汉语。"

(4) 礼仪式：适用于讲座、报告、演出、庆典、仪式等一些正规而隆重的场合，包括介绍姓名、单位、职务等，同时还应加入一些适当的谦辞、敬辞。例如："各位来宾，大家好！我叫张强，我是金洪恩电脑公司的销售经理。我代表本公司热烈欢迎大家光临我们的展览会，希望大家……"

(5) 问答式：适用于应试、应聘和公务交往。问答式的自我介绍，应该是有问必答，问什么就答什么。例如："先生，你好！请问您怎么称呼？(请问您贵姓?)"再如："先生您好！我叫张强。"

2. 自我介绍的要求

(1) 要抓住时机，在适当的场合进行自我介绍，例如，在对方有空闲，而且情绪较好，又有兴趣时，这样就不会打扰对方。

(2) 自我介绍要简洁，言简意赅。要尽可能地节省时间，以半分钟左右为佳。不宜超过一分钟，而且愈短愈好。话说得多了不仅显得啰唆，而且交往对象也未必记得住。为了节省时间，作自我介绍时，还可利用名片、介绍信加以辅助。

(3) 态度一定要自然、友善、亲切、随和。应镇定自信、落落大方、彬彬有礼。既不能唯唯诺诺，谨小慎微，又不能虚张声势，轻浮夸张。

### (二) 介绍他人

1. 介绍他人的时机

遇到下列情况，有必要进行他人介绍：收到为他人作介绍的邀请；打算推介某人加入某一方面的交际圈；与家人外出，路遇家人不相识的同事或朋友；在家中或办公地点，接待彼此不相识的客人或来访者；陪同上司、长者、来宾时，遇见了其不相识者，而对方又跟自己打了招呼；陪同亲友前去拜访亲友不相识者等。

2. 介绍他人的顺序

为他人作介绍时必须遵守“尊者有优先知情权”的原则。要先把年轻者介绍给年长者；把职务低者先介绍给职务高者；如果双方年龄、职务相当，则先把男士介绍给女士；把家人先介绍给同事、朋友；把未婚者先介绍给已婚者；把后来者先介绍给先到者。

集体介绍时的顺序：在被介绍双方地位、身份大致相似，或者难以确定时，应当使人数较多的一方礼让人数较少的一方，多数人礼让一个人，先介绍人数较少的一方或个人，后介绍人数较多的一方或多数人。

3. 介绍他人的注意事项

在正式场合，介绍的内容以双方的姓名、单位、职务等为主。例如：“我来给两位介绍一下，这位是××公司的销售部主任李杰先生，这位是××公司总经理王洋先生。”

在比较正规的场合，介绍者常有备而来，有意将某人举荐给某人，因此在内容方面，通常会对前者的优点加以重点介绍。例如：“这位是李亮先生，李先生是一位管理方面的专业人才，也是北大的MBA……”

在一般场合，介绍的内容往往只有双方姓名一项，甚至可以只提到双方姓氏。例如：“我来介绍一下，这位是小王，这位是老张。”

在介绍他人时，介绍者和被介绍者都要注意自己的表达、态度与反应。当介绍者走上前来，为被介绍者进行介绍时，被介绍的双方应起身站立，面带微笑，大大方方地注视介绍者或者对方。当介绍者介绍完毕后，双方应进行握手并彼此问候，此时的常用语有“你好”、“很高兴认识你”、“认识你很荣幸”、“久仰大名”和“幸会幸会”等。

## 三、握手礼仪

握手是在相见、离别、恭喜或致谢时相互表示情谊、致意的一种礼节。人久别重逢、告辞或送行时均以握手表示自己的善意，因为这是最常见的一种见面礼、告别礼。有时在一些特殊场合，如向人表示祝贺、感谢或慰问时，双方交谈中出现了令人满意的共同点时，或双方原先的矛盾出现了某种良好的转机或彻底和解时，习惯上也以握手为礼。

### （一）握手的顺序

主人、长辈、上司、女士主动伸出手，客人、晚辈、下属、男士再相迎握手。

长辈与晚辈之间，长辈伸手后，晚辈才能伸手相握；上下级之间，上级伸手后，下级才能伸手相握；主人与客人之间，主人宜主动伸手；男女之间，女方伸出手后，男方才能伸手相握；如果男性年长，是女性的父辈年龄，在一般的社交场合中女性常先伸手。

（二）握手的方法

握手的方法是：距受礼者约一步，不要太近或太远；上身稍前倾，两足成立正姿势，微笑着看着对方的眼睛，四指并齐、拇指张开，手伸向受礼者；手保持在齐腰的高度，时间为三四秒，力度适中。

握手时需注意：

（1）被介绍之后，最好不要立即主动伸手。

（2）应按照握手的顺序伸手。

（3）握手时，年轻者对年长者、职务低者对职务高者都应稍稍欠身。有时为表示特别尊敬，可用双手迎握。

（4）男士与女士握手时，一般只宜轻轻握女士手指部位。男士在握手时应脱帽。

（三）握手的禁忌

（1）初次见面，握手的时间不宜过长，男士和女士握手，时间应更短。

（2）当多人一起握手时，遵守先高后低、先长后幼、先女士后男士的原则。

（3）不能交叉握手，也不能与两个人同时握手。

（4）手湿或手脏时，不能握手。

（5）男士不能戴手套握手。

（6）握手时不要东张西望。

（四）握手语的运用

（1）问候语。这是最常见的握手语，例如："您好"、"久仰久仰"、"幸会幸会"等。

（2）祝贺语，例如："祝贺您"、"恭喜恭喜"。

（3）欢迎语。对第一次来的客人，可以说"欢迎光临"。

（4）关心语。对远道而来的人或久别重逢的朋友，可以说："辛苦了"、"累了吧"、"还好吧"等。

## 学法指导

1. 需注意不管是使用称呼、介绍还是握手礼仪，都要考虑到当时的实际情况，应特殊情况特殊处理。

2. 见面礼仪的理论性不强，关键在于运用。

## 技能训练

1. 朱小艳进入了一家新的单位，领导带她熟悉周围环境，并将她介绍给部门的老同事认识。她非常恭敬地称对方为老师，大多同事都欣然地接受了。当领导把她带到一位同事面前，并告诉小艳，以后就跟着这位同事学习，有什么不懂的就请教她时，小艳更加恭敬地称对方为老师。这位同事连忙摇头说："大家都是同事，别那么客气，直接叫我名字就行了。"小艳仔细想想，觉得叫老师显得太生疏了，但是直接叫名字又觉得不尊敬，不知道该怎么称呼对方比较合理。

如果你是小艳，你打算如何称呼对方？

2. 某外国公司总经理史密斯先生在得知与新星贸易公司的合作很顺利时，便决定偕同夫人前来中方公司进一步考察和观光，秘书小李陪同新星贸易公司的张总经理前来迎接，在机场出口见面并经介绍后，张总经理热情地与外方公司总经理及夫人握手问好。

（1）小李如何做自我介绍？

（2）小李为他人做介绍的次序应该是什么？

（3）张经理的握手顺序应该是怎样的？

## 其他链接

### 世界各国常见的其他见面礼

- 合十礼：这种礼仪多见于信奉佛教的国家，比如说泰国。泰国人见面时往往低头问候，并将双手合十于胸前。小辈见长辈双手举到前额高度，平辈到鼻子高度，而长辈还礼则只需到胸前即可。另外，泰国人认为头部是神圣的，不能随意摸别人的头。

- 拥抱礼：是在欧美、中东及南美洲常见的礼节，一般用于熟人和朋友之间，有时伴随着接吻礼，是比较亲密的一种见面礼仪。这种礼仪一般用于同性或者亲密的异性之间。

- 吻手礼：吻手礼源于古代维京人用手向其日耳曼君主递礼物的风俗，流行于欧美上层社会，是一种仅对贵族已婚妇女实施的礼节。吻手礼一般在室内举行，由女性主动伸出手，男性行吻手礼。一般吻手背，是象征性、礼节性的。

- 点头礼：点头礼一般用于平辈和同级别的人之间，属于比较快、比较生疏的礼节。一般两人在路上行走相遇可以在行进中施行点头礼，长官对部下、长者对晚辈答礼也可以用点头礼。

- 跪拜礼：广泛应用于我国古代社会，周时就有稽首、顿首、空首三大跪拜礼仪规定，行礼者必须双手叠加膝前，叩首到地且停留多时。这种礼仪一直到辛亥革命时才伴随着封建制度一同灭亡。

- 举手注目礼：是专属于军人的礼节，军人行军礼时举右手，手指并拢，指尖触帽檐，两眼注视对方，直到对方答礼才可放下手。遇到长者或者长官时，军人必须行军礼。

- 接吻礼：接吻礼是西欧流行在亲人、朋友、夫妻之间的亲昵礼节，一般只能在受礼者脸颊上轻吻一下，不能发出声音。感情激烈时，比如说遇到喜事或丧事，也可以使用接吻礼，表示兴奋或者安慰、同情。

- 碰鼻礼：新西兰的原住民毛利人中还保留着一种古老的见面礼仪，即碰鼻礼。毛利主人在与客人初次见面时必须与客人鼻尖对鼻尖连碰两三次，碰的次数越多、时间越长，则说明客人越受他们尊敬。

- 贴面礼：在阿拉伯国家，两个老朋友（指男子）相见不仅仅会握手和拥抱，还会行贴面礼。行礼时，用右手扶着对方的左肩，左手搂住对方的腰，左—右—左贴面三次。如果两人关系亲密，还会在贴面的同时发出亲吻的声音。

# 任务二　交谈礼仪

## 工作情境

天地公司总经理要召开本公司的"新产品发布会"，邀请各界领导和人士以及客户前来参加。作为组织者，秘书李燕需要和前来参会的各种类型的人进行交谈。如果你是李燕，你如何进行恰当、得体的符合礼仪规范的交谈？

## 任务描述

李燕必须熟悉交谈的礼仪，并熟悉各位来宾的情况，才能交谈自如，树立本公司的良好形象。

## 工作实施

李燕首先把参加会议的各位来宾的情况弄清楚，查了每位来宾的基本资料。同时，她还就交谈礼仪专门请相关老师来指导了一下，争取让自己表现得较为出色。

## 工作评估

李燕在整个过程中态度认真，准备充分，做法较为规范。

## 相关知识

交谈是人们日常交往的基本方式之一。美国著名的语言心理学家多罗西·萨尔诺夫曾说过："说话艺术最重要的应用，就是与人交谈。"从广泛意义上来讲，交谈是人们交流思想、沟通感情、建立联系、消除隔阂、协调关系、促进合作的一个重要渠道。

### 一、交谈的内容

交谈包括语言交谈和非语言交谈等沟通方式，它们共同构成了交谈的艺术。

(一) 语言交谈

语言是人类最重要的交谈和思维沟通工具。现代社会中大部分信息都是通过语言传递的。语言交谈的基本要求包含内在和外在两个方面：内在方面在于提醒说话人必须时刻从内心关心与自己对话者的思想情绪；外在方面在于强调将这种关心用礼貌的语言表达出来。恰当的语言能够起到春风化雨、增进交流的目的。

(二) 非语言交谈

人们除运用语言进行交往、交谈外，在传情达意方面，还要借助于体态语言，如扬眉张目，喜乐悲伤，举手投足，坐、立、行的姿态等。非语言交谈有自己的符号，如面部表情、眼神、手势动作、衣着仪表、声音暗示等。

1. 面部表情

人的面部表情十分丰富，它可以表现出高贵与尊严、自卑与好强、精明与机敏、傲慢与粗俗等各种表情。面部表情对人们的交谈起着解释、澄清、纠正与强化的作用，它是衡量人的情绪的客观指标之一。

2. 眼神

在非语言交谈中，眼睛被认为是人体传递信息的一个重要部位。人们常说："眼睛是心灵的窗户"，"一旦学会了眼睛的语言，表情的变化将是无穷无尽的"。所以，利用眼神传意也是交谈中常用的沟通方式。

3. 手势动作

在人与人之间的交谈中，手势动作虽然不宜过大，但却能够帮助人们表达思想、感情。一般来说，手势动作分为两大类：一类是单方表达思想内容的手势动作；另一类是双方表达感情心理的手势动作。

4. 衣着仪表

在社交场合，一个人的衣着仪表反映出一个人的个性、习惯、爱好，并向人们传播一定的信息。同样一个人，穿着打扮不同，给人留下的印象也不完全相同，对交往也会产生不同的效果。

5. 声音暗示

声音并不是语言，但它能表现出人的情绪、情感等。交往、交谈的明晰度，在很大程度上取决于声音暗示。人们在交往、交谈中，一定要注意音速、音量、音质及词汇的使用。

## 二、交谈语言方面的要求

### （一）语言要文明

在交谈中，一定要使用文明的语言，只有这样，才能体现一个人的文化、修养和知识。在任何社交场合，以礼待人，才能显示出自身人格尊严，又可以满足对方的自尊需要。为此，交谈中要随时随地有意识地使用礼貌语言，这是文明人应当具备的基本素养，也是以敬人之心赢得尊重的基本方式。要做到不说粗话，不说脏话，讲脏话，即口带脏字，出口成"脏"是非常不文明的；同时，还要做到不说黑话、荤话、怪话、气话等。

### （二）要使用礼貌、文雅用语

（1）要经常把"您好"、"请"、"谢谢"、"对不起"、"再见"等词语挂在嘴边，让礼貌用语常在，只有这样，才能体现自己良好的礼仪素养。

（2）要学会使用文雅用语，比如：初次见面说久仰；许久不见说久违；等待客人说恭候；探望别人说拜访；起身送别说告辞；中途先走说失陪；请人别送说留步；请人批评说指教；请人指点说赐教；托人办事说拜托；麻烦别人说打扰；求人谅解说包涵。

### （三）具体要求

（1）语言要客观、准确，符合法律法规的规定，要实事求是。

(2) 发音要准确。含义有三：其一发音要正确，不要读错音、念错字；其二发音要清晰，让人听得一清二楚，不要含糊不清；其三音量要适中，音量过大过小都不合适。

(3) 语速要适度。语速是指讲话的速度。一般不要太快也不要太慢，一分钟120字左右为宜。

(4) 语气要谦和。说话语气要平易近人，亲切谦和，不要端架子，耍派头。

## 三、交谈话题的选择

交谈的话题，又称谈话的主题，是指谈话的中心内容。只有选择好的谈话内容和主题，才能融洽气氛，增进交流和理解。

### (一) 宜谈的话题

#### 1. 高雅的话题

即内容文明、优雅，格调高尚、脱俗的话题，如哲学、历史、文学、艺术、风土人情、传统典故，以及政策国情、社会发展等话题。不宜谈论庸俗低级的内容，如男女关系、凶杀惨案，更不应参与小道传闻的道听途说。

#### 2. 轻松的话题

应选择那些能给交谈对象带来开心与欢乐的轻松话题，除非有必要，切勿选择那些让对方感到沉闷、压抑、悲哀、难过的话题。

#### 3. 自己或对方擅长的话题

交谈的内容应当是自己或者对方所熟知甚至擅长的内容。选择自己所擅长的内容，就会在交谈中驾轻就熟，得心应手，并令对方感到自己谈吐不俗，对自己刮目相看。选择对方所擅长的话题，则既可以给对方发挥长处的机会，调动其交谈的积极性，也可以借机向对方表达自己的谦恭之意，并可取人之长，补己之短。应当注意的是，无论是选择自己擅长的话题，还是选择对方擅长的话题，都不应当涉及另一方一无所知的内容。否则便会使对方感到尴尬难堪。

### (二) 回避忌讳的话题

每个人都有自己忌讳的话题，因此，在交谈时务必要注意回避对方的忌讳，以免引起误会。例如：不干涉对方的私生活，不询问对方单位的机密事宜等。过分地关心他人的行动去向，了解他人年龄、婚姻、收入状况，询问他人的身高、体重等，都是不合适的。

## 四、交谈礼仪注意事项

### (一) 谈话时，要正面视人

谈话时，目光注视对方是一种起码的礼貌，以表示对谈话的兴趣和对对方的尊重，同时也可以为愉快和谐的谈话气氛创造条件。美国NBC的著名节目主持人芭芭拉·华特曾说："对全神贯注和我谈话的人，我以为是可亲近的人"，"没有其他的事比这更重要了"。一般来说，如果两个人在室内面对面交谈，目光距离最好在1米至2米之间，目光注视对方胸部以上、额头以下部位。有时可能会出现谈话双方目光对视的情况，此时不必躲闪，对视后泰然自若地徐徐移开就可以了。

谈话时，双方除了要做到互相正视、互相倾听外，还要注意不能东张西望，左顾右盼，更不能看书看报，或者面带倦容、哈欠连天。也不要做一些不必要的小动作，如玩指甲、弄衣角、搔脑勺等，这些动作不礼貌，也会使人感到你心不在焉，傲慢无理。

（二）谈话要尊重别人，协调意见

交谈过程中要常常说话，但不要说太长，也不能只静坐听别人的谈话，而自己却一直三缄其口。为此，自己每次"发言"所用的时间从总体上讲，宜短不宜长，通常自己讲一两分钟之后，就应相机把"讲坛"主动相让与他人。要是碰上别人"发言"过久，或是意欲发表个人见解，应耐心等候。他人讲话结束之前，千万不要打断别人讲话。一次生动活泼的谈话，要求每个交谈者不但自己说，也要让别人说。聪明的谈话者，往往不急于发表自己的意见，而是设法让对方开口，谈他所关心的问题，吸引对方与自己交谈。

（三）谈话要看对象

交谈不是一味地发泄自己的感情和情绪，而是一种合作的程序，所以必须考虑交际对象。说话人的言语行为总是围绕着听话对象进行的，以他们能接受为前提，而不能逾越他们的思想、感情、知识所能涉及的范围。谈话的对象不同，他们的年龄、性别、职业、社会地位、人生阅历也不同。在交谈过程中，所说的话要符合交际对象特定身份的要求，从称谓到措词，从话题、语气到表达方式等都应尽量合乎交谈对象的特点，做到恰当得体。

## 五、赞美的艺术

美国管理学家玛丽·凯说："赞美是一种有效而且不可思议的力量。"在社会交往中，绝大多数人都期望别人欣赏、赞美自己，希望自身的价值得到社会的肯定。因此，适当的赞美是成功交往的必要条件。

（一）赞美别人要合乎时宜

赞美的效果在于相机行事、适可而止，真正做到"美酒饮到微醉后，好花看到半开时"。当别人计划做一件有意义的事时，开头的赞扬能激励他下决心做出成绩，中间的赞扬有益于对方再接再厉，结尾的赞扬则可以肯定成绩，指出进一步的努力方向，从而达到"赞扬一个，激励一批"的效果。

（二）赞美别人要知己知彼，投其所好

赞美别人之前，必须对被赞美者的基本情况有所了解。比如，要知道对方的优点和缺点。知己知彼，方能百战不殆。了解一个人的弱点，才能利用别人的弱点，用其弱点的反面去赞美他，实现他内心的满足。有特点的赞美比一般化的赞美能收到更好的效果。老年人总希望别人不忘记他"想当年"的业绩与雄风，同其交谈时，可多称赞他引为自豪的过去；对年轻人，不妨语气稍为夸张地赞扬他的创造才能和开拓精神，并举出几点实例证明他的确能够前程似锦等。一切赞美要切合实际，不可夸夸其谈。

（三）赞美要翔实具体

在日常生活中，人们有非常显著成绩的时候并不多见。因此，交往中应从具体的事件入手，善于发现别人哪怕是最微小的长处，并不失时机地予以赞美。赞美用语愈翔实具体，说明你对对方愈了解，对他的长处和成绩愈看重。让对方感到你的真挚、亲切和可信，你们之间的人际距离就会越来越近。如果你只是含糊其辞地赞美对方，说一些“你工作得非常出色”或者“你是一位卓越的领导”等空泛飘浮的话语，可能会引起对方的猜度，甚至产生不必要的误解和信任危机。

（四）赞美别人要如雪中送炭

俗话说：“患难见真情。”最需要赞美的不是那些早已功成名就的人，而是那些因被埋没而产生自卑感或身处逆境的人。他们平时很难听一声赞美的话语，一旦被人当众真诚地赞美，便有可能振作精神，大展宏图。因此，最有实效的赞美不是“锦上添花”，而是“雪中送炭”。

## 六、聆听的艺术

（一）交谈中聆听的作用

一般人在交谈中，倾向于以自己的意见、观点、感情来影响别人，因而往往谈个不停，似乎非如此便无法达到交谈的目的。实际上，与人交谈，光作一个好的演说者不一定成功，还须作一个好的听众。要使交谈的双方双向交流畅通无阻，就必须善于倾听他人的谈话。善于聆听的人，懂得“三人行，必有我师”的道理，能够利用一切机会博采众长，丰富自己，而且能够给别人留下讲礼貌的良好印象。

外国曾有句谚语：“用十秒钟的时间讲，用十分钟的时间听。”社会学家兰金也早就指出，在人们日常的语言交往活动（听、说、读、写）中，听的时间占45%，说的时间占30%，读的时间占16%，写的时间占9%。这说明，听在人们的交往中居于非常重要的地位。注意倾听别人讲话的同时，还可以思考自己所要说的话，整理自己的思想，寻找恰当的词句，来完善地表达自己的意见，给人鲜明的印象。

（二）交谈中的聆听礼仪

（1）听不光要用身，还要用心，用整个身心。最好的听的方式，是要站在对方的立场去听，去认识，去理解，去记忆。因为这种听话的方式，既能使听者集中注意力全神贯注地听，又能较好地理解说话者的原意，使对方受到尊敬和鼓舞，愿意讲真话，说实话，并发展彼此友好的往来关系。

（2）聆听时，要注意谈话者的神态、表情等非语言传播手段，这些往往会透露出话外之意。不仅如此，还要多注意自己的“身体语言”。在他人讲话时，应尽可能地以柔和的目光注视着对方，以便与对方进行心灵上的交流与沟通，这样做，会使对方感受到无声的鼓励或赞许，可以赢得其好感。当然，善于聆听的人只会用眼神还远远不够，还要学会用声音、动作去呼应，也就是说要随着说话的人情绪的变化而伴以相应的表情。身体应稍稍倾向于说话人，面带微笑。在说话者谈到要点，或是其观点需要得到理解和支持时，应适时适量地点点头，或是简洁地表明一下自己的态度。

（3）交谈中要善于提问。在谈话过程中，不仅要注意倾听，还要善于提问。恰当的提问可从对方那里了解到自己不熟悉的情况，或将对方的思路引导到某个要点上来，有时还可以打破冷场，避免僵局。

任何人都会对诚心诚意倾听自己谈话的人产生感激之情，从而开启心扉，倾吐真情实意。在交谈过程中，不仅要让自己的话说得更得体，还要注意用聆听来赢得对方的好感。善于倾听，是谈话成功的一个要诀。

## 学法指导

1. 在交谈过程中，要灵活运用赞美和聆听的艺术，要能见机行事。

2. 在学习交谈礼仪的过程中，要注重将理论和实践相结合，要在实践中不断提升自己的交谈礼仪素养和能力。

## 技能训练

1. 在一次宴会上，如果你身旁坐的是一位外国朋友，你将选择哪些话题与这位朋友交谈？

2. 在交谈过程中，如何做一名合格的听众？请用自己的话谈一谈。

## 其他链接

### 常用敬辞

- 请：有求于对方。
- 请问：请求对方解答问题。
- 赐教：请人给予指教。
- 高见（高论）：称对方的看法或见解。
- 贵姓（尊姓）大名：询问对方姓名。
- 贵庚（芳龄）：询问对方年龄。
- 高寿（高龄）：用于问老年人的年龄。
- 尊府（府上、尊寓、华居）：称对方的住处。
- 敬请：恭敬地请求。
- 光临：客人到来。
- 光顾（惠顾）：商店欢迎顾客前来。
- 晚安：晚上道别。
- 奉陪：陪伴（自己的举动涉及对方时用“奉”字）。
- 奉送：赠送。
- 奉还：归还。
- 奉告：告诉。
- 奉劝：劝告。

- 奉养：侍奉和赡养。
- 恭喜：祝贺对方已经取得成功。
- 雅正：把自己的诗文、书画、作品赠人时用此辞，表示请对方指教。
- 斧正（指正）：请人对自己的诗文、书画、作品加以修改、指教。

# 任务三 馈赠礼仪

## 工作情境

天地公司总经理要去拜访公司本年度最重要的一个客户，他让秘书李燕同去。总经理让李秘书买一些拜访时带的礼物，以表达本公司对于客户的感激之情。如果你是李燕，你准备买什么礼物？

## 任务描述

李燕必须熟悉馈赠礼仪的基本常识，并且投客户所好，才能让此次拜访活动锦上添花。

## 工作实施

李燕通过请教有经验的老师，上网以及其他途径，全面学习了馈赠礼仪的相关知识；同时，她又了解了要拜访的客户的喜好和情况，最后选择了一个较为恰当的礼物。

## 工作评估

李燕在整个过程中表现得很好，特别考虑到了馈赠对象的相关要求，做法较为规范。

## 相关知识

17世纪西班牙著名礼仪专家伊丽莎白曾经说过："礼品是人际交往的通行证。"互送礼品是一种礼仪的体现，也是一种感情的传递，能使双方之间架起一个互通的桥梁。人们常说："大节小节年年过，迎来送往天天有。"在此过程中，礼品就是一个很好的媒介，传递人们的温暖与关爱，带去每个人的心愿与祝福。那么，礼品到底应该怎么送呢？

### 一、馈赠礼仪的4W+1H原则

4W+1H，即送给谁（Who），送什么（What），何时送（When），在什么场合送（Where），如何送（How）。

#### （一）送给谁（Who）

即送礼的对象。要根据受赠对象的年龄、性别、身份、地位、爱好等的不同，选择不同的礼品。在挑选礼品时，要对送礼对象的爱好、兴趣做些简单的调查，因人而异，投其所好。还要注意对方的风俗习惯、宗教信仰，了解一下对方基本的忌讳。对于来自不同国家、不同地区、不同民族、不同阶层、不同年龄、不同性别、不同职业、不同的受教育程度以及不同的文化背景的外方人士，为其选择礼品时更要注意。

（二）送什么（What）

这是赠送礼品的中心环节。礼品不可太贵重，应强调“礼轻情意重”，恰当的礼品能够恰如其分地表达相互之间的情感，能够使社交活动锦上添花。

1. 礼品应具有的特征

（1）纪念性。礼品要有纪念意义，能够在看到礼品的时候“睹物思人”。一些有纪念意义的礼品如毕业时的毕业留言册、离别时对交往双方有纪念意义的礼品等。

（2）针对性。指挑选礼品时应当因人、因事而异。因人而异，指的是选择礼品时，务必要充分了解受礼人的性格、爱好、修养与品位，尽量使礼品被受礼人喜爱。因事而异，指的是在不同的情况下，向受礼人所赠送的礼品应当有所不同。比方说，在国事访问中，宜向国宾赠送鲜花、艺术品；出席家宴时，宜向女主人赠送鲜花、土特产和工艺品，或是向主人的孩子赠送糖果、玩具、书刊等；探望病人时，则宜向对方赠送鲜花、水果等。

（3）特色性。有时，可向对方赠送具有本地特色的物品或者代表本地风格的礼品。有人曾说：“最有特色的东西，往往是最好的。”比如，在与外方人员交往时，就可以送一些具有浓郁中国特色的礼品，如：风筝、二胡、笛子、剪纸、筷子、图章、书画、茶叶等。这些礼品一旦到了外国人手里，往往会备受青睐，身价倍增。

（4）差异性。赠送礼品要考虑到对方的禁忌，主要是下述六个方面的禁忌：一是与礼品内容有关的禁忌；二是与礼品色彩有关的禁忌；三是与礼品图案有关的禁忌；四是与礼品形状有关的禁忌；五是与礼品数目有关的禁忌；六是与礼品包装有关的禁忌。这六个方面的禁忌，有时亦称“择礼六忌”。

（5）便携性。在一般情况下，为远道来访的人士选择礼品时，除须考虑以上几点之外，还须考虑礼品的携带性。至少，不应赠送易于损坏或是为对方平添不必要麻烦的礼品。比如，陶瓷、玻璃制品或巨型图画、雕塑、屏风、摆件，因其易破、易碎、不耐碰撞挤压，或者体积庞大、笨重，通常都不宜向外方人士贸然相赠。

2. 赠送礼品的禁忌

（1）谐音禁忌。

老人忌讳送钟，因为其谐音“送终”；恋人、友人之间忌送梨、送伞，因为有“离”、“散”之嫌，也不应送刀、剑或其他带有尖、刃的物品，因为有“一刀两断”之意，象征友谊的终结。除情人可互赠手帕外，对一般亲友也不送手帕，因为手帕是与眼泪联系在一起的。对于礼品的颜色，也应注意避开受礼人忌讳的颜色。不要给生理有缺陷的人送他们无法使用的礼品。

（2）数字禁忌。

在送礼时，要注意一些数字的禁忌，避免出现失礼的情况。例如：欧美人特别忌讳

“13”这个数字，我国也有人很忌讳它。西方很多国家，酒店没有13层楼，航空没有13号班机，在很多场所都用12B或14A代替13，13号再遇上星期五，就是西方国家忌讳的“黑色星期五”。另外，“4”、“9”是日本人、朝鲜人忌讳的数字。

（3）有伤害对方之意的礼品。

我国台湾吊丧之家讲究既不做甜品，也不包粽子。送粽子会被误解成把对方当丧家。在我国某些地区，逢年过节，常以甜果为祭祀拜神之物，甜果赠人会使对方有不祥之感。男士在社交场合不要给女士送鞋、袜子及内衣。在社交活动中，一般不送带乌龟图案的礼品等。

（4）其他需注意的方面。

应注意对方的风俗习惯、宗教信仰，不送错礼、表错情。例如：伊斯兰国家忌酒类、肉类产品；印度人认为牛是神圣的，因此不要送牛皮制品给印度人；法国人视核桃为不祥之物；在英国、法国、委内瑞拉忌送带有孔雀图案的礼物，这些国家的人认为孔雀是淫鸟、祸鸟；美国、英国人忌大象图案，认为大象是无用、累赘的象征；美国人看望病人时觉得送一盆植物很合适，但这在日本表示希望病人病入膏肓。

**（三）何时送（When）**

（1）恭贺或祭奠时，礼品作为喜礼、贺礼、节庆礼、嘉奖礼、慰问礼和祭奠礼之用等。

（2）重要的纪念日，如结婚纪念日、生日等。

（3）拜访他人、酬谢他人时。作为客人，通常应当在宾主双方相见之初或首次正式拜会主人时，即向主人奉上礼品。作为主人，则往往应在饯行宴会上或前往客人下榻之处为其送行时，向客人赠送礼品。

（4）在会见或会谈时。通常主人在会见或会谈结束后，客人离开之前赠礼。出席宴会时，向主人赠送礼品，可在见面之初进行，也可选择餐后吃水果之时进行。观看文艺演出时，可酌情为主要演员预备一些礼品，并且在演出结束后登台祝贺时当面赠送。游览观光时，如果参观单位向自己赠送了礼品，最好在当时向对方适当地回赠一些礼品。为专门的接待人员、工作人员准备的礼品，一般应当在抵达当地后尽早赠送给对方。

**（四）在什么场合送（Where）**

按照惯例，赠送礼品讲究“公私有别”。因公交往赠送的礼品，应在办公地点或大庭广众之下赠送，以示郑重其事或光明正大。因私交往赠送的礼品，则应在私人居所或并无他人在场之际赠送，以示双方关系密切，私交甚深。如果混淆，交往效果可能就要大打折扣了。

**（五）如何送（How）**

送礼的途径主要有两种：一种是当面亲自赠送；另一种则是委托他人转送。在一般情况下，送给别人的礼品，大都可以由送礼人亲自当面交给受礼人，除非特殊情况，才会委托他人转送。如果礼品是托人转交，或者为了保证受礼人知晓礼品的来源，可以在礼品包装好后，把送礼人的名片放在一个小信封中，粘贴在礼品纸上。

赠送时，一定要对礼品进行包装。包装礼品前一定要把礼品的价格标签取掉。易碎的礼品一定要装在硬质材料的盒子里，然后填充防震材料，如海绵、棉花等，外面再用礼品纸包装；要注意从色彩、图案等方面选择适合的礼品纸，不要选用纯白、纯黑色的包装纸。要注意有些国家和民族的人对色彩与图案有不同的理解。

## 二、接受礼品的礼仪

### （一）受礼坦然

接受礼品时态度要从容大方，恭敬有礼，不可扭捏失态，或盯住礼品不放，或过早伸手去接，或拒不接受，推辞再三后才接下。接受礼品时，应中止正在做的事，起身站立，双手接受礼品，然后伸出右手，同对方握手，并向对方表示感谢。在一般情况下，对他人诚心诚意送的礼品，只要不违法违规，则应该大方接受。

### （二）当面拆封

接过礼品后，如果条件允许，受赠者可以当面打开欣赏一番。这种做法是符合国际惯例的，它表示看重对方，也很看重对方赠的礼品。礼品启封时，要注意动作文雅、文明，不要乱撕、乱扯，更不要随手乱扔包装用品。开封后，赠送者还可以对礼品做介绍和说明，说明要恰到好处，不应过分炫耀。受赠者可以采取适当动作对礼品表示欣赏之意并加以称赞，然后将礼品妥当放置，最后向赠送者道谢。

### （三）拒礼有方

有时候，出于种种原因，不能接受他人相赠的礼品。在拒绝时，要讲究方式、方法，处处依礼而行，要给对方留有退路，使其有台阶可下，切忌令人难堪。方法有三：其一是婉言相告法，也就是用委婉的、不失礼貌的话，向赠送者暗示自己难以接受对方的好意。其二是直说理由法，也就是直截了当地向赠送者说明你难以接受礼品的原因。比如：在公务交往中，可以说："对不起，按照规定，你送我的这件礼品，必须登记上缴。"其三是事后退还法，有时，在大庭广众之下，拒绝他人所送的礼品往往会有些困难。遇到这种情况，可以当时接受下来，但不拆包装。事后，尽快地单独将礼品物归原主。退还礼品的时间不要拖延过久，最好在 24 小时之内。

## 三、还礼的礼仪

礼尚往来是一种品质和美德，受礼者在收到礼物后，一般也会找一个合适的机会还礼。受礼者收到礼物后，如果决定还礼需要注意两个方面的问题：还礼的时间和还礼的内容，也就是说选择什么时候还礼，以及还什么礼。

第一，还礼的时间。从送礼人送礼到你的还礼时间间隔过长，事情冷淡下来后，效果可能不会那么理想了；如果还礼的时间间隔过短，对方可能会觉得你对他的送礼有些推辞之意，可能会引起送礼人的不高兴。选择还礼的时间需要讲究恰如其"时"，可以选择和对方赠送自己的相同的机会。在对方的生辰、家庭喜庆、升迁等时机还礼，是比较推荐的。

第二，还礼的内容。一般会选择送一些比较类似的礼物，比如送礼者送过你瓷器，你可以选择送书画或者雕塑等艺术品。同时，还礼的价位一定要与对方送的礼品大致相当。

当然，送礼时所表达出的言语是最为关键的，言语需要讲求技巧，这样才能使受礼者乐于接收你送的礼物，也就顺利完成了还礼的目的。

## 学法指导

馈赠礼仪中有很多讲究，特别是一些细小的知识点很多，在学习过程中要特别注意这一点。

## 技能训练

1. 某外企主管安德鲁向记者表示，他不喜欢员工送贵重的礼物，甚至对此心怀戒备：收了觉得受人贿赂，管理员工也会有顾忌，因此，对员工送的贵重礼物，他一律不收。倒是有些很有心思的小礼物会给他带来惊喜，比如：一位员工新年送他一幅年历，图片都是他在公司出席各种场合的照片，而且每月都有贴心的祝福，这让他觉得很感动。

请根据案例，谈谈你对馈赠礼仪的理解。

2. 商业礼仪专家建议，上司如果酷爱藏书，一个别致的书签会让他体会到你的细心；如果他是一个热衷于烹饪的人，别致漂亮的厨房用具会给她带来惊喜；工作之余，老板如果爱打高尔夫球，送他编好号码的高尔夫球就很不错；如果老板是个热衷慈善事业的人，一张以他名义做的慈善捐款单也许会让他高兴。此外，送上司电影票、演唱会门票也是不错的选择，因为这些礼物可以给他送去轻松欢乐。

请结合所学知识，谈谈你对上述这段话的理解。

3. 浙江杭州××容器制造公司在年度全国大客户订货会中，要为300多位来宾赠送礼品，要求具有杭州特色、有纪念意义；来宾多是外地客户，回去时要便于乘飞机携带；礼品上要印有企业标志。

如果你来负责这件事，你打算准备什么礼品？请说明理由。

## 其他链接

### 送玫瑰花数量的爱情意义

1朵 对你情有独钟
2朵 眼中世界只有我俩
3朵 甜蜜蜜
4朵 山盟海誓
5朵 无怨无悔
6朵 愿你一切顺利
7朵 无尽的祝福
8朵 深深歉意你请原谅
9朵 永久的拥有
10朵 完美的爱情
11朵 爱情
12朵 每日思念对方
13朵 你是我暗恋中的人
20朵 永远爱你此情不渝
22朵 两情相悦……你浓我浓……
33朵 深情呼唤“我爱你”
36朵 浪漫心情全因有你
44朵 亘古不变的誓言

50 朵 这是无悔的爱
56 朵 吾爱
66 朵 情场顺利
77 朵 相逢自是有缘
88 朵 用心弥补一切的错
99 朵 爱情长存
100 朵 执汝之手，与汝偕老
101 朵 你是我唯一的爱
108 朵 嫁给我吧
123 朵 爱情自由
144 朵 爱你日日月月生生世世
365 朵 天天想你，天天爱你
999 朵 天长地久，爱无止休
1 000 朵 忠诚的爱，至死不渝

## 任务四　活动礼仪

### 工作情境

天地公司要举行年终联谊舞会，秘书李燕负责筹备此次舞会。如果你是李燕，你打算如何筹备?

### 任务描述

李燕必须熟悉舞会礼仪的基本常识，才能举办好舞会。

### 工作实施

李燕通过请教有经验的老师、上网以及其他途径，全面学习了舞会礼仪的相关知识，从舞会各个方面的筹备开始做起，同时，她还准备对参加舞会的同事们讲讲舞会的礼仪知识，争取能够筹备一次大家都满意的舞会。

### 工作评估

李燕在整个过程中表现得很好，做法较为规范。

### 相关知识

#### 一、舞会的礼仪

舞会是现代交往的重要形式之一，是一种无声的世界语言，是人与人之间进行交流的有意义的工具。舞场也是高雅文明的场所，能表现和体验一个人的风度和礼仪修养，舞会吸引着国内外各社会阶层的人士。因此，秘书必须懂得舞会礼仪规范。

（一）舞会筹办

1. 布置会场

布置舞场首先应注意所选择舞场的大小，舞场的大小应与客人多少相适应，根据发请帖的多少估计将有多少客人来参加舞会。舞场过小，客人有拥挤感，不便于翩翩起舞，而舞场过大，整个舞场空空荡荡，又会显得气氛不够热烈。另外，舞场的布置要突出“欢快”、“热烈”的气氛，场地空间可用彩色花环、飘带、彩灯等加以装饰。灯光的亮度及颜色应调整好，既不能太亮，也不能太暗。太亮了影响气氛，太暗了容易使人感到压抑。同时，还要准备好音响和音乐，如果条件允许还可以请乐队来演奏，舞场四周应摆放好足够的桌椅，以供来宾在跳舞间隙就座。如果是比较重要的酬宾舞会，应免费供应饮料，还可以放一些糖果之类的小食品。总之，舞场的布置要求典雅大方，营造良好的氛围，创造优雅的环境，提高人们的兴致。

2. 确定舞会的时间、地点、规模、邀请对象

组织舞会应该尽早确定时间，尽早发出通知。舞会一般安排在晚餐后7点到11点为宜，时间一般不超过3个小时。舞会的会场要宽敞、明亮、高雅，舞场大小应视舞会的规模来确定。舞会邀请的男女客人应大致相等，舞会主持者应考虑舞客的性别比例及年龄层次，还应安排一定数量的伴舞人员。例如：举办会议专场舞会时，若代表中男性居多，舞会主持者应事先从本单位或兄弟单位邀请一些女士前来伴舞。应提前一周发出请柬，并准备一些茶点、水果和饮料。

3. 选择合适的舞曲

跳舞必须有舞曲伴奏，所以舞曲的选择对客人情绪的影响是很大的。好的舞曲能够创造出高雅、欢快、美妙的舞场气氛，必然受到舞客的欢迎，可以把舞会推向高潮。舞会主办者既要选择一些民族乐曲或世界名曲作为伴奏曲，也要选择一些受大众欢迎的流行乐曲作为伴奏曲，以提高共鸣。应根据参加对象选择舞曲，这样做有利于创造良好的气氛。舞曲要丰富多彩，各种舞步的舞曲要穿插播放，音量要适中，不宜过大或过小。

（二）参加舞会的礼仪

1. 塑造良好形象

如果是亲朋好友在家里举办小型生日PARTY等活动，要选择与其氛围协调一致的服装，女士最好穿便于舞动的裙装或穿旗袍，搭配色彩协调的高跟皮鞋。作为男士，一定要头发干净，衣着整洁。一般的舞会可以穿深色西装，如果是夏季，可以穿淡色的衬衣，打领带，最好穿长袖衬衣。

出席舞会之前，一定要洗澡、理发、漱口。不要吃葱、蒜、韭菜、海鲜、腐乳之类气味经久不散的食物，不要饮酒。在舞场上下，都不要吸烟，不要为消除异味而大嚼特嚼口香糖。

2. 礼貌邀舞

进入舞场，要先坐下来，观察一下全场情况，适应一下气氛。国外正式的舞会，第一个舞曲，都是由高位开始，主人夫妇、主宾夫妇首先共舞，第二场主宾夫妇交换共舞，第三场才开始自由邀舞。邀舞时一般都是男子邀请女子共舞，男子没有带舞伴的，需寻找合适的伴舞对象，最好邀请年龄、身高、气质相仿的人，或将未带舞伴的人、希望结识的人以及打算联络的人等作为舞伴。如果有熟悉的人伴舞当然更好了。

邀人跳舞时应彬彬有礼，姿态端庄，应走至女方面前，微笑点头，右手掌心向上并往舞池示意，说：“可以和你跳个舞吗？”或说：“可以吗？”对方同意后即可共同步入舞

池。如果对方婉言谢绝，也不必介意，更不应勉强。女士被人邀舞表明对方对自己的尊重，一般不应拒绝。确实不想跳时，应当有礼貌地婉言谢绝："对不起，我想休息一下。"对方走后，一曲未终不应再与别人共舞。

3. 舞姿力求优美

进入舞池后，就可跟随舞曲曲式和节奏起舞。姿态要端正，身体要正直、平稳，双眼自然平视，目光从对方右上方穿过。不可面面相向，不要摇摆身体。一般男舞伴的右手搭在女舞伴脊椎位置，不要揽过脊椎，高低可以根据身材而定。起舞时动作要轻松、柔和、自如，女士应尽量适应男士的舞步，但不可过于主动。

4. 礼貌地交谈、致谢

跳舞时，双方可以边跳边自由地交谈双方共同感兴趣的话题，但不可询问对方的年龄、收入、婚姻等隐私问题。当音乐结束时，舞步立即停止，男士应陪伴女士坐好后，道谢，然后或交谈或离开。休息时，不要抽烟，乱扔果皮，不要大声喧哗，不要在场内来回走动，不要拉住朋友长谈不止。

## 二、展览会的礼仪

对秘书来说，展览会是其在日常工作之中所接触最多的商务性会议。而对商界单位来说，积极参与各种类型的展览会，则是其从事公共关系活动的一种常规的手段。组织可以通过举办展览会，运用真实可见的产品和热情周到的服务，全面透彻的资料、图片介绍和技术人员的现场操作，吸引大量的参观者，从而提高组织的知名度和美誉度。

### （一）展览会的特点

1. 形象的传播方式

展览会是一种非常直观、形象生动的传播方式。展览会通常以展出实物为主，并进行现场示范表演，这种形象直观的活动容易给参观者留下深刻的印象。

2. 极好的沟通机会

展览活动给组织提供了与公众直接沟通的极好机会，通常展览会上都有专人解答参观者的问题，并就他们感兴趣的问题进行深入讨论。这样，组织和公众之间就可以进行面对面的沟通，加深彼此的了解。

3. 多种传媒的运用

展览会是一种复合的传播方式，是同时使用多种媒介进行交叉混合传播的过程，它集声音媒介、图像媒介、文字媒介等传播手段于一身，能够全方位多角度地宣传组织的产品，树立良好的形象。

### （二）展览会的组织

根据惯例，展览会的组织者需要重点进行的具体工作主要包括参展单位的确定、展览内容的宣传、展示位置的分配、安全保卫的事项等。

1. 参展单位的确定

一旦决定举办展览会，由什么单位来参加的问题，通常是非常重要的。在具体考虑参展单位的时候，必须注意是两厢情愿，不得勉强。按照商务礼仪的要求，主办单位事先应以适当的方式，对拟参展的单位发出正式的邀请或召集。邀请或召集参展单位的主要方式为：刊登广告，寄发邀请函，召开新闻发布会等。不管采用其中任何哪一种方式，均须同时将展览会的宗旨、展出的主要项目、参展单位的范围与条件、举办展览会的时间与地点、报名参展的具体时间与地点、咨询有关问题的联络方法、主办单位拟提供的辅助服务项目、参展单位所应负担的基本费用等，一并如实地告之参展单位，以便对方据此加以定夺。

2. 展览内容的宣传

对展览内容所进行的宣传，主要可以采用下述几种方式：其一，举办新闻发布会；其二，邀请新闻界人士到场进行参观采访；其三，发表有关展览会的新闻稿；其四，公开刊发广告；其五，张贴有关展览会的宣传画；其六，在展览会现场散发宣传性材料和纪念品等。

3. 展示位置的分配

对展览会的组织者来讲，展览现场的规划与布置通常是其重要职责之一。在布置展览现场时，基本的要求是：展示陈列的各种展品要围绕既定的主题，进行互为衬托的合理组合与搭配。要在整体上显得井然有序、浑然一体。在一般情况下，展览会的组织者要想尽一切办法充分满足参展单位关于展位的合理要求。假如参展单位较多，可通过对展位进行竞拍、对展位进行投标、对展位进行抽签等方式来确定。

4. 安全保卫的事项

在举办展览会前，必须依法履行常规的报批手续。此外，组织者还须主动将展览会的举办详情向当地公安部门进行通报以求得其理解、支持与配合。举办规模较大的展览会时，最好从合法的保卫公司聘请一定数量的保安人员，将展览会的保安工作全权交予对方负责。为了预防天灾人祸等不测事件的发生，应向声誉良好的保险公司进行数额合理的投保，以便利用社会的力量为自己分忧。

（三）参加展览会的礼仪

参展单位在正式参加展览会时，必须要求派出的全部人员齐心协力、同心同德，为圆满成功地完成展览会而努力奋斗。

1. 要努力维护整体形象

在一般情况下，在展位上的工作人员应当统一着装。在大型的展览会上，参展单位若安排专人迎送宾客，则专人最好统一穿色彩鲜艳的单色旗袍，并佩戴写有参展单位或其主打展品名称的大红色绶带。为了说明各自的身份，全体工作人员皆应在左胸佩戴写明本人单位、职务、姓名的胸卡，唯有礼仪小姐可以例外。按照惯例，工作人员不应佩戴首饰，男士应当剃须，女士最好化淡妆。

2. 讲解员的礼仪

讲解员应热情礼貌地称呼公众，讲解流畅，不用冷僻字。介绍的内容要实事求是，不弄虚作假，不愚弄听众。语调清晰流畅，声音响亮悦耳，语速适中。讲解完毕，应对听众表示感谢。讲解员着装要整洁大方，举止庄重。

3. 要时时注意礼貌待人

参展单位的工作人员都必须真正地意识到观众是自己的上帝，为其热情而竭诚地服务是自己的天职。展览会一旦正式开始，全体参展单位的工作人员应各就各位，站立迎宾。不允许迟到、早退，无故脱岗、东游西逛，更不允许在观众到来之时坐、卧不起，怠慢对方。当观众走近自己的展位时，不管对方是否向自己打了招呼，工作人员都要面带微笑，主动地向对方说："您好！欢迎光临！"随后，还应面向对方，稍许欠身，伸出右手，掌心向上，指尖直指展台，并告知对方："请您参观。"当观众离去时，工作人员应当真诚地向对方欠身施礼，并道以"谢谢光临"或是"再见"。

## 学法指导

有关"活动礼仪"的内容并不难理解，在学习的过程中，只要懂得一些基本的知识即可。

## 技能训练

1. 如果你被邀请参加一个大型舞会，请谈谈参加舞会者应该注意哪些礼仪。

2. 本公司要举行新产品展览会，如果你是组织者，你将如何组织此次活动？请写出具体的方案。

## 其他链接

### 国际舞文化的来源与发展

国际标准交谊舞，原名为"社交舞"，也叫"交谊舞"，英文名为 Ballroom Dancing，最早起源于欧洲，在古老民间舞蹈的基础上发展演变而成。自十六七世纪起，交谊舞已在欧洲各国成为一种普遍的社交活动，故有"世界语言"之称。到 20 世纪 20 年代以后，交谊舞在世界各地风行起来，所以又称它为"国际舞"。

经过近一百年的发展，"社交舞"从单一的舞种发展为拉丁舞、摩登舞两大系列十个舞种，并由 1904 年成立的"英国皇家舞蹈教师协会"组织制定了有关舞蹈理论、技巧、音乐、服装的统一标准，并公布为"国际标准交谊舞"（简称"国际舞"），为世界各国所遵循。

1. 拉丁舞

拉丁舞又称拉丁风情舞或自由社交舞。它是拉美人民在漫长的历史长河中形成的，它代表激情、浪漫、富有活力，具有火热的艺术表现形式，深受拉美人民的喜爱，并成为他们生活中必不可少的重要组成部分。拉丁舞包括伦巴、恰恰、牛仔、桑巴、斗牛共五种舞蹈，伦巴舞婀娜，恰恰舞活泼，牛仔舞逗趣，桑巴舞激情，斗牛舞强劲，它们风格各异。跳舞者应把握各种舞蹈的内涵。

拉丁舞除了斗牛舞外，都源于美国各地，它的音乐热情洋溢、奔放，特具节奏感，自由流畅，展示了女性的优美线条，生动活泼，充分表达了青春欢乐的气息；展示了男性刚强、气势轩昂、威武雄壮的个性美。

2. 摩登舞

1924年英国发起摩登舞并于1925年正式颁布了华尔兹、探戈、狐步、快步四种舞的步伐，同时还增加了“维也纳华尔兹”，继而推广到世界各地，受到许多国家的欢迎和喜爱。

摩登舞除了探戈外，都源于欧洲大陆，它的音乐时而激情昂扬，时而缠绵性感，动作细腻严谨，穿着十分讲究，体现欧洲国家男人们的绅士风度和女人们的妩媚。男士需穿燕尾服、戴白领结，女士则以飘逸艳丽的长裙表现她们的华贵、美丽和高雅。

# 模块三

# 接待礼仪

## 学习目标

1. 了解并掌握接待预约客人和未预约客人的礼仪知识，能用礼仪知识区别接待预约客人和未预约客人。

2. 了解并掌握接待重要客人的有关礼仪知识，能接待重要客人。

3. 了解并掌握私人接待礼仪的有关知识，能做好私人接待的礼仪工作。

## 任务一　日常接待礼仪

### 工作情境

2009 年 5 月 28 日早上，宏远公司陈总经理的秘书刘华刚把接待室和前台整理好，三位客人同时急匆匆地推门而入，一位是昨天下班前就约好要与总经理洽谈合作业务的乙公司的陈副总经理；一位是洪达公司的王经理，他是宏远公司陈总经理大学的同窗好友，今天一早来找同学有要事相商；还有一位是某企业的业务推销员，声称有重要技术要与宏远公司合作，他们都异口同声要与陈总经理面谈。刘华该如何接待这三位客人？

### 任务描述

刘华必须运用有关日常接待的礼仪知识恰如其分地接待这三位客人，要能区别对待预约的客人和未预约的客人。

## 工作实施

刘华看到三位客人后，都微笑着打招呼，一一跟他们握手。请他们在沙发上坐下来，给每人献上一杯茶。然后，到总经理室看一看陈总经理是否已经准备好了，并告诉陈总经理，他的同学来了，要不要安排今天上午见面，陈总经理同意见面。到了约定的时间，刘华先请昨天约好的乙公司的陈副总经理进去，与陈总经理会谈。

接着，刘华对王经理说："王经理，请您稍等一会儿，陈总经理与陈副总经理的会谈一结束，就与您见面。"并给王经理顺手递了一本杂志。

刘华又对业务推销员说："今天陈总经理很忙，没时间接待你，请业务部的刘主任接待你，行不行？"业务推销员同意了。刘华给刘主任打了一个电话，刘主任请业务推销员立即过去洽谈业务。刘华把推销员引领到业务部。

四十分钟后，刘华看到乙公司的陈副总经理从陈总办公室出来了，就请王经理进了陈总办公室。

## 工作评估

刘华能区别接待预约客人和未预约客人，接待符合礼仪规范。

## 相关知识

企业在交往中，接待人员的举止仪表对创造良好的企业形象至关重要，接待人员是外界接触和了解企业的第一渠道，直接影响外界对其整个组织的第一印象。接待来访客人是秘书的日常工作，秘书在接待过程中需要斟酌每一个礼仪细节。

### 一、接待预约访客的礼仪

秘书一定要预先确定接待时间、地点及接待人员，还应互留联系方式，如电话、手机号码等。

应根据客人的情况区别接待，如果接待的是个人，可以在办公室或接待室接待客人。如果接待的是一个团体，安排会议室会比较恰当。

外单位客人到本单位来访，无论是办事、求助，还是取经、调研等，一般都是在办公室或接待室进行。在办公室或接待室里接待客人，有如下一套礼仪。

#### （一）早做准备，保持办公室或接待室环境优雅

平时也应保持办公室或接待室优雅、整洁的环境。如有客人来访，则更应注意营造优美的办公环境。

客人来访，一般是会早打招呼、早有约定的。得知客人来访的消息后，应告知有关部门早做准备，把办公室收拾得干净利落。窗户要明亮，桌椅要整洁，东西要整齐有序，空气要清新。冬季要温暖，夏季要凉爽。茶水早备好，对有的客人还可备些水果。

总之，办公室或接待室是本单位的对外窗口，代表着单位形象，必须认真布置。当然，也不必豪华阔气。接待人员的精神面貌和工作作风直接影响单位的

形象。

如果来客较多，或客人规格较高，来访的目的又比较严肃，也可以在专门的会议室（会客室）接待。会议室（会客室）也应早做准备，以迎接客人。

（二）精心准备材料

客人来访前要做精心的准备，除了精心布置接待场合（办公室或会议室、会客室）外，还要精心准备材料。要明确客人来访的目的，是参观本单位某部门，还是了解、考察某项工作？是商洽某方面的问题，还是研究相互合作的事宜？务必要做到心中有数。客人一般会提前告知来访的目的，主方应根据双方商定的会谈事宜，或客人的请求，让秘书人员早做准备。提前准备好需要的数字、情况资料，需打印的资料提前打印好，对一些可能会涉及的重要问题在内部先统一口径。

如果是接待团队，接见方应先安排好足够的座位，排好座位图，放置座位卡，准备好音响、灯光及茶水。

（三）热情接待客人

客人到来后，要抽调若干工作人员进行接待。接待的工作人员，有的进行服务、礼仪接待，比如引导、倒茶倒水等；有的进行工作需要接待，比如参加会谈、介绍情况、参与商讨等。

无论工作人员负责哪方面的接待工作，都应衣着整洁，走动轻盈，仪态大方，待人彬彬有礼。风风火火，莽莽撞撞，衣帽不整，言谈粗俗，是对客人的不礼貌，也会使本单位大失体面。

客人到达时，主人在正门口或客厅门口迎接。如果主人有事不能到大门口迎接，则由秘书人员在大门口迎接，引导客人到接待区入座，秘书应请客人坐在远离门口或面对门口的一端；如主方使用屏幕、白板做演示，应使客户面对屏幕；一定要准备饮用水或饮料，饮用水随时给客户蓄满；如果是饮料应先争得客户的同意再给他添加。

在与客人会谈的过程中，无关人员应自动退避。服务人员应定时敲门而进，倒茶续水，取换毛巾，进行热情服务；但服务不应影响主客双方会谈，要保持现场的安静。服务完毕应轻轻退出。

领导人之间的会见与会谈，除陪见人员和必要的译员、记录员外，其他工作人员在一切安排就绪后均应退出。如允许记者采访，可在正式谈话开始时采访几分钟，然后让其离场。无关人员不应随意走动进出。

（四）礼貌送别客人

客人办事结束后，秘书要礼貌送客。秘书引导客人离开，办公室相关人员也要随之送行。可视情况，决定送至办公室门口或单位大门口。应感谢客户的来访，礼貌地跟客人告别。送别时应说些客气话："欢迎再来"、"欢迎常联系"、"接待不周，请多原谅"等。

客人若自备车辆，工作人员可早些通知司机或由客人方工作人员自行通知。若需本单位送回，需要早做车辆安排，勿使客人久等。

## 二、接待临时来客的礼仪

看到来客后，微笑着问候，如坐着，则应立即起身，与客人握手并交换名片。确认访客所在单位、姓名、拜访对象、拜访事宜和目的。

应判断来客的身份与种类，以便决定是否引见，何者优先等。

要事先了解上司是愿意随时接待任何来客，还是喜欢视情况而定，一般可以将来客分为几个种类：客户；工作上的伙伴，搭档；家属、亲戚；私人朋友；其他。

在没有预约的情况下，通常可按照以上顺序来决定何者为先。如果来客非常重要，就不要私自挡驾。

如果来客找的是本人，则直接带访客到会议室会谈。如本人无时间接待，应尽量安排他人接待，不要让访客空手而归。如果暂时脱不开身，则请访客在指定地点等候，并按约定时间会见访客。

如果来客找的是其他人，则应迅速联系受访对象，告之来客的所在单位、姓名和来意，并根据受访者的示意区别接待。

### （一）受访者愿意接待客人

如果受访者要在会客室接待客人，则应将客人带到会客室，奉茶或咖啡。告之受访对象何时到。如果受访者要在办公室接待客人，可将客人带到办公室，将其引导给受访对象后告退。

### （二）受访者不愿意接待客人

秘书应表示歉意，告诉来客，受访者不在或没空接待，请来客留下名片和资料，代为转交；或者跟客人约定其他时间来访，礼貌送客。

## 三、接待客人礼仪注意事项

### （一）初见客人礼仪注意事项

（1）客人露面时秘书应马上起身，询问姓名、来访事由并确认事先是否有约。接着，秘书应联系被访者，在能够引见时引见。

（2）如被访者不能与未预约客人见面，秘书要对客人说明不能见被访者的理由，必要时请客人留下姓名及联系方式。

（3）不要因为你不是接待人员而采取漠然置之的态度；不要缺乏自信、表情显得腼腆；不要态度冷淡、随意丢放客人的名片；不要以衣着、言语取人；不要在讲话当中摇头晃脑；确认来访事由时不要敷衍、马虎或让客人长时间等待。

### （二）安排座位、喝茶礼仪注意事项

（1）保持接待室的整洁，应将客人安排在上座。上座离入口远，能看到外部全景的座位。

（2）让客人长时间等候是失礼的行为。如接待者本身没时间，应根据情况由他人代替接待客人。

（3）送茶者进入接待室前应敲门，进入后轻轻关门并行礼。应先给上座的客人献

茶，左手托盘，右手端茶。离开时应轻轻行注目礼（即使客人不看你）。

（4）应使用完整、洁净的茶具；给客人端茶时勿披散长发，端茶前，检查一下自己的手指是否沾有脏物；客人喝的茶水要清洁；茶杯外部及茶盘上不应留水迹；按照礼节，在开会或约定的时间，即使客人没全到齐，也应为先到者斟茶；端茶时，右手端住杯托，左手轻轻扶住，轻缓地放下；端茶时手不要抓杯口，不得打碎茶杯。

(三) 引导及上、下楼梯礼仪

（1）引导客人时，应稍走在客人前侧方一两步，把尊位让给客人。在引导途中，每当位置和场所有所改变时，都要以手势事先提示。

（2）上下楼梯时，自己的位置始终在客人的下方。

（3）在门前引导时，如果是内推门，自己先进，客人后进；如果是外拉门，则客人先进，自己后进。

（4）引导乘电梯时，若电梯里有引导人员，上下电梯均应按照职位高低顺序。若电梯里无引导人员，应自己先上电梯并按着电梯开关，再请客人进入电梯，如果电梯里有人，应轻轻致意。应侧立操作电梯开关，不要让客人看你的后背。应请客人先下电梯，自己一手按着电梯开关，另一只手引导客人。

（5）注意不要在客人上电梯后自己却没能上去；在电梯里，不要靠在电梯内壁上；不要把客人甩在一边不理；如果电梯里已经很挤，不要叫客人上电梯。

## 学法指导

1. 需注意，有预约的客人比未预约的客人有优先权，应优先安排有预约的客人。

2. 接待临时来客时，要分情况区别对待，不能主观臆断，要及时跟受访者联系，并征得其同意后安排会见或会谈。

## 技能训练

1. 星期一早上刚上班，天地公司就来了两位客人，一位是昨天预约要和王总经理会谈的友谊服装公司的总经理胡斌，另一位是没有预约的推销员。两位客人都要求见天地公司的王总经理。吴秘书请示了王总经理后，就安排胡总经理与王总经理开始会谈。然后对推销员说："今天王总经理很忙，没有时间接待你，请负责产品销售的万副总经理与你见面谈，好吗?"推销员同意了。

吴秘书如此接待对吗？理由是什么？请分角色演示吴秘书接待两位客人的礼仪情景。

2. 一天下午，三灵公司秘书王芳的办公室里来了三位客人，都是要见方总经理的：第一位是方总经理的老婆，第二位是方总经理的朋友兼合作伙伴联众公司的刘董事长，第三位是已经预约下午要和方总经理谈生意的协和公司的王副总经理。

王秘书该如何接待这三位客人？请演示王秘书接待的礼仪场景。

3. 宏远公司刘总经理与天地公司王总经理是大学的同窗好友，有着深厚的友情，关系非常亲密，经常聚在一起吃饭，在生意上偶尔也有合作。王总经理经常到宏远公司找刘总经理聊天，刘总经理也经常到天地公司看望王总经理。今天，王总经理又来找刘总经理，正好刘总经理不在公司，他陪同客户汪先生去中山陵游玩了。

秘书钟苗应如何接待王经理？请两位同学分角色演示钟苗接待的礼仪情景。

## 其他链接

### 十种令人不悦的接待表现

以下十种表现会令访客不悦，作为接待人员，你一定要避免使用以下这些不良的方式去对待访客：

1. 当顾客进来时，假装没看见继续忙自己的工作。
2. 一副爱理不理甚至厌烦的应对态度。
3. 以貌取人，依客人外表而改变态度。
4. 言谈措词语调过快，缺乏耐心。
5. 身体背对着客户，只有脸向着顾客。
6. 未停止与同事聊天或嬉闹的动作。
7. 看报纸杂志，无精打采打哈欠。
8. 继续电话聊天。
9. 双手抱胸迎宾。
10. 长时间打量客户。

资料来源：http://article.jmw.com.cn/NewsFile/Detail/wfz/wvb/429114213181.shtml。

# 任务二　重要客人的接待

## 工作情境

今天，湖北省武汉市的美林商务公司的王总经理一行四人要到爱华电器有限公司洽谈业务，他们是乘飞机到南京的，大约上午十点半到达南京的禄口机场。爱华电器有限公司的总经理秘书王颖该如何安排这次接待工作？

## 任务描述

王颖必须运用有关接待重要客人的礼仪知识恰如其分地接待这四位远道而来的客人，要安排接站、送客等事宜。

## 工作实施

王颖请本公司的刘总经理亲自带队前去迎接美林商务公司的王总经理一行，她事先做好了一个迎客牌，上面写着“欢迎武汉美林商务公司王总经理代表团”。

接到王总经理代表团后，王颖安排他们坐在本公司的两辆专用的五人座的小轿车上，王颖请王总经理坐在副驾驶的座位上，自己坐在后排最右边的座位上。王总经理面有不悦之色，不过，王颖一路上非常热情，她为王总经理详细介绍了南京的风土人情以及南京的各个著名景点的概况。王总经理脸上原本紧绷的神情才变得松弛多了。

到公司后，王颖赶紧下车，为王总经理打开车门，并走在王总经理的左前方一到两步的位置，引领王总经理上楼到会客厅去谈业务。

三天很快就过去了，王颖主动地帮王总经理一行四人预订了返程的飞机票，并安排了刘总经理带人亲自送客，一直等王总经理一行登机，他们才离开。

## 工作评估

王颖安排接站、送站等接待礼仪符合规范，不过在乘车安排座位时有些不妥，不应该安排王总经理坐在司机旁边的位置上，王颖应让王总经理坐在后排最右边的位置上。

## 相关知识

重要客人一般是上级有关部门的领导或是商务活动中合作的重要伙伴等，他们对单位的利益有较大的影响，因此，在接待时要特别慎重。

### 一、确定接待规格

接待规格主要依据三方面的情况来确定，即前来谈判的人员的身份和目的、我方与被迎送者之间的关系以及惯例。

### 二、迎候礼仪

在公务活动中，要根据客人的具体需求决定是否要接站，有的客人远道而来，对当地的交通路线不熟悉，最好要安排接站。有的客人是本地人，或者虽然是外地人但对本地的交通路线比较熟悉，不需要接站。秘书在接待时，要因人而异，区别对待。

(一) 接站

对远道而来的重要客人——无论是官方的人士、专业代表团，还是民间团体、友好人士——在他们抵达时，一般要安排相应身份的人员前去接站。迎接的秘书人员要掌握客人乘坐的飞机、火车、船舶抵达的时间，如有变化，应及时通知。保证提前等候在迎接地点，一般要在飞机、火车、轮船到达前 15 分钟赶到，迟到是不礼貌的，客人也会因此感到不愉快。

接站时还要准备一块迎客牌，牌子要正规、整洁，字迹要大而清晰。不要随便用纸乱写。尽量不要在白纸上写黑字，让人感到晦气。关于接站牌的具体内容有四种主要写法：一是“热烈欢迎某某同志”，二是“热烈欢迎某单位来宾的光临”，三是“某单位热烈欢迎来宾莅临指导”，四是“某单位来宾接待处”。同时，要高举迎客牌，以便客人辨认。做好这些工作，可以给客人留下热情、周到的印象，使双方在感情上更加接近。

如果客人是长者或身体不太好应上前搀扶，如果客人手中提有重物应主动接过来。

（二）乘车

接到客人后，应为客人打开车门请客人先上车，自己坐在客人旁边或司机旁。

安排座位时，应注意座位的尊卑高下，否则，会引起客人的不愉快。在轿车上，座次的常规一般是右座高于左座，后座高于前座。以双排五人座轿车为例，车上座次的尊卑自高而低依次应为：后排右座，后排左座，后排中座，前排副驾驶座。在公务活动中，轿车上的前排副驾驶座通常被称为“随员座”。按惯例，此座应留给秘书、译员、警卫或助手坐，而不宜请客人在此就座。只有当主人亲自驾驶轿车时，客人坐在副驾驶座上与主人“平起平坐”才是合乎礼仪的。此时，双排五人座轿车的座位由尊而卑依次是：副驾驶座，后排右座，后排左座，后排中座。在一般情况下，双排五人座轿车上的后排中座左右挨夹，坐在那里不很舒坦，故不宜请客人就座于此。

在车上秘书要主动与客人交谈，告知客人访问的具体时间安排，并询问客人的意见。还应向客人介绍当地的风土人情以及沿途景观。到达地点后，接待者应先下车为客人打开车门，然后请客人下车。

（三）迎候

有的客人不需接站，他们会在约定时间按时到达，主人应主动迎接，不应在会谈地点静候。见到客人后，应热情打招呼，通常应该说“您好”、“欢迎您”、“里边请”等话语，同时伸手相握，以示欢迎。

## 三、引领礼仪

下车后，秘书应走在客人的左前方一到两步的位置，或走在主陪人员和客人的身后，在引导宾客的时候有一系列细微的肢体语言礼仪。礼貌的服务和明确的引导手势，会让宾客感觉到更贴心。迎宾与引导有标准的礼仪手势，手不是完全张开的，虎口微微并拢，平时把手放在腰间。

在引导过程中，女性的标准礼仪是手臂内收，然后手尖倾斜上推并说“请往里面走”，显得很优美；男性要体现出绅士风度，手势要夸张一点，手向外推。同时，站姿要标准，身体不能倾斜。

引导宾客上楼，手要向上指，眼神也要看着手指向的方向。还要跟宾客说明要去的楼层，所走的方向，或者搭乘的电梯。引导的礼仪动作要配套、完整，仪态优美，声音悦耳，使人感受到引导人员内在的精神和热忱。这样会令宾客感觉良好。

到达会客室门口时应打开门，让客人先进，引导入座时要注重手势和眼神的配合，同时还要观察宾客的反应。比如：要指给宾客某个固定的座位，说明之后，要用手势引导，在固定的位置处加以停顿，并观察宾客有没有理解，还要说“请这边坐”等敬语。

## 四、送别礼仪

有的客人不需要安排交通，秘书在办公区送别就可以了；远道而来的客人在离开时一般需安排交通，秘书要远离办公区送客。

（一）在办公区送客

商务交流结束之后，客人提出告辞时，秘书要等客人起身后，再站起来相送，切忌客人没起身时，秘书先起立相送，这是很不礼貌的。

当客人提出告辞时，如果秘书仍端坐办公桌前，嘴里说“再见”，手中却还忙着自己的事，甚至眼睛都没看客人，更是不礼貌的行为。

“出迎三步，身送七步”是迎送宾客最基本的礼仪。当客人起身告辞时，秘书应马上站起来，主动为客人取下衣帽，帮他穿上，并与客人握手告别，还要用最合适的言词送别，如“希望下次再来”等礼貌语言。对初次来访的客人，秘书更应热情、周到、细致。

当客人的物品较多或较重时，应帮客人代提重物。

与客人在门口、电梯口或汽车旁告别时，要与客人握手，目送客人上车或离开，要以恭敬真诚的态度笑容可掬地送客，不要急于返回，应鞠躬挥手致意，待客人移出视线后才可结束告别仪式。

（二）远离办公区送客

送客时应按照接待时的规格对等送别，不能虎头蛇尾，无论双方的目的是否达到，都要按接待规格送客，而且要做好交通方面的安排，如购买车票、船票、机票或者安排车辆等。如果客人临走时，主人不管不问，那就意味着交往关系破裂，或者表示对客人的不满。送别人员应事先了解对方离开的准确时间，提前到达来宾住宿的宾馆，陪同来宾一同前往机场、车站或码头；亦可直接前往机场、车站或码头恭候来宾，与来宾道别。在来宾临上飞机、火车或轮船之前，送行人员应按一定顺序同来宾一一握手话别。分别时，也可以挥手告别，但应等火车、轮船开动后，直至看不见客人时再离去。

如果客人来访时带有礼品，那么在送别时也要准备一些物美价廉且有象征意义的礼品回馈。

## 学法指导

1. 对远道而来的重要客人一定要安排接站、送站，并安排专车接送，这样，客人会觉得很愉悦。

2. 安排坐车时，一定要注意乘车的礼仪，双排五人座的轿车，司机驾驶时，后排右座是最尊贵的座位；主人亲自驾车时，副驾驶座是最尊贵的座位。

## 技能训练

1. 林光商场装修需买一批装潢材料，总经理王明经过一番调研后，对三菱装饰公司的装饰材料十分感兴趣，王总经理要亲自到三菱装饰公司谈业务。前几天，王总经理的秘书王光宇就和对方总经理秘书刘小芳通过电话联络过了。今天，王总经理在王秘书的陪同下来到了三菱装饰公司，刘秘书要在办公室外迎接客人并进行自我介绍，然后引导他们上楼，进入总经理办公室。

请演示整个过程。

2. 山东青岛的鲲鹏有限公司需购进一大批电子设备产品，经过一段时间的调研，它对南京明景实业有限公司的电器产品十分看好，此前，鲲鹏公司的总经理朱小华跟明景公司的总经理张英通过几次电话，彼此印象很好。这次，朱总经理一行五人要做飞机来南京谈具体的合作事宜。

张经理的秘书该如何安排好此次接待工作？请一组同学上台演示接待的全过程。

3. 早上八点钟，南京三林公司接待室同时来了三位重要的客人，他们都是经理的重要客人，秘书刘芳该如何接待他们？

请演示接待的全过程。

## 其他链接

### 接待工作中眼神的使用

眼睛是人类的心灵之窗。对自己而言，它能够最明显、最自然、最准确地展示自身的心理活动。对他人而言，与其交往所得信息的87%来自视觉，而来自听觉的信息则仅为10%左右。孟子说："存乎人者，莫良于眸子，眸子不能掩其恶。胸中正，则眸子瞭焉。胸中不正，则眸子眊焉。听其言，观其眸子，人焉廋哉。"

人们在日常生活之中借助于眼神所传递出信息，可被称为眼语。在人类的五种感觉器官眼、耳、鼻、舌、身中，眼睛的感觉最为敏感，它通常占人类总体感觉的70%左右。因此，泰戈尔便指出："一旦学会了眼睛的语言，表情的变化将是无穷无尽的。"

眼语的构成，一般涉及时间、角度、部位、方式、变化五个方面。

在人际交往中，尤其是与熟人相处时，注视对方时间的长短往往十分重要。在交谈中，听的一方通常应多注视说的一方。

1. 表示友好

若对对方表示友好，则注视对方的时间应占全部相处时间的1/3左右。

2. 表示关注

若对对方表示关注，比如听报告、请教问题时，则注视对方的时间应占全部相处时间的2/3左右。

3. 表示轻视

若注视对方的时间不到全部相处时间的1/3，往往意味着对其瞧不起，或没有兴趣。

4. 表示敌意

若注视对方的时间超过了全部相处时间的2/3，往往表示可能对对方抱有敌意，或是为了寻衅滋事。

资料来源：http：//www.welcome.org.cn/jiedailiyi/2007-12-12/ChaDaiGongZuoZhongWenShenDeShiYong.html。

# 任务三　私人接待礼仪

## 工作情境

今天是周六，华商有限责任公司的秘书周英在家休息。昨天下班前，她阔别十多年的大学好友给她打电话，说出差正好路过南京，今天上午要来她家做客。

## 任务描述

周英该如何接待这位大学的同窗好友?

## 工作实施

早上五点多钟，她就起来忙着整理房间，收拾屋子，还特意到菜市场买了一些点心糖果、鸡鸭鱼肉和新鲜的蔬菜。回到家，她就忙着摘菜、洗菜。周秘书在厨房忙碌的时候，她四岁的宝贝女儿老是缠着她要讲故事。不巧的是，周英的爱人不在家，她只好一边哄女儿一边干活。到了十点多钟，周秘书的大学同学来了，她给周秘书的女儿带了一大包吃的东西。周秘书给她倒了一杯茶，拿出早上买的点心请同学吃。她找了一本女儿最喜欢看的书，让她在小书房里看书。周英和大学同学聊了一会儿，两个人一起做饭，吃完午饭，大学同学因为要赶路，就告辞了。好友临走前，周秘书送了一条精美的围巾给她，还牵着女儿的小手把她送到了汽车站，等好友乘坐的车开走了才离开。

## 工作评估

周秘书知道大学同学要来拜访，能够提前做好接待的准备工作，打扫并整理房间，准备了待客的点心，还请好友在家吃午饭，想得很周到。女儿小，家中无其他人帮忙，她让女儿一个人看书，可以好好跟好友聊聊天，也想得很周全。朋友给周秘书的女儿带了礼物，周秘书也送了礼物给朋友，做得很好。

## 相关知识

### 一、精心准备，以迎嘉宾

知道客人要来拜访，主人要提前做好接待的准备工作。打扫并整理好房间，准备好待客的茶杯、烟具、糖果等。

主人在接待客人时，要注意仪容整洁，自然大方。忌蓬头垢面，或穿着睡衣短裤与客人会面，这是不礼貌的。

如果要请客人吃饭，要先了解客人的习俗、爱好和年龄，并在客人到来之前就做好饭菜的准备工作。如果要留客人住宿，最好让客人单住，并把客人的房间及床铺收拾得干干净净，准备好客人要用的洗漱用品等。

远道而来的客人来访，必须事先掌握客人乘坐的交通工具以及抵达的时间。特别是对地形不熟悉的初访客人，一般要尽量远迎，防止客人迷路。

## 二、热情接待，宾至如归

### （一）热情接待客人

客人到了门前，主人应主动出门迎接，把客人请进屋。如果客人是第一次来访，应该给家里其他人介绍，互相问候，并热情地给客人让座。上茶时，最好双手递送，茶要倒八分满。如果老朋友来访，不必拘泥于礼节，可以随意一些。

不论是什么季节都要热情接待客人。在天气炎热的夏季，主人可递给客人一块凉手巾，给客人擦脸消暑，或递上扇子，或打开电扇、空调，并送上一杯冷饮。在寒冷的冬天，应把客人请到暖和一些的房间，倒杯热茶。如果客人远道而来，要问问是否用过餐，要不要马上用饭等，要给客人一种回到家的温馨舒适的感觉。

接待客人时，主人要保持愉快的心情，要自始至终微笑着。如果心里不愉快，要善于克制，不要在客人面前流露出不快之色，以免客人误会和尴尬，更不能迁怒于客人。要注意不能当着客人的面与家人发生口角、吵吵闹闹，或是公开家庭的内部矛盾，或因小孩做错了事而大发雷霆。如果客人想谈事又不太好意思启齿，或想与你一个人单独交谈时，家中其他人应自觉回避，不要围着听，使客人难堪。若有条件，可以换个房间进行个别交谈。

### （二）保持安静的环境

接待客人时，要把孩子看管好，要给客人一个安静的空间。可以给孩子玩喜欢的玩具或让他看书、看电视等。如果客人也带来了孩子，要找些玩具、画册，让孩子在一边玩，稳定孩子的情绪；或让自己的孩子陪着客人的孩子玩耍，免得孩子因不适应而哭闹，影响与客人的交流。

### （三）要善待老年来访者

对年纪较大的客人要热情诚恳，沉着冷静。人老如顽童，和老人讲话要风趣，还得说他们喜欢的话题，而且要避开他们犯愁的话题，比如儿女离婚。还有，老年人爱唠叨，而且可能一件事会说上好几遍，就当新鲜事听吧。对有特长的老人，可以向他们请教，以此打开老人的“话匣子”。也可以先扯一些家务事，使气氛融洽后再转入正题。老年人活动范围一般比较小，比较看重晚辈、年轻人对自己的态度。如果我们接待得周到体贴，他们会感到非常欣慰。

### （四）热情接待家人的客人

主人应热情接待家人的客人。如果来客是父母、爱人、兄弟姐妹或子女的朋友、同事、同学，也应主动招呼、接待，这样表示全家都欢迎他的来访，也显示出你家庭的和睦。如果来客要拜访的亲人恰好不在，应主动向客人说明情况，并询问有什么事需要转告或代办。如果主人态度冷漠、怠慢不理，会引起客人的不快，这也是不礼貌的。

### （五）冷静对待“不速之客”

应冷静地对待“不速之客”。若客人不约而来，主人毫无准备，也应将凌乱的房间赶紧收拾一下，使客人有地方可坐，并向客人表示歉意。切不可将客人拒之门外，或面带悻悻之色，使来客陷入尴尬境地。“不速之客”有时会给你的生活、学习、工作诸方面带来不便，这也不足为奇。

要尽快了解“不速之客”来访的目的，以便见机行事，妥善处理。如果他在你确实感到不便时来访，比如客人来时，你恰好要有事外出，你最好尽可能有礼貌地说：“我刚好要出去，真对不起。”应向客人说明情况，另约个时间交谈，并致以歉意。但多数情况是将客人邀请进屋，予以接待，作陪时间的长短当然要根据当时的具体情况决定。

### 三、用餐

久不见面的友人来访，理应挽留其吃顿便饭；一般客人来访，到了用餐时间也应邀请他们一起用餐。要视情况准备菜肴，一般以比平时略丰盛为宜。给客人盛饭，要盛八分满，不要盛得太满。当客人表示吃饱了不再吃时，不要再坚持让他再吃。注意饭后上水。

### 四、巧妙拒客，礼貌送客

#### （一）拒客技巧

（1）心平气静待客。与客人交谈时要心平气静，不要频繁看表，不要呵欠连天，以免对方误会你在下逐客令。

（2）少谈话，不递烟或添茶。如果客人过长的逗留将影响你的事务或作息，你就必须减少谈话，只听不说，并不再递烟或添茶。

（3）直截了当。你也可直接了当地说“真对不起，我……”之类的话，很有礼貌地向客人说明结束这次来访交谈的理由。

实际上，这种尴尬局面往往可以避免，只要你在邀请客人时，或在接待交谈中，让他知道你在几时有事要办或需要几时休息，届时略加提醒，细心的客人是会准时主动告辞的。

#### （二）礼貌送客

社交中，送客也有学问，不讲究送客的礼节，即使接待得很好，也可能前功尽弃，最后给客人留下不良印象。

（1）婉言留客，让客人先起身。客人要走，一般应婉言相留，这并非多余的客套。有的客人本来还想同主人交谈下去，但又怕多谈了会影响主人及其家人，而顾虑重重，心生矛盾，便说告辞来观察主人的反应。因此，当怀有这种心理的客人提出告辞时，若不加挽留，急于送客，客人会感到扫兴。客人要走，应等客人起身后，主人再起身相送，先于客人起身送客是不礼貌的。

（2）微笑起立，亲切道别。客人告辞时，家里在场的人都应该微笑起立，亲切道别，让客人感到这个家庭的每个成员都是热情好客的。

（3）感谢客人送礼，礼貌回礼。如果客人带来了礼品，主人应表示谢意，并在送客时适当还礼。对客人的礼物不能无动于衷，“来而不往非礼也”。如果是亲朋老友带来了礼物，也不能若无其事，像受之无愧似的，理应表示谢意，或请求他们以后来访不要携带礼品了，或相应地回些礼物。比如，客人来访时，常常给主人家的老人或孩子带些糖果糕点之类的礼品，主人送客时，可回赠一些自家准备的糖果糕点给客人家的老人或孩子。如事先无准备，也可先暂表谢意，待以后回访客人家时再报以相应礼品。

（4）送客到门口。送客时一般应送到大门口或街口。常客、老熟人或一般来访者，也可随意一些，送出门口或送到楼梯口，致意告别即可。把客人送出门后，注意回身关门不能过重，以免客人误以为主人对他不满而生疑虑。

（5）热心送别远客。为远道而来的客人送行，应更加主动、热心、细心。得知远客将要离别的消息后，要事先问清客人起程的时间，所需乘坐的车辆班次，是否需要办理行李托运或代购车票。送行时，陪送到车站、码头、机场，并为客人备好水果、点心之类的路餐。

（6）不要过早离开车站。到车站、码头、机场送客，如无特殊情况，一般要等火车开动、轮船起锚、飞机起飞，挥手致意告别后再离开，过早地撇下客人离开，是不礼貌的。因故不能远送时，应向客人说明情况，并致歉意，或请人代为送行。

总之，无论是接待客人，还是迎送客人，都要使客人感到温暖、融洽，使客人感到主人是诚恳、热情和懂礼节的，给客人留下美好的记忆。

## 学法指导

1. 在家接待客人，在客人到来之前，要做好充分的准备工作，如：打扫卫生、整理房间，准备点心、送给客人的礼物；若准备请客人在家吃饭就要准备食材，准备在饭店吃饭要事先订好餐厅等。

2. 客人来了，要热情接待。如：给客人端茶倒水，给客人送上小点心、水果等，还要陪客人聊天，必要时，要请客人吃饭。

3. 客人走时，要礼貌地送客，不熟悉路况的，送到车站；熟悉交通路线的，可以送到楼下。

## 技能训练

1. 周日上午，华商有限责任公司的秘书周英的四岁女儿突然发烧了，老公出差了，她准备一个人带女儿去医院看病。九点钟，她收拾好东西，正准备出门。就在这时，单位的一个同事来她家串门。

周秘书该如何接待这位同事？请演示周秘书接待的全过程。

2. 周日下午三点钟，华商有限责任公司的秘书周英带女儿看完病，从医院回来了。刚到家，她接到了一个电话，是姨奶奶打来的。姨奶奶跟周秘书住在一个城市里，因为姨奶奶身体不太好，两家离得又比较远，所以，平常来往不多。姨奶奶打电话说，今天下午来要看孙女，大约四点钟到。

周秘书应如何接待姨奶奶？请演示周秘书接待姨奶奶的情景。

3. 周六上午，钟英装饰有限责任公司的秘书王芳在家休息。前一天下班前，她的大学同窗好友给她打电话，说周六上午他们一家三口要来她家做客。

请演示王芳接待好友的情景。

## 其他链接

### 待客细节——纸杯的使用

在现代生活与社交中，邀请朋友来家做客应该说是待客的最高礼遇了，所以，在接待的细节上也要千万小心，不要因为一不小心的失礼而得罪了客人。同样，受邀的客人更应该注重做客礼节，以示对主人的尊敬与感谢。

现在很多家庭喜欢用一次性纸杯招待客人，以示干净。其实这种做法是有些失礼的，一次性纸杯只适合在家庭中举行同龄人舞会等多人聚会时使用。对于客人的专门拜访，主人应该用好东西招待客人，用一次性的纸杯显得没把客人的来访看得很郑重，这是对客人的不礼貌。如果您和客人都觉得还是用一次性杯子放心，那么您最好准备几只漂亮的杯托，这样正式一些，也显示出对客人的尊敬。

资料来源：http://www.yxlady.com/convenance/2009-08-07/260836.shtml。

# 模块四

# 饮食礼仪

## 学习目标

1. 了解并掌握中餐、西餐、饮酒、饮茶的礼仪知识。
2. 能用礼仪知识得体接待客人，做到既律己又敬人。

## 任务一　中餐礼仪

### 工作情境

2010 年 10 月 20 日早上，南京宏远公司王经理交代秘书钟苗，中午从北京要来五位重要的客人，需要招待用餐，他让钟苗具体安排一下用餐事宜。钟苗该如何做好这次安排?

### 任务描述

钟苗必须运用有关中餐的礼仪知识安排好这顿午餐，包括用餐地点的选择、菜单的选择、席位的安排、陪同人员的安排等，从而完成这次接待工作。

### 工作实施

钟苗首先根据这五位客人的身份以及此行的主要目的，初步拟订了宴请规格、用餐场所、陪同人员；然后汇报给王经理。王经理认为钟苗的方案基本可行。这些安排确定以后，钟苗亲自到饭店确定菜单，菜单上除了有适合北方人口味的菜以外，钟苗还点了几道南京的特色菜。然后，钟苗通知了本单位的陪同人员以及小车司机，而且把来客与宏远公司的陪同人员按照职位和身份安排了座次。中午十二点，钟苗与本单位领导陪同客人到饭店就餐，并安排入席、张罗吃饭事宜。

## 工作评估

钟苗能按照中餐基本礼仪知识安排便宴，符合礼仪规范。

## 相关知识

中国是礼仪之邦，讲究民以食为天，而中餐礼仪在我国传统文化中也占据十分重要的位置。中餐礼仪包括的内容很多。作为一名秘书，应该掌握中餐礼仪的基本常识，主要包括用餐的方式、时间及地点的选择、菜单的安排、席位的排列、餐具的使用、用餐者礼仪。

### 一、用餐的方式

中餐的用餐方式，主要是指以哪种具体形式用餐。常见的用餐方式包括宴会、家宴、便餐、工作餐、自助餐。

#### （一）宴会

宴会，通常指的是以用餐为形式的社交聚会。可以分为正式宴会和非正式宴会两种类型。正式宴会，是一种隆重而正规的宴请。它往往是为宴请专人而精心安排的，在比较高档的饭店举行的，讲究排场和气氛的大型聚餐活动。它对到场人数、席位排列、菜肴数目、宾主致词等，往往都有较为严格的要求和讲究。非正式宴会，也称为便宴，多见于日常交往。它的形式比较简单，不注重规模、档次，却偏重人际交往。一般来说，它只安排相关人员参加，对席位排列、菜肴数目等往往没有过高要求。

#### （二）家宴

家宴，顾名思义，也就是在家里举行的宴会。家宴最重要的是要制造亲切、友好、自然的气氛，使赴宴的宾主双方轻松、自然、随意，彼此增进交流，加深了解，促进信任。通常，为了使来宾感受到主人的重视和友好，往往要由男、女主人亲自下厨烹饪，充当服务员，以使客人产生宾至如归的感觉。

#### （三）便餐

便餐，也就是家常便饭。用便餐的地点可以在家里、单位、餐馆，也可以在旅途中。因此，礼仪讲究较少，只要用餐者讲究公德，注意卫生、环境和秩序即可。

#### （四）工作餐

工作餐，是在商务交往中具有业务关系的合作伙伴，为进行接触、保持联系、交换信息或洽谈生意而采取用餐的形式进行的商务聚会。它重在创造出有利于进一步进行接触的轻松、愉快、和睦、融洽的氛围。在商务活动中，往往把工作餐的餐桌充当成会议桌或谈判桌。工作餐是主客双方的“商务洽谈餐”，因此，不适宜有主题之外的人加入。

#### （五）自助餐

自助餐，是近年来借鉴西方的现代用餐方式。它不提前统一安排席位、菜单，而是把能提供的全部主食、菜肴、酒水陈列在一起，由用餐者根据个人的爱好，自己选择、加工和享用。自助餐的礼仪讲究不多，宾主都方便。在举行大型活动，来宾人数众多时，安排自助餐是最明智的选择。

## 二、用餐的时间、地点

### (一) 用餐的时间

吃中餐，尤其是举办正式的中餐宴会，一定要认真选择时间。

首先，要征求主宾的意见，选择主宾都方便的时候。一般来说，举办正式宴会，通常都安排在晚上，同时，要避开对方公务特别繁忙的时间和对方国家的重大节日。比如，伊斯兰教的斋月期间，宴请须在太阳落山后举办。其次，要对用餐时间的长度进行必要的控制。一般来说，正式宴会的用餐时间为1.5～2个小时，非正式宴会与家宴的用餐时间为1个小时左右，而便餐的用餐时间约为半个小时。

### (二) 用餐的地点

用餐地点的选择应根据宴请的目的、时间、规模和费用酌情而定。一般应选择在环境幽雅、交通方便、服务优良的酒店和会所举行。

## 三、菜单的安排

选择和安排一份合适的菜单非常重要。安排菜单主要涉及两个方面的问题。

一是如何点菜，这主要涉及的是非正式宴会和便餐。作为用餐人，主客双方都要主动为对方着想，主人虽不必过于殷勤，但一定要考虑到对方的口味和禁忌；客人要体谅主人，不要随便乱点，尤其不要对主人和其他客人已经点过的菜做负面评价或故意挑价格高的菜点。

二是如何准备菜单，这是举办正式宴会与家宴时主人必须要考虑的问题。通常，一顿标准的中餐上菜的顺序是：冷盘、热炒、主菜、点心和汤、果盘。主人在点菜时要顾及各个程序的菜式。一般来说，点中餐菜优先考虑如下菜肴：

(1) 有中餐特色的菜肴。尤其在宴请外宾的时候，更要重视这一条。像炸春卷、蒸饺、狮子头、宫爆鸡丁等，因为具有鲜明的中国特色，所以受到很多外国人的推崇。

(2) 有本地特色的菜肴，比如北京的涮羊肉、西安的羊肉泡馍、上海的红烧狮子头，如果在本地宴请外地客人，点这些特色菜，往往更受客人欢迎。

(3) 本餐馆的特色菜。很多餐馆都有自己的特色菜。点一两道本餐馆的特色菜，可以体现主人的细心和对被请者的尊重。

同时，在安排菜单时，还必须考虑来宾尤其是主宾的饮食禁忌。通常情况下，中餐点菜主要有四条禁忌：

(1) 宗教的饮食禁忌，绝对不能疏忽大意。例如，穆斯林不吃猪肉、不喝酒；国内的佛教徒不吃荤腥食品以及葱、蒜、韭菜、芥末等气味刺鼻的食物。在宴请有宗教信仰的客人时，尤其要特别注意这些问题。

(2) 出于健康的原因，有些人有饮食禁忌。比如，有心脏病、高血压和中风后遗症的人不适合吃狗肉；肝炎病人忌吃羊肉和甲鱼；有胃肠炎、胃溃疡等消化系统疾病的人也不适合吃甲鱼；有高血压、高胆固醇的人要少喝鸡汤等。

（3）不同地区的人在饮食方面往往有不同的偏好。我们在安排菜单时往往要兼顾。比如，湖南人普遍喜欢吃辛辣食物，很少吃甜食；欧美人通常不吃动物内脏、动物的头部和脚爪等。

（4）有些职业在餐饮方面往往有一些禁忌。例如，驾驶员工作期间不得喝酒；国家公务员在执行公务时不准吃请，在公务宴请时不准大吃大喝，不准超过国家规定的标准用餐，不准喝烈性酒。在安排菜单时一定要考虑这些，否则有可能使对方犯错误。

## 四、席位的排列

中餐宴请，尤其是正式的宴请，往往是较大规模的社交聚餐活动，因为来宾身份不同，所以它往往会涉及席位排列的问题。席位排列包括桌次的排列与位次的排列。

### （一）桌次的排列

中餐宴请往往采用圆桌布置菜肴、酒水。如果宴请的客人超过一桌，就会出现桌次的尊卑问题。排列圆桌的尊卑次序，讲究下列几个原则：第一，以右为尊，面门为上。当两桌横排时，其桌次是以右为尊，以左为卑。这里所讲的右与左，是由面对正门的位置来确定的。这种做法也叫“面门定位”。第二，以远为上。当两桌竖排时，其桌次则讲究以远为上，以近为下。这里所谓的远近，是以距离正门的远近而言的，亦称“以远为上”。第三，主桌定位。在宴请三桌以上的客人时，排列桌次除了要注意“面门定位”、“以右为尊”、“以远为上”三项规则之外，还应兼顾其他各桌距离主桌的远近。通常，距离主桌越近，桌次越高；距离主桌越远，桌次越低。这项规则亦称“主桌定位”。

### （二）位次的排列

在进行宴请时，每张餐桌上的具体位次也有主次尊卑之分。一般来说，主人应当在主桌面对正门而坐；多桌宴请时，各桌之上都应有一位主桌主人的代表在座，其位置一般应与主桌主人同向，也可以面向主桌主人。各张餐桌上位次的尊卑，应根据其距离该桌主人的远近而定，以右为尊，以近为上。

## 五、餐具的使用

中餐餐具不仅多样，而且用法有讲究，具体包括筷子、勺子、碗、盘子、汤盅、水杯、牙签、湿毛巾等。

### （一）筷子

中餐中最主要的餐具就是筷子，筷子必须成双使用。用筷子就餐取菜时，需注意下面几个问题：

（1）要注意筷子是用来夹取食物的。而用它来挠痒、剔牙或用来夹取食物之外的东西是很失礼的。

（2）与人交谈时，要暂时放下筷子，不要一边说话，一边舞动筷子，这样对别人很不礼貌。

（3）不论筷子上是否残留食物，千万不要去舔，这是非常不雅的举动。

（4）不要把筷子竖插在食物的上面。在中国习俗中，只有在祭奠死者的时候才用这种插法。

（二）勺子

中餐里，勺子主要是用来舀取菜肴和食物的。有时，在用筷子取食的时候，也可以使用勺子来辅助，但是尽量不要单独使用勺子去取菜。用勺子取食物时，不要舀得过满，以免溢出弄脏餐桌或衣服。在舀取食物后，可在原处暂停片刻，等汤汁不再往下流再移过来享用。

用餐期间，暂时不用勺子时，应把勺子放在自己面前的碟子上，不要把勺子直接放在餐桌上；用勺子取完食物后，不要再把食物倒回原处；如果食物太烫，不要用勺子舀来舀去，也不要用嘴对着勺子吹，而应该把食物先放到自己碗里等凉了再吃；此外，还应注意不要把勺子塞到嘴里，或是反复舔食吮吸。

（三）碗

中餐的碗可以用来盛饭、盛汤，进餐时，可以手捧饭碗就餐。

（四）盘子

中餐的盘子有很多种，稍小点的盘子叫碟子，主要用于盛放食物，使用方法和碗大致相同。用餐时，盘子在餐桌上一般要求保持原位。需要说明的是食碟。食碟在中餐里的主要作用是暂放从公用的菜盘中取来享用的菜肴。一般来说，不要取放过多的菜肴在食碟里，否则十分不雅。吃饭时，不要把食物残渣、骨头和鱼刺吐在饭桌上，而应用筷子夹放在食碟的前端，如果食碟放满了，可示意让服务员换食碟。

（五）汤盅

汤盅是用来盛放汤类食物的。用餐时，使用汤盅有一点需注意：将汤勺取出放在垫盘上，并把盅盖反转平放在汤盅上，表示汤已经喝完。

（六）水杯

中餐的水杯主要用于盛放清水、果汁、汽水等饮料。不要用水杯来盛酒，喝进嘴里的东西不能再吐回水杯里，否则是十分不雅的。

（七）牙签

牙签有两个作用，一是用于扎取食物；二是用于剔牙。用餐时尽量不要当众剔牙，如果要剔，就先用另一只手掩住口部，然后再剔牙。

（八）湿毛巾

中餐用餐前，饭店为用餐者上湿毛巾的用途是擦手，擦手后，应该把它放回盘子里，由服务员拿走；用餐结束前，服务员会再上一块湿毛巾，这块湿毛巾是用于擦嘴的，不是用来擦脸或抹汗的。

## 六、用餐者礼仪

中国饮食文化包含着深厚的文化底蕴，因此，吃中餐非常重视用餐气氛，用餐者在用餐时应举止得体，具体来说，主要有以下几点。

（一）适度修饰

赴宴或聚餐时，应适度地进行个人修饰，做到衣着整洁得体，不要蓬头垢面。男士可穿套装，并剃须；女士可穿时装，并化淡妆。参加宴请时对自己进行适度修饰是对主人的尊重和对宴请或就餐的重视。

（二）准时赴宴

赴宴准时是最起码的礼貌，也是一个人良好个人修养的表现。如果早到的话，主人可能还没有做好准备，往往会令主人尴尬；如果迟到的话，可能会影响主人原定的招待计划。当然，身份高的人可以稍微晚到一点，但是也不要超过 5 到 10 分钟。

（三）按位就座

在正式的用餐活动中，一定要按照指定的桌次和位次就座。如果没有明确排定桌次和位次，就应该听从主人的安排，或者与其他客人互相谦让。入座以后，要与邻座的人打招呼并作简单交谈。如果邻座的人是长者或女士，应该主动为他们拉放座椅。

（四）坐姿端正

在正式宴请场合，坐姿要端正，脚放在自己的座位底下，不要伸到别人面前，不要用双臂肘部支在桌面上或者用手托腮。

（五）吃相文雅

在正式宴请中，一定要注意吃相，保持文雅的吃相是良好素质的表现。一般来说，当一道菜上来时，应该等主人邀请、主宾动筷以后才能取食；不要老吃自己喜欢的菜，应随餐桌转盘的转动就近适量取食；不要狼吞虎咽、发出不雅响声。在用餐过程中，不要用自己的筷子或汤勺替别人夹菜，这样过分热情既不卫生，又有失礼之嫌。在进餐过程中不要随便拿牙签当众剔牙、舞动筷子、清嗓子、擤鼻涕、吐痰、化妆、乱走动等。

（六）文明敬酒

俗话说："无酒不成宴。"在宴请场合彼此敬酒可以融洽感情、营造轻松友好的气氛。在用餐过程中，要讲究敬酒的次序，根据身份从高到低逐个敬酒，如果不确定客人身份，可以从自己的右边开始按照逆时针方向依次敬酒。与此同时，宴会场合还要注意克制饮酒，不要喝酒过量、酩酊大醉，破坏自己的形象；也不要过分劝酒、强人所难，否则会令人心情不悦，破坏用餐的气氛。

## 学法指导

1. 掌握中餐用餐的方式、时间及地点的选择、菜单的安排、席位的排列、餐具的使用、用餐者礼仪等基本知识。

2. 能够在实践中准确把握菜单安排和席位排列方法。

## 技能训练

1. 上海宏远公司王副总经理带领三个员工到天津立达公司洽谈业务，立达公司李总经理让秘书小陈安排他们在附近的酒店就餐。

小陈应如何做好这次宴请接待？请演示。

2. 天地公司举行三周年庆典，邀请了社会各界人士约两百人。具体宴请的准备工作都由秘书小钟来负责。

如果你是小钟，你将如何做好这次宴请准备工作？

3. 秘书小李刚刚参加工作不久，有一次，他跟随单位领导去其他单位洽谈业务，该单位热情接待了他们，并在四星级酒店招待他们用餐。到了饭店，小李未听主人安排就一屁股坐在自己领导旁边，然后一声不吭。吃饭时，双方互相敬酒，小李酒量很大，他不停地给对方敬酒，对方称喝不了了，小李的领导也暗示他适可而止，小李却说对方不给面子，最后对方有两个人喝醉了，小李却一副胜利的样子。

请谈谈小李的表现是否符合用餐礼仪。

## 其他链接

### 八大菜系

菜系，是指在选料、切配、烹饪等技艺方面，经长期演变而自成体系，具有鲜明的地方风味特色，并为社会所公认的菜肴流派。由于各地的气候、物产和风俗习惯不同，各地的口味和烹饪方法也不同，就形成了早期的鲁、川、苏、粤四大菜系，后来，浙、闽、湘、徽等地方菜也逐渐出名，于是形成了我国的“八大菜系”。

1. 鲁菜

即山东菜系。鲁菜的形成和发展与山东地区的文化历史、地理环境、经济条件和习俗有关。山东是我国古文化发祥地之一。地处黄河下游，气候温和，胶东半岛突出于渤海和黄海之间。境内山川纵横，河湖交错，沃野千里，物产丰富，交通便利，文化发达。粮食产量居全国第三位；蔬菜种类繁多，品质优良，号称“世界三大菜园”之一。胶州大白菜、章丘大葱、苍山大蒜、莱芜生姜都蜚声海内外。

2. 川菜

即四川菜系，以成都、重庆菜为代表。主要流行于西南地区和湖北地区，主要特点在于味型多样。川菜中的五大名菜是：鱼香肉丝、宫保鸡丁、夫妻肺片、麻婆豆腐、回锅肉。

3. 苏菜

即淮扬菜，以扬州、淮安菜为代表，主要流行于大运河附近，南至镇江，北至洪泽湖、淮河一带，东至沿海地区。淮扬风味菜选料严谨，讲究鲜活，主料突出，刀工精细，擅长炖、焖、烧、烤，重视调汤，讲究原汁原味，并精于造型，瓜果雕刻栩栩如生。著名菜肴有：清炖蟹粉狮子头、大煮干丝、三套鸭、水晶肴肉等。

4. 粤菜

即广东菜。粤菜是国内民间第二大菜系，地位仅次于川菜。在国外，粤菜是中国的代表菜系。粤菜以广州菜为代表，注重质和味，口味比较清淡，力求清中求鲜、淡中求美。代表品种有：广州文昌鸡、龙虎斗、白灼虾、烤乳猪、香芋扣肉、黄埔炒蛋、炖禾虫、狗肉煲、五彩炒蛇丝等。

5. 闽菜

闽菜是以闽东、闽南、闽西、闽北、闽中、莆仙地方风味菜为主形成的菜系。以闽东和闽南风味为代表的闽东菜有“福州菜飘香四海，食文化千古流传”之称。闽菜选料精细，刀工严谨；讲究火候，注重调汤；喜用佐料，口味多变。五大代表菜有：佛跳墙、鸡汤氽海蚌、淡糟香螺片、荔枝肉、醉糟鸡。五碗代表有：太极芋泥、锅边糊、肉丸、鱼丸、扁肉燕。闽南风味菜以厦门菜为代表，具有清鲜爽淡的特色，讲究佐料，长于使用辣椒酱、沙茶酱、芥末酱等调料。闽南菜的代表有：海鲜、药膳和南普陀素菜。

6. 浙菜

即浙江菜系，以杭州菜为代表。它重视原料的鲜、活、嫩，以鱼、虾、时令蔬菜为主，讲究刀工，口味清鲜，突出本味。名菜名点有：龙井虾仁、西湖莼菜汤、虾爆鳝背、西湖醋鱼、炸响铃、醉蟹、新风鳗鲞、咸菜大汤黄鱼、冰糖甲鱼、牡蛎跑蛋、蜜汁灌藕、嘉兴粽子、宁波汤团、湖州千张包子等。

7. 湘菜

即湖南菜系，以长沙菜为代表。其特色是油重色浓，讲求实惠，注重鲜香、酸辣、软嫩，尤以煨菜和腊菜著称。湖南菜的特色一是辣，二是腊。著名菜点有：东安子鸡、腊味合蒸、组庵鱼翅、冰糖湘莲、红椒腊牛肉、发丝牛百叶、火宫殿臭豆腐、吉首酸肉、换心蛋等。

8. 徽菜

即徽州菜系。主要特点是：擅长烧、炖，讲究火功，很少爆、炒，并习以火腿佐味，冰糖提鲜，善于保持原汁原味。其代表菜有：清炖马蹄、黄山炖鸽、腌鲜鳜鱼、徽州毛豆腐、徽州桃脂烧肉等。

资料来源：http://baike.baidu.com/view/47904.htm。

# 任务二　西餐礼仪

## 工作情境

2010年12月，江苏华泰公司张经理带着秘书王立到美国一家公司洽谈业务，晚上，对方邀请他们在西餐厅共进晚餐。请问王立应该注意哪些礼仪问题？

## 任务描述

王立应该掌握西餐礼仪的基本常识，包括西餐的菜序、西餐的座次、西餐餐具的使用方法、常见西餐种类的吃法以及吃西餐的举止和礼仪要求。

## 工作实施

王立在出国之前认真学习了西餐礼仪，去美国时特地带了一套旗袍和一件礼服。在接受美国客户邀请吃西餐时，王立穿了旗袍；点菜时，她跟在自己的领导张经理后边点了同样的餐；同时，王立主动和身边的人交流；整个进餐过程中，王立都能保持端正的坐姿，正确使用刀叉，举止从容安静。进餐结束时，王立非常礼貌地向对方表示感谢。

## 工作评估

王立能按照西餐基本礼仪知识参加客户的宴请，符合礼仪规范。

## 相关知识

西餐，是对西方国家餐饮的一种统称。所谓西餐，其实是一个非常笼统的概念，因为，西方不同国家的饭菜在内容和形式上都有很大差异。当然，因为西餐都源自西方国家，而且要用刀叉进食，所以，凡是具备这两个特点的，我们都以西餐相称。吃西餐在很大程度上其实是在吃情调：大理石的壁炉、熠熠闪光的水晶灯、银色的烛台、缤纷的美酒，再加上人们优雅迷人的举止，就像一幅动人的油画。随着中西方在经济、政治和文化领域交流的不断扩大，以吃西餐的方式接待客人或者参加西方人的西餐宴请，已经成为非常普遍的现象。对秘书来说，掌握西餐礼仪基本常识的重要性已经日渐凸显出来。

西餐礼仪的内容很多，包括西餐的菜序、西餐的座次、西餐餐具的使用方法以及吃西餐的举止和礼仪。

### 一、西餐的菜序

西餐的菜序，是指西餐用餐的先后顺序，它与中餐的菜序有较大的差别。因此，了解西餐的菜序可以更好地享用西餐。西餐正餐与便餐的菜序有很大差异。

#### （一）正餐

西餐正餐，尤其是在正式场合所用的正餐，其菜序复杂多样，一般由八道菜肴构成，一顿菜序完整的正餐需耗时 1 小时～2 小时。

1. 开胃菜

开胃菜，即用来打开胃口的菜肴，又称头盘。一般情况下，开胃菜由蔬菜、水果、海鲜、肉食等组成的拼盘构成，这些菜往往色彩美观，容易引起食欲。

2. 面包

西餐正餐中的面包以切片面包为主，个人根据自己的口味可在面包上涂果酱、奶油或奶酪等。

3. 汤

汤是西餐的“开路先锋”，其口感芬芳浓郁，具有较好的开胃作用。喝汤标志西餐正餐的开始。西餐中常见的汤有白汤、红汤、清汤等。

4. 主菜

作为西餐的“主旋律”，西餐的主菜分为冷菜和热菜。正规的西餐中，一般上一个冷菜，包括各类泥子、冻子；热菜则一般有两道，一道为鱼菜，另一道为肉菜。肉菜可谓重中之重，它标志着此次用餐的档次与水平。

5. 点心

点心放在主菜之后，主要作用在于使没有吃饱的人填饱肚子，一般包括蛋糕、饼干、馅饼、三明治等。

6. 甜品

吃完点心，用甜品。常见的甜品有布丁、冰淇淋等。

7. 果品

果品有干、鲜果之分。常用的干果有核桃、榛子、腰果、开心果等；常用的鲜果则包括草莓、菠萝、苹果、橙子、葡萄等。

8. 热饮

西餐通常将热饮放于最后，帮助消化。最正规的热饮是红茶或什么都不加的黑咖啡。西餐热饮的就餐地点灵活，可以是餐桌，也可以离开餐桌，到客厅或休息厅等地方饮用。

(二) 便餐

一般场合中，出于节约时间方面的考虑，人们也习惯于采用便餐的形式。一般说来，接待人员接触西餐便餐的机会相对多些，因此对便餐的菜序要有清晰的了解。西餐便餐菜序从简，但每一道菜都是有代表性的，一般由五道菜肴构成，即开胃菜、汤、主菜、甜品、咖啡。

## 二、西餐的座次

在用西餐时，人们对于座次的问题十分关注。在绝大多数情况下，西餐的座次问题表现为位次问题，除了极其隆重的盛宴，一般很少涉及桌次问题。因此，下面讨论的座次问题就是位次问题。

(一) 座次排列的规则

1. 女士优先

在西餐礼仪里，女士处处备受尊重。在排定用餐位次时，主位一般应请女主人就座，而男主人则须退居第二主位。

2. 恭敬主宾

在西餐中，主宾极受尊重。即使用餐的来宾中有人在地位、身份、年纪方面高于主宾，但主宾仍是主人关注的中心。在排定位次时，应请男、女主宾分别紧靠着女主人和男主人就座，以便进一步受到照顾。

3. 以右为尊

在排定位次时，以右为尊依旧是基本原则。就某一特定位置而言，其右位高于其左位。例如，应安排男主宾坐在女主人右侧，应安排女主宾坐在男主人右侧。

4. 面门为上

有时又叫迎门为上。它所指的是面对餐厅正门的位子，通常在序列上要高于背对餐厅正门的位子。

5. 距离定位

一般来说，西餐桌上位次的尊卑往往与其距离主位的远近密切相关。在通常情况下，离主位近的位子高于距主位远的位子。

6. 交叉排列

用中餐时，用餐者经常有可能与熟人，尤其是与其恋人、配偶在一起就座，但在用西餐时，这种情景便不复存在了。商界人士所出席的正式的西餐宴会，在排列位次时，要遵守交叉排列的原则。依照这一原则，男女应当交叉排列，生人与熟人也应当交叉排列。因此，一个用餐者的对面和两侧，往往是异性，而且还有可能与其不熟悉。这样做，据说最大的好处是可以广交朋友。不过，这也要求用餐者最好是双数，并且男女人数各半。

(二) 座次排列的详情

在用西餐时，人们所用的餐桌有长桌、方桌和圆桌。最常见、最正规的西餐桌当属长桌。

1. 长桌

以长桌排列座次，一般有两个主要办法：一是男女主人在长桌中央对面而坐，餐桌两端可以坐人，也可以不坐人；二是男女主人分别就座于长桌两端。如用餐者人数较多时，还可以参照以上办法，以长桌拼成其他图案，以便安排大家一道用餐。

2. 方桌

以方桌排列座次时，就座于餐桌四面的人数应相等。在一般情况下，一桌共坐 8 人，每侧各坐两人的情况比较多见。在进行排列时，应使男、女主人与男、女主宾对面而坐，所有人均各自与自己的恋人或配偶坐成斜对角。

3. 圆桌

在西餐里，使用圆桌排位的情况并不多见。在隆重而正式的宴会里，则尤为罕见。其具体排列，基本上是各项规则的综合运用。

## 三、西餐餐具的使用方法

西餐的餐具因不同国家、不同地域、不同习惯而有所差异，但刀叉为其中最基本、最常见的两样，使用刀叉进餐，是西餐的重要特征之一。此外，餐匙、餐巾也是西餐中必不可少的餐具。

正确使用西餐餐具十分重要，因为餐具的使用是对西餐礼仪了解程度及个人见识多少的直观反映。

(一) 使用刀叉

刀叉，即指餐刀和餐叉。一般是情况下，刀叉宜同时配合使用，但也可单独使用。

1. 刀叉的摆放

西餐正餐中，每道菜都有专门使用的刀叉。吃黄油用的餐刀一般横放在用餐者左手的正前方；吃主菜所用的刀叉，一般餐刀在右，餐叉在左，纵向放于餐盘两侧；吃甜品所用的刀叉一般横向置于餐盘正前方。从两边由外侧向内侧使用是区分刀叉的关键所在。

2. 刀叉的使用

用刀叉切割食物，右手持刀，左手持叉，可边切割边用叉食之，也可先全部切割好，再慢慢以叉食之。使用刀叉切割食物时要注意：不可弄出声响；双肘要下沉；切割食物宜大小合适，叉起食物一次入口；临时放下餐刀，刀口不可向外；右手持叉进食时，叉齿向上；双手同时使用刀叉，叉齿则应向下。

暂时放下刀叉时，应刀口向内，叉齿向下，呈“八”字形摆在外盘之上，用餐完毕，则应刀口向内，叉齿向上，刀右叉左并排纵放，或刀上叉下并排横放在餐盘中。

（二）使用餐匙

餐匙也叫调羹，是西餐中不可或缺的餐具，分汤匙、甜品匙和茶匙三种。在用途上，三者不可相互替代，也不可用来舀取其他主食、菜肴。

汤匙个头较大，通常纵放于用餐者右侧最外端；甜品匙个头较小，一般横放于吃甜品用的刀叉的正上方。若不上甜品，则此位置被同样较小的茶匙代替。茶匙只起搅拌作用，不能以之舀取红茶饮用。

使用餐匙时，勿在所取食物中乱搅一气，每次取食应数量适中，餐匙不宜全部入口，尽量保持餐匙干净清洁。使用过的餐匙，不要再放回原处，也不要让其直立于汤盘或红茶杯中，更不可把其插入主食和菜肴中。

（三）使用餐巾

1. 餐巾的铺放

餐巾应平铺于自己并拢的大腿上。正方形餐巾应被折成等腰三角形，直角朝向膝盖方向；长方形餐巾则要对折，折口向外铺于腿上。

2. 餐巾的用途

（1）用来进行暗示。女主人铺开餐巾以及将餐巾置于桌上分别标志用餐的起始和结束。客人将餐巾放在本人座椅的椅面上然后离去，则表明还要再回来继续用餐。

（2）用来揩拭口部。即揩去嘴上的油渍、食物残渣等；女士进餐前，也可以用其揩去唇膏，但不能用来擦汗、擦脸。

（3）用来掩口遮羞。剔牙或吐出口中之物均要以餐巾遮掩，以免失态。

## 四、吃西餐的举止和礼仪

西餐礼仪源于古代宫廷，对人们进食西餐的要求极为严格。秘书在参加西餐宴请时要想做到礼仪周到，不失风度，就要对西餐的礼仪要求有一定的了解。一般说来，参加西餐宴请主要应注意四个问题。

（一）衣着考究

赴西餐宴请之前，应对个人穿着打扮精心设计，以示对他人的尊重和友好。根据用餐规模、档次的不同，参加西餐宴请的着装分礼服、正装、便装三种。

1. 礼服

在隆重的宴会上一般应选择礼服。男士穿黑色燕尾服，扎黑色领结；女士穿拖地袒胸长裙，并配以长筒薄纱手套。本民族的盛装也可起到礼服的作用，如我国的中山装、旗袍等。当然，在隆重的宴会上，往往要求必须穿礼服。

2. 正装

普通的宴会上宜穿正装，即深色特别是黑色或藏蓝色的套装或套裙。需要注意的是，男装不要色彩过淡、过艳，女装不要过分短小。

3. 便装

一般性的聚餐，可穿便装前往。男士可穿浅色西装，或仅穿西装上衣；女士可以穿时装，或以长西裤代替裙装。当然，绝对不能随心所欲乱穿一通。

不管穿什么服装，在用餐时都不允许当众整理衣饰。比如，不准当众脱外套、换衣服、松领带、卷袖子、挽裤腿、解腰带、拉袜子、脱鞋子等。

(二) 举止文雅

西餐中，举止文雅、行为得体是良好个人素养的体现。要给别人留下良好的印象。进食西餐时，必须注意以下几个方面。

1. 进食禁声

进食禁声，主要指进食过程中不要发出声响，尤其是不要咀嚼出声或喝酒出声。

2. 防止异响

异响既包括体内发出的声音，如咳嗽、打嗝儿、打喷嚏，也包括因扭动身体或站立不稳而引起的桌椅声响，用餐时应尽量避免这些声响的发出。

3. 正襟危坐

就座时，应从左侧进入，并使身体与餐桌保持两拳左右的距离。上身要挺拔，不要东倒西歪。双手不要支在桌上或藏于桌下，而应扶住桌沿。双腿切勿乱伸，因为对面与两侧都是异性。

4. 吃相

在用餐时，务必要正确使用各种餐具。如果不知道如何使用餐具，可以现场观摩他人，尤其是女主人的做法，以免贻笑大方。更不要把餐具用作他用，尤其不要以之相互敲击或指点别人。用餐时，应尽量避免汤、汁液溅到自己身上，也要注意保持餐桌、餐盘、杯勺干净整洁，并要及时以餐巾揩嘴。

(三) 尊重妇女

尊重妇女是西餐礼仪的一大特点，主要体现在三个方面。

1. 礼待女主人

西餐宴请中，女主人是全场的主角。客人宜向女主人问候，并按女主人的示意来开始进餐或结束进餐。

2. 照顾女宾客

在吃西餐时，男士有义务主动照顾女宾客，如为其存取外套、取水果、陪其交谈等。

3. 禁用女侍者

在正规的西餐厅里，是不使用女侍的，那里只能见到清一色的男侍迎来送往、忙忙碌碌。

(四) 积极交际

促进社交活动、扩大交际面是举办西餐宴会的主要目的之一，因而不能本末倒置，只顾享用美味而忽视了交际。接待人员赴西餐宴请一般要注意宾主交际及来宾交际。

1. 宾主交际

赴宴时，一定要向主人致意，并对其宴请表示感谢之意。最好能找一个时机与其聊上几句，以利联络感情。

2. 来宾交际

西餐宴请是会见老朋友、结交新朋友的有利时机。与身边的人融洽交谈也能显示出自身的平易近人，有利于自身形象的树立和交际范围的扩大。

## 学法指导

1. 掌握西餐的菜序、西餐的座次、西餐餐具的使用方法以及吃西餐的举止和礼仪等基本知识。

2. 能够在实践中准确应用各种西餐礼仪。

## 技能训练

1. 宏达公司与法国一家公司有业务合作关系，宏达公司的华经理带自己的秘书小钟到法国的公司参观访问，对方热情接待了华经理一行，在西餐厅宴请他们。

请根据西餐礼仪谈谈他们应该如何参加这次宴请。

2. 李先生到美国去看儿子，他的儿媳妇（美国人）热情地邀请公公到一家西餐厅吃饭。用餐开始了，李先生拿起桌子上的餐巾把放在面前的刀叉仔细地擦了又擦；吃饭时，李先生用不惯刀叉，弄得盘子啪啪作响；喝汤时，李先生喝了一口觉得太烫，就吐在餐盘里；吃饭的过程中，李先生一边舞动刀叉，一边和儿子、儿媳妇说话。

请从西餐礼仪的角度谈谈李先生的举止是否符合西餐礼仪的规范。

## 其他链接

### 西餐的品尝

西餐的菜式多样，各有各的吃法。以下分别介绍各道菜式的具体吃法。

1. 开胃菜

开胃菜以色拉为主，有时也采用海鲜或果盘。吃开胃菜时应注意以下两点：

（1）吃色拉时不必用刀切，只宜使用餐叉，叉起食之。

（2）食用海鲜时宜用专门的器具。一般吃牡蛎用专门的餐叉，吃带壳的蜗牛则要使用专门的夹子，小虾可以以叉取食，而大虾则应以手剥壳，再送入口中。

2. 面包

西餐中的面包分为烤面包和鲜面包两种。两者吃法不同，应注意区分。

（1）烤面包。吃烤面包时不能撕食，而应慢慢咬着吃，可以配用黄油、鱼子酱等。

（2）鲜面包。食用鲜面包，应以左手拿取可以一次入口的一小块，涂上黄油或果酱后送入口中。

3. 汤

在西餐中，喝汤是很讲究的。正确方法是以右手持汤匙，由近而远，向外侧将汤舀起，送入口中。若盘中汤所剩不多，可以左手由内侧托起汤盘，使其外倾，以汤匙舀取食用。

4. 主菜

西餐中主菜样式较多，冷菜最常见的有泥子、冻子，热菜最常见的有鱼肉、鸡肉等。以下对这几种主菜分别介绍：

（1）泥子。一般是以虾、蟹或动物的肝脑为主料，配以鸡蛋、芹菜，加入作料，搅拌而成的一种菜肴。食用泥子，主要使用餐叉。

（2）冻子。是用煮熟的食物和汤汁冷却凝结而成的一种菜肴，食用冻子应以刀切割，以叉食之。

（3）鱼肉。食用西餐中的鱼肉，一般先用餐刀将骨、刺剥出，再切成小块，以叉食之。

（4）鸡肉。吃鸡肉应先去骨骼，再以刀切割，以叉食之。

5. 点心

西餐中的点心主要有饼干、三明治、土豆片、通心粉等。

（1）饼干。吃饼干时，一般用右手拿着吃。

（2）三明治。吃三明治习惯用双手捧着吃。

（3）土豆片。吃土豆片时应直接用手取食，注意不要先捏碎再吃。

（4）通心粉。通心粉不能吸食，应以右手握叉将其缠绕在叉上，左手可持汤匙予以辅助，最后入口。

6. 甜品

西餐中最常见的甜品为布丁和冰淇淋。

（1）布丁。布丁属流质，应以专用的餐匙取食。

（2）冰淇淋。西餐中，冰淇淋是必备甜品，通常放于高脚玻璃杯中，以餐匙取食。

资料来源：http://www.gzjdb.cn/Article/lyzs/200611/384_2.html。

# 任务三　饮酒礼仪

## 工作情境

2011年1月15日晚上，立达公司沈经理带着秘书柳叶和销售部的经理蔡泽在饭店招待客户吃饭，之前他们已经了解到客户酒量很大，因此立达公司不仅准备好了白酒，而且安排了这两个酒量比较大的员工陪同吃饭。请问，席间招待应该注意哪些问题？

## 任务描述

首先，要能在菜谱搭配上安排好酒菜，吃饭过程中能够适时斟酒、敬酒；其次，能够控制好酒量，不要饮酒过量，也不要过分劝酒；最后，尽量避免猜拳行令、大吵大闹等不文明的行为。

## 工作实施

秘书柳叶按照领导的安排提前到饭店订餐，因为是中餐，柳叶根据了解到的客户的特点安排了适合与饮酒搭配的菜谱；吃饭过程中，柳叶和蔡泽能够与客户自然地交流，并且适时适量斟酒、劝酒，他们没有因为自己酒量很大，就和客户一较高低。整个吃饭过程中，饭桌上的气氛都很自然、热情、文明，大家都很轻松，同时，业务洽谈得也很顺利，领导很满意。

## 工作评估

柳叶能按照饮酒基本礼仪知识安排接待工作，符合礼仪规范。

## 相关知识

酒席、宴会的祝酒，既能表示对客人的尊敬，又可增添席间的热烈气氛。用酒来表达对宾客的欢迎或谢意，是世界各族人民增进友谊的一种方式。在现代生活中，要真正做到善用酒水，合乎礼仪，一般需要特别注意搭配菜肴、敬酒干杯和酒量适度三大问题。

### 一、搭配菜肴

酒水的主要功能，是在用餐时开胃助兴，而这又离不开合理的酒菜搭配。下面，分别介绍一些中餐与西餐聚餐、宴餐时，酒水与菜肴的正确搭配方法。

#### （一）中餐酒菜的搭配

一般情况下，正式的中餐宴会通常要上白酒与葡萄酒这两种酒。通常，在用餐者面前排列着大小不等的三只杯子，自左而右，它们依次分别是白酒杯、葡萄酒杯、水杯。中餐宴请中，葡萄酒多半是甜红葡萄酒。具体来讲，在搭配菜肴方面，中餐所选的酒水讲究不多，一般以酒水搭配凉菜，效果要更好一些。

#### （二）西餐酒菜的搭配

在正式的西餐宴会里，酒水是主角，酒水与菜肴的搭配也十分严格，每道不同的菜肴要配不同的酒水，吃一道菜便要换一种新的酒水。西餐宴会中所上的酒水，可以分为餐前酒、佐餐酒、餐后酒三种。

（1）餐前酒，又称开胃酒，在开始正式用餐前饮用，或在吃开胃菜时饮用的。常见的有鸡尾酒、味美思和香槟酒等。

（2）佐餐酒，又叫餐酒，它在正式用餐期间饮用。西餐里的佐餐酒均为葡萄酒，而且大多数是干葡萄酒或半干葡萄酒。在正餐或宴会上选择佐餐酒，有一条重要的讲究，即“白酒配白肉，红酒配红肉”。这里所说的白肉，即鱼肉、海鲜、鸡肉。吃它们时，须以白葡萄酒搭配。这里所说的红肉，即牛肉、羊肉、猪肉。吃这类肉时，则应配以红葡萄酒。

（3）餐后酒，指的是在用餐之后，用来以助消化的酒水。最常见的餐后酒是利口酒，它又叫香甜酒。最有名的餐后酒，则是有“洋酒之王”美称的白兰地酒。

在一般情况下，饮不同的酒水，要用不同的专用酒杯。在每一位用餐者面前，大都会横排放置着三四只酒水杯。取用时，可依次由外侧向内侧进行，亦可“紧跟”女主人的选择。

## 二、敬酒干杯

在较为正式的场合，饮用酒水颇为讲究具体的程式。在常见的饮酒程式之中，斟酒、敬酒、干杯应用最多。

### （一）斟酒

通常，酒水应当在饮用前再斟入酒杯。有时，男主人为了表示对来宾的敬重、友好，还会亲自为其斟酒。在侍者斟酒时，勿忘道谢，但不必拿起酒杯。不过在男主人亲自斟酒时，则必须端起酒杯致谢，必要时，还须起身站立，或欠身点头为礼。主人为来宾所斟的酒，应是本次宴会上最好的酒，并应当场启封。斟酒时要注意三点：其一，要面面俱到，一视同仁，切勿有挑有拣，只为个别人斟酒。其二，要注意顺序，可以依顺时针方向，从自己所坐之处开始，也可以先为尊长、嘉宾斟酒。其三，斟酒需要适量，白酒与啤酒均可以斟满，而其他洋酒可以随意斟。

### （二）敬酒

敬酒，亦称祝酒。在敬酒时，通常要讲一些祝愿、祝福之言。在正式的宴会上，主人与主宾还会发表专门的祝酒词。因此，敬酒往往是酒宴必不可少的一项程序。频频举杯祝酒，可以使现场氛围热烈而欢快。通常，致祝酒词最适合在宾主入席后、用餐前开始。有时，也可以在吃过主菜之后、甜品上桌之前进行。在他人敬酒或致词时，其他在场者应一律停止用餐或饮酒，坐在自己座位上，面向对方洗耳恭听。

### （三）干杯

干杯，通常指的是在饮酒时，特别是在祝酒、敬酒时，以某种方式，劝说他人饮酒，或是建议对方与自己同时饮酒。在干杯时，往往要喝干杯中之酒，故称干杯。干杯，需要有人率先提议。提议干杯者，可以是致祝酒词的主人、主宾，也可以是其他任何在场饮酒之人。提议干杯时，应起身站立，右手端起酒杯，或者用右手拿起酒杯后，再以左手托扶其杯底，面含笑意，目视他人，尤其是自己的祝福对象，口颂祝颂之词。如祝对方身体健康、生活幸福、节日快乐、工作顺利、事业成功以及双方合作成功等。在西餐里，祝福干杯只用香槟酒，而且以饮去杯中酒一半为宜。在中餐里，还讲究回敬主人。在西餐宴会上，人们是只祝酒不劝酒，只敬酒而不真正碰杯的。

## 三、酒量适度

不管是在哪一种场合饮酒，都要有自知之明，努力保持风度，做到“饮酒不醉为君子”。

（一）饮酒限量

饮酒过多，不仅易伤身体，而且容易出丑丢人，惹是生非。在饮酒之前，应根据既往经验，把握自己的酒量，不管碰上何种情况，都不要超水平发挥。特别是在正式的酒宴上，要主动将饮酒限制在自己平日酒量的一半以下，免得醉酒误事。

（二）依礼拒酒

假如因为生活习惯或健康等原因而不能饮酒，可以合乎礼仪的方法拒绝他人的劝酒。其一，申明不能饮酒的客观原因。其二，主动以其他软饮料代替酒。其三，委托亲友、部下或晚辈代酒。其四，在一些情况下，甚至可以执意不饮杯中之酒。

（三）移风易俗

在饮用酒水时，不要忘记律己敬人。做到不要酒疯、不酗酒、不灌酒、不划拳，从而实现文明饮酒。

## 学法指导

1. 掌握搭配菜肴、敬酒干杯和酒量适度等基本的饮酒礼仪知识。

2. 能够在实践中准确应用以上各种饮酒礼仪。

## 技能训练

1. 张帆是一家外贸公司的行政秘书，按照领导的安排，今天下午他要陪领导去与一个大客户谈生意，晚上，他们要宴请这个大客户。

请你谈谈晚饭过程中，张帆应如何敬酒。

2. 詹永和黄灿是大学同学，两人多年不见，在一次业务交流中两人相遇了。“他乡遇故知”，两人都很高兴，约好在一家饭店吃饭。黄灿酒量大，席间，他不停地劝酒，如果詹永不喝，他就不高兴，说“这么多年兄弟了，连点面子都不给”，结果把詹永灌得酩酊大醉。在回宾馆的途中，詹永在出租车上呕吐。第二天，詹永很晚才起床，误了点，没有赶上回去的火车。

请从饮酒礼仪的角度谈谈黄灿的举止是否符合饮酒礼仪的规范。

## 其他链接

### 酒水的种类

酒水的种类非常多，不过，其中名声显赫、家喻户晓的，也并不太多。国内目前所见最多的酒水主要有白酒、啤酒、葡萄酒、香槟酒、白兰地酒、威士忌酒以及鸡尾酒等。它们在各种酒类中有一定的代表性。因此，要掌握这些酒水的主要特性，以便正确地饮用，下面对它们简单地做一些介绍。

1. 白酒

相对于从国外传过来的各种洋酒而言，白酒是地道的中国产品。白酒，亦名烧酒、白干。它是用高粱、玉米、甘薯等粮食，或某些果品发酵、蒸馏制成的一种酒类。通常它无色、酒精含量较高，属于典型的烈性酒，因工艺的不同而分成各种香型。最著名的白酒有茅台酒、五粮液酒、剑南春酒等。白酒可以喝，有时候还可以用来泡药，要注意的是白酒不能与其他酒类及汽水、可乐等软饮料混合同饮，否则会导致醉酒。在正式场合喝白酒，讲究以专用的瓷杯或玻璃杯盛酒，喝白酒讲究“酒满敬人”和“一饮而尽”。

2. 啤酒

啤酒，是外国人发明的一种酒类。在国外，人们主要把啤酒当成一种日常饮料；不过，对绝大多数中国人来讲，它是一种酒。啤酒，又叫麦酒。它以大麦和啤酒花为主要原料发酵制成，含有大量的泡沫和特殊的香味，味道微苦，酒精含量较低，一般在 4 度左右，可以消暑解渴。根据工艺不同，可分为生啤、熟啤、黄啤、黑啤、红啤。较为知名的啤酒品牌有德国的贝克、荷兰的喜力、丹麦的嘉士伯、美国的百威、日本的朝日、中国的青岛和燕京。饮用啤酒，一般应采用倒三角形或带把的啤酒杯，饮用它的最佳温度是 7℃左右。需要注意的是，在国外啤酒是不上筵席的。

3. 葡萄酒

在正式宴会中，葡萄酒一直享有至尊地位。葡萄酒，是以葡萄为主要原料，发酵酿制而成的一种酒类，其酒精含量不高，味道纯美，营养丰富。根据葡萄酒的色彩，可以分为白葡萄酒、红葡萄酒、桃红葡萄酒；根据葡萄酒的糖分含量，可分为干、半干、微干、微甜、半甜、甜等几种。现在，干葡萄酒最流行。这里所谓的“干”，即它基本不含糖分。葡萄酒的酒精含量一般在 12 度左右。全世界最有名气的葡萄酒产地是法国的波尔多地区。葡萄酒可以佐餐，也可以单独饮用。喝不同的葡萄酒，温度有不同要求：白葡萄酒适宜在 7℃左右喝，所以应加冰块；而红葡萄酒则在 18℃左右饮用最佳，所以不需加冰块。喝葡萄酒时，要用专门的高脚玻璃杯。喝白葡萄酒时要捏着杯脚；而喝红葡萄酒时讲究握住杯身。喝葡萄酒时兑可乐或雪碧的做法是不正确的。桃红葡萄酒，又叫玫瑰红葡萄酒，它的色泽柔美，其口味、喝法与白葡萄酒差不多，多为女性所喜爱。

4. 香槟酒

在国内，香槟酒的知名度一直比较高。香槟酒，也叫发泡葡萄酒，或者“爆塞酒”。它是一种以特种工艺制成的、富含二氧化碳的、起泡沫的白葡萄酒。因为法国香槟地区所产的这种酒最有名，所以称其为香槟。其酒精含量在 10 度左右，口感清凉、酸涩、有水果香味。香槟酒在 8℃左右饮用为佳，所以在饮用之前需暂时冷藏。开瓶时，稍事摇晃，然后再打开瓶塞，接着它就会连泡带酒一同喷涌而出，往往可以增添欢快的气氛。饮用香槟，须用郁金香形的高脚玻璃杯，并用手捏住杯脚。香槟酒往往用来佐餐、祝酒，或是在庆典、仪式上助兴。

5. 白兰地酒

白兰地酒是洋酒中最为名贵的品种。白兰地酒，也是一种葡萄酒，它是用葡萄干发酵之后蒸馏精制而成的，其酒精含量约为 40 度，色泽金黄，香甜醇美。世界上知名的白兰地酒品牌有马爹利、轩尼诗、人头马、拿破仑等，并以产于法国干邑地区、贮藏时间较长为佳。饮白兰地酒的最佳温度为 18℃，饮用时，把它盛放在专用的大肚、收口、矮脚杯内；先以右手托住杯身观其色彩，并以手掌为其加温；

随后，待其香味洋溢时，闻过之后，再慢慢小口品味。如果将其一饮而尽，只会被视为没有品位。

6. 威士忌酒

威士忌酒，是一种用谷物发酵酿造而成的烈性蒸馏酒。它的口味浓烈、刺激，酒精含量约为40度。威士忌酒的知名品牌有尊尼获加、威雀、老伯等，英国苏格兰地区生产的威士忌酒最为有名。威士忌酒可以干喝，加入冰块、苏打水或姜汁后其味道更好。喝威士忌酒时，最好采用专门的平底小玻璃杯，耐心细致地慢慢将其品尝。

7. 鸡尾酒

鸡尾酒在目前的各种社交场合中比较常见。准确地讲，鸡尾酒是一种混合型的酒，它是用各种不同的酒以及果汁、汽水、蛋清、糖浆等其他饮料，按照一定的比例，采用专门的技法调配而成的。其口味的浓淡、酒精含量的多少各不相同，但因为它们具备异彩纷呈、层次分明、闪烁不定、似公鸡之尾等共同特点，所以被叫做鸡尾酒。鸡尾酒中比较知名的有马提尼、曼哈顿、红粉佳人、血腥玛丽、亚历山大、螺丝起子、天使之吻等。一般来说，最好用高脚广口的玻璃杯去盛鸡尾酒，讲究的人往往不会把数种不同的鸡尾酒混杂在一起喝。

## 任务四　饮茶礼仪

### 工作情境

2011年3月，宇飞公司来了几位广东的重要客户，公司为了表示对对方的尊重，特地准备了茶叶和茶具，以便在接待工作中使用。宇飞公司的秘书贺亚负责这次接待工作，请问贺亚应该从哪些方面做好这次接待工作？

### 任务描述

贺亚应当掌握一些关于茶水品种、茶具、敬茶、品茶等方面的常识，同时准备好相应的设备，从而在工作中能成功接待客人。

### 工作实施

贺亚接受了工作任务以后，特别找来了关于茶叶、茶具以及饮茶等方面知识的书籍认真研读，并向一些喜爱品茶的朋友讨教相关知识。然后，她征得领导同意后，买了不同品种的茶叶以及一些新的茶具。在接待客人过程中，贺亚征求客人意见后，准备了不同的茶水，然后双手端着茶盘进入公司会客厅，将茶盘放在客人附近的桌子上，右手拿着茶杯的杯托，左手附在杯托附近，从客人的左后侧双手将茶杯递上去，同时，轻声对客人说“请您用茶”。在接待中，贺亚适时给客人续茶，每次倒水斟到杯深的2/3处。客人对宇飞公司独特用心的接待表示满意。

## 工作评估

贺亚知道来访客户是广东人，能够提前做好接待的准备工作，准备多种茶叶和茶具，以投客人所好，想得很周到。在接待过程中，贺亚能够按照敬茶的礼仪给客人上茶、续茶，做得很好。

## 相关知识

中国是茶的故乡，有着悠久的种茶历史，同时也讲究严格的敬茶礼节以及奇特的饮茶风俗。“客来敬茶”，一直是中国人重情好客的传统美德与礼节。现在，很多单位招待客人，会采取开茶话会的方式，不仅简便经济而且典雅庄重。因此，掌握一些关于茶水品种、茶具、敬茶、品茶等方面的常识，对一个秘书来说，是非常重要的。

### 一、茶叶的品种

饮茶，首先要区别茶叶的品种。目前，在我国，根据加工、制作方法的不同来区分茶叶的品种，茶叶可分为绿茶、红茶、乌龙茶、花茶、砖茶、袋茶等。

#### （一）绿茶

绿茶，是对新鲜茶叶进行炒制，利用高温破坏其中所含的酶，在制止其发酵之后制作而成的。饮用绿茶，要选用当年的新茶，尤其是要选用“明前茶”，即清明之前所采的茶叶。精心沏出来的绿茶，茶叶碧绿、茶汤清澈、口感清香、沁人心脾。在夏日饮用，还可消暑降温。我国生产的绿茶品种很多，其中最著名的有：杭州龙井，太湖碧螺春，黄山毛峰，湖南君山银针，安徽六安瓜片，河南信阳毛尖，贵州都匀毛尖等。

#### （二）红茶

红茶的加工制作方法与绿茶相反，它是把新鲜的茶叶经过控制，使其完全发酵之后制作而成的。冲泡之前，它色泽油润乌黑；冲泡之后，它具有独特的浓香与爽口的滋味，且可以暖胃补气，提神益智。一般而言，红茶性温热，适宜在冬天饮用，不宜作为夏日饮品。我国生产的红茶品种中最著名的是安徽的祁门红茶和云南西双版纳的滇红。

#### （三）乌龙茶

乌龙茶，别名青茶，是一种半发酵的茶叶，其外形粗硕、松散，茶叶边缘发酵，中央不发酵，整体外观呈黑褐色。沏水冲泡后，色泽凝重鲜亮、芳香宜人。喝乌龙茶可以化解油腻、健胃提神，令人心旷神怡。我国著名的乌龙茶多产于福建省，其中最有名的是闽南安溪县的铁观音和闽北武夷山区的武夷岩茶。

#### （四）花茶

花茶，又叫香片，是以绿茶经过各种香花熏制而成的茶叶，冲泡之后芳香扑鼻、口感浓郁。根据用来熏制花茶的鲜花具体品种的不同，花茶又可以分为茉莉花茶、玫瑰花茶等多个品种。其中，以茉莉花茶最为知名。花茶一年四季都适合饮用。

(五) 砖茶

砖茶，又叫茶砖。它是特意将茶叶压紧之后制作而成的一种类似砖块形状的茶叶品种，多用于煮饮，尤其是添加奶、糖等之后煮饮。

(六) 袋茶

袋茶，是为了饮用方便，而将绿茶、红茶、乌龙茶或花茶分别装入纸袋之内。饮用时只要将纸袋置于杯内，然后冲泡即可。

生活于不同地区的人对茶叶品种的偏好也有很大差别。一般情况下，南方人爱喝绿茶，北方人爱喝花茶，东南沿海一带的人爱喝绿叶红镶边的乌龙茶——“大红袍”，而欧美人则爱喝红茶，尤其是袋装红茶。因此，在以茶待客时，应当因人而异，适其所好。

## 二、茶具的选择

饮茶是一种文化，所以在选择茶具时，既要干净、卫生、实用，又要美观、大方、悦目。茶叶的具体品种不同，在饮茶时所需要的茶具的品种也会有所不同。一般来说，茶具主要是指储茶用具、泡茶用具和饮茶用具。

(一) 储茶用具

储茶用具，指的是平日存放茶叶的专用器皿。它要求能够防潮、避光、隔热、无味。因此，最好选用特制的茶叶罐来存放上佳的茶叶，如铝罐、锡罐、竹罐。待客饮茶时，切记不要直接下手抓取茶叶，而应该直接将茶罐内的茶叶倒入茶壶、茶杯或者用匙去取茶叶。

(二) 泡茶用具

讲究饮茶的人，对泡茶用具比较讲究，往往会将泡茶用具与饮茶用具一分为二。最常见的正规泡茶用具是茶壶，多以纯正的紫砂陶或陶瓷制成。使用茶壶泡茶之前，应把茶壶洗涮干净，而且要使用完整的茶壶去招待尊贵的客人。一定要注意，千万不要用茶壶内剩余的旧茶待客。

(三) 饮茶用具

饮茶用具，是指饮茶时所用的茶具。饮茶用具主要是茶杯、茶碗。好的茶杯应当有助于茶汤纯正味道的发挥，紫砂陶茶杯和陶瓷茶杯比较适合泡茶。千万不要选用破损、残缺、有裂纹的茶杯，尤其是带有茶锈或污垢的茶杯来沏茶待客。

## 三、敬茶的要点

自古以来，中国人待客就有“坐，请坐，请上座；茶，上茶，上好茶”的说法，可见，以茶敬客是一种绝对不可缺少的待客礼仪。以茶敬客时，最重要的是要注意客人的嗜好、上茶的规矩、敬茶的方法、续水的时机等几个要点。

(一) 客人的嗜好

与吃饭一样，饮茶也存在众口难调的问题，因此，以茶待客时，应尽可能照顾来宾，尤其是主宾的偏好。可能的话，应多备几种茶叶以供客人选择；同时，如果有些人不喜欢饮茶，可以提供一些饮料。一般来说，饮茶不宜过浓，否则极可能使饮用者“醉茶”。以茶待客讲究上热茶，而且斟茶不可过满，以七分满为佳，以防热茶从杯中溢出来烫伤人。

（二）上茶的规矩

1. 奉茶的人

接待客人时，谁为来宾奉茶，往往涉及对来宾的重视程度问题。在家中待客时，可由家中的晚辈或佣人为客人上茶，接待重要的客人时，则应由女主人甚至男主人亲自奉茶；在工作单位接待客人时，一般应由秘书或接待人员为来宾上茶，接待重要的客人时，往往应由本单位在场的职位最高的领导亲自上茶。

2. 奉茶顺序

如果来访的客人较多，上茶的先后顺序一定要慎重对待，千万不要随意乱来。合乎礼仪的做法是：其一，先为客人上茶，后为主人上茶；其二，先为主宾上茶，后为其他来宾上茶；其三，先为女士上茶，后为男士上茶；其四，先为长辈上茶，后为晚辈上茶。如果来宾很多，且地位相当时，可采取如下顺序上茶：其一，以上茶的人为起点，由近及远依次上茶；其二，以进入客厅的门为起点，按顺时针方向依次上茶；其三，以客人到来的先后顺序上茶；其四，不讲顺序，或是由大家自己取用。

（三）敬茶的方法

接待客人时，一般应当事先将茶沏好，装入茶杯，然后放在茶盘上端进客厅。在上茶时，可以借着上茶的机会向客人表达自己的谦恭与敬意。标准的上茶步骤是：双手端着茶盘进入客厅，先将茶盘放在客人附近的茶几上，然后用右手拿着茶杯的杯托，左手附在杯托附近，从客人的左后侧双手将茶杯递上去。茶杯放好后，杯耳应朝向外侧。有时可在上茶的同时，轻声提醒客人“请您用茶”；对客人的道谢，应及时回答“不客气”；如果上茶打扰了客人，应道声“对不起”。特别要注意：尽量不用一只手上茶，尤其是不要只用左手上茶；双手奉茶时，切勿将手指搭在茶杯杯口上。

（四）续水的时机

为客人上头一杯茶时，得体的做法应是斟到杯深的 2/3 处；而且主人要为客人勤斟茶、勤续水。当然，为来宾续水让茶也不要过于频繁。“上茶不过三杯”，如果一再劝人用茶，而无话可讲，往往意味着提醒来宾“应该打道回府了”。为客人续水斟茶时，以不妨碍对方为佳。如有可能，最好不要在其面前进行操作；非得如此时，则应一手拿起茶杯，使之远离客人身体、座位，另一只手将水续入。续水时，不要续得过满，也不要让自己的手指、茶壶或者水瓶弄脏茶杯。

## 四、品茶的方法

在正式的社交场合，饮茶应当文明、礼貌。

（一）保持谦恭的态度

以茶待客是一种礼仪，作为客人，在饮茶之时，也应对主人表示谦恭与敬意。在上茶之前，主人向自己征求意见而问“想喝什么”时，如果没有特别的禁忌的话，可以在对方提供的几种选择之中任选一种，或者说“随便”，一般不要向主人提出过高的要求，否则是有失礼貌的。如果自己不习惯饮茶，应及时向主人说明。如果主人特别是女主人或者长辈为自己上茶时，应当起身站立、双手捧接，并说“多谢”。当主人为自己续水时，也应如此，至少应向主人面含微笑、点头致意或者欠身施礼。在社交活动中，与交往对象正在交谈时，最好不要饮茶，否则会打断谈话，同时也会显得自己用心不专。

（二）认真品味茶水

在饮茶时应悉心品味，每饮一口茶水后，应使其在口中稍作停留，再慢慢地咽下去，这样品茶才香。在端起茶杯时，应以右手持杯耳；如果茶杯无杯耳，则应以右手握茶杯的中部；不要双手捧杯、以手端起杯底或是用手握住茶杯口。饮茶时，忌连茶水带茶叶一并吞入口中，万一有茶叶进入口中，切勿将其吐出，而应嚼食下去。饮盖碗茶时，可用杯盖轻轻将飘浮于茶水之上的茶叶拂去，不要用口去吹；饮用红茶或奶茶时，不要用茶匙舀茶以及将茶匙插放在茶杯中，而应将其放在杯托上。如果主人告之所饮的是名茶，在饮用前应仔细观赏一下茶水，并在饮用后加以赞赏，不要不予理睬，或是随口加以贬低。

## 学法指导

1. 用茶水接待客人是日常工作和生活中非常重要的内容，因此，大家有必要了解和把握关于茶叶、茶具以及敬茶、饮茶的基本常识和礼仪规范。

2. 在实际生活和工作中，要不断地把饮茶礼仪与实践结合起来。

## 技能训练

1. 于凡是公司总经理的秘书，按照总经理的安排，下周三下午要在公司举行一次茶会，欢迎一个非常重要的代表团来参观访问。

于凡应该做哪些相关的准备工作？

2. 小李是天元公司的实习秘书，这一天，他代替领导的秘书负责接待工作。客人来到会议室后，小李打来开水，打开茶叶盒用手指拈出茶叶放进一次性水杯，然后提着水瓶来到客人跟前，往水杯中倒了一杯水，结果水溢出来，流到了客人的鞋子上，弄得小李非常尴尬。

请指出小李的做法中的不当之处，并演示正确的做法。

## 其他链接

### 茶　艺

饮茶在中国，不仅是一种生活习惯，也是一种源远流长的文化传统。中国人习惯以茶待客，并形成了相应的饮茶礼仪。茶艺已经成为中国文化的一个组成部分。比如中国的“功夫茶”，便是茶道的一种，有严格的操作程序。

1. 嗅茶

主客坐定以后，主人取出茶叶，主动介绍该品种的特点、风味，客人则依次传递嗅赏。

2. 温壶

先将开水冲入空壶，使壶体温热，然后将水倒入“茶船”—— 一种紫砂茶盘。

3. 装茶

用茶匙向空壶中装入茶叶，通常装满大半壶。切忌用手抓茶叶，以免手气或杂味混入。

4. 润茶

用沸水冲入壶中，待壶满时，用竹筷刮去壶面条沫，随即将茶水倾入“茶船”。

5. 冲泡

至此，才可正式泡茶。要用开水，但不宜用沸水。

6. 浇壶

盖上壶盖之后，在壶身外浇开水，使壶内、壶外温度一致。

7. 温杯

泡茶的间隙，在茶船中利用原来温壶、润茶的水，浸洗一下小茶盅。

8. 运壶

第一泡茶泡好后，提壶在茶船边沿巡行数周，以免壶底的水滴滴入茶盅串味。

9. 倒茶

将小茶盅一字排开，提起茶壶来回冲注，俗称“巡河”。切忌一杯倒满后再倒第二杯，以免浓淡不均。

10. 敬茶

双手捧上第一杯茶，敬奉在座的客人；如客人不止一位时，第一杯茶应奉给德高望重的长者。

11. 品茶

客人捏着小茶盅，观茶色，嗅茶味，然后腾挪于鼻唇之间，或嗅或啜，如醉如痴，物我两忘。

茶的本性是恬淡平和的，因此，品茗礼仪要求着装整洁大方，女性切忌浓妆艳抹，大胆暴露；男性也应避免乖张怪诞，如留长发、穿乞丐装等。除了仪表整洁外，还要求举止庄重得体，落落大方。客人在主人请自己选茶、赏茶或主人敬茶时，应在座位上略欠身，并说“谢谢”。如人多、环境嘈杂时，也可行叩指礼表示感谢。品茗后，应对主人的茶叶、泡茶技艺和精美的茶具表示赞赏。告辞时要再一次对主人的热情款待表示感谢。

资料来源：http://wenku.baidu.com/view/c706c43183c4bb4cf7ecd1af.html。

# 模块五

# 电子通讯礼仪

## 学习目标

1. 牢记接打电话流程，能合乎礼仪地接打公务电话、手机。
2. 注重网络礼仪，合理使用手机短信、QQ、MSN、E-mail 等网络通讯工具。
3. 了解传真特性，熟练收发传真。

## 任务一　电话通讯礼仪

### 工作情境

下午快下班时，销售部的马经理决定办公室的人员明天上午都直接到公司的各个销售点去检查销售情况，第二天下午三点回到办公室交流情况，只留下秘书任影第二天在办公室值班，告诉她如果有事情，电话联系。

任秘书第二天早早上了班，做好上班的准备。9:00 以后，任秘书正在录入一个销售方案，电话响了起来。任秘书在电话响第三声之前迅速用左手拿起电话，因为是内线电话，她接起电话后说："你好，销售部办公室，我是任影。"右手顺势拿出电话记录本和笔准备做记录。电话是公关部的小张打来的，要找王强询问一下，上次恒祥公司的事情处理得怎么样了。任秘书回答说："王强今天上午去销售点检查去了，下午三点回公司，你那时再打过来吧。"对方说："那好吧，谢谢。"任秘书说："别客气，再见。"并把这次电话的信息记录在电话记录本上。

任秘书刚写完，电话铃又响了，这次是外线电话。任秘书迅速拿起电话说："你好！荣昌公司，这里是销售部办公室。"对方说："你好！我是仁达公司的，有个事情要麻烦你。"任秘书说："没关系，请讲。"对方说："我们公司想购买你们公司的电脑，请报一下价格。”任秘书边听边记录。等对方说完后，她回答说：“我们公司的电脑产品有很多种型号，价格也不一样，不知您需要哪一种型号呢？”对方说：“我们都想知道一下，然后做个比较。”任秘书说：“那可否问一下你们公司打算买多少台电脑，之所以这样问，是因为公司有规定，买的数量多，有优惠。”对方说：“如果质量好，价位合适的话，打算买 20 台左右。”任秘书说：“您看这样好吗？现在我们销售经理和销售人员正巧都不在，您先留下联系方式，下午再跟您联系好吗？”对方说：“可以。”任秘书接着问：“那请问您贵姓？您的联系方式？”然后边记录边重复对方的话，记录完又跟对方确认了一下才说再见。

放下电话，任秘书正在想，要不要给经理打个电话告诉他这件事的时候，桌子上的内线电话响了起来，几乎同时地，外线电话也响了起来。

资料来源：孟庆荣：《秘书工作案例及分析》，北京，清华大学出版社，2007。

## 任务描述

在内线电话和外线电话同时响的情况下，任秘书要迅速权衡孰轻孰重，正确处理二者关系，尽量做到两边都不失礼。

## 工作实施

任秘书先拿起内线电话，问候后，得知是总经理办公室张秘书打来的，就请她稍等，说她先接一下外线电话。然后迅速拿起外线电话：“对不起，让您久等了。”对方说是从杭州打来的电话，要咨询一下关于笔记本电脑的一些相关问题。任秘书一听，判断这个电话在短时间内不会结束，就跟对方说：“对不起，请稍等一下，有另一个电话在等候，我处理一下。”然后问张秘书有什么事需要帮忙，张秘书说：“请告知马经理的手机号，我正在修改通讯录。”任秘书马上流利地说出马经理的手机号。跟张秘书通完话后，任秘书及时与外线的客户说：“对不起，让您久等了，现在您可以说了。”接下来就认真回答这个客户的问题，并做了相关的记录。

## 工作评估

电话是组织展示工作效率和社会形象的一个窗口。任秘书虽然一天接了很多电话，但能礼貌而周到地对待每一个电话，让对方感觉到自己的真诚和热情服务，体现了良好的职业素养和高超的通话技巧。

## 相关知识

有位学者曾讲过：“不管是在公司还是在家庭里，凭这个人在电话里的讲话方式，就可以基本上判断出其教养的水准。”电话是常用的通讯工具，虽然看不到你本人，但你的声音、语气、举止以及时间感都通过电话为对方勾勒出一幅关于你、关于你单位的形象图。从严格意义上来说，电话可以分为固定电话和移动电话，本书按照社会上约定俗成的称呼，电话礼仪特指固定电话礼仪，手机礼仪则指的是移动电话礼仪。

## 一、电话礼仪

无论是打电话，还是接电话，作为训练有素的职业秘书，无非要做到两点：一是明确电话流程，电话流程如图 5—1 所示；二是注意细节。

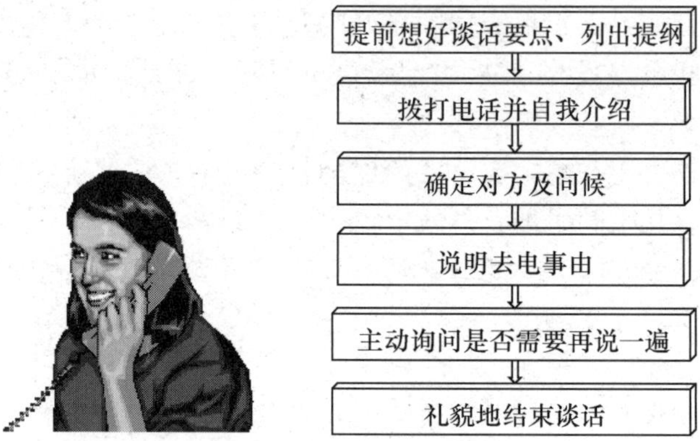


**图 5—1　拨打电话的流程**

### （一）拨打电话的基本礼仪

拨打电话者，作为主动的一方，从一定程度上来说，是先行实施“干扰”的一方，所以一定要特别注意期间的细节，避免引起受话方的不快。

1. 通话的必要性

电话虽然没有面对面沟通来得直接有效，但与其他通讯工具相比，具有即时性强、人情味浓的特点，在需要通报紧急信息、祝贺问候、联系约会、表示感谢的情况下，还是很有必要打电话的。这种通讯方式有利于尽早解决问题、达成共识，同时，让对方感受到充分的被尊重。需要注意的是，应避免不顾别人的感受，打一些没有实质内容、没话找话、毫无意义的电话。如果实在出于需要，要跟客户、媒体记者等受话方寒暄寒暄，增进感情，也要礼貌地问一下对方是否方便，能否耽误对方几分钟，视对方态度再行事。

2. 通话的时间

关于通话时间，主要是两个意思：一是何时打电话，二是通话长度。

何时打电话，就公务电话而言，应尽量选择他人方便的公务时间，尽量避开对方的私人时间，所以若非紧急情况，下列时间不要打电话：每天上午 7 点之前、晚上 10 点之后，三餐时间，节假日，周末。如果在海外，要考虑时差因素；如果因为紧急情况必须把电话打到对方家里，应有礼貌地表示歉意。

通话长度的基本原则是：以短为佳，宁短勿长。国外商界广泛遵守“通话三分钟原则”，这是值得借鉴的。

在通话时，若电话中途中断，按礼节应由打电话者再拨一次。拨通以后，须稍作解释，以免对方生疑，以为是打电话者不高兴挂断的。

3. 通话的内容

对受话者而言，电话是“无形造访的不速之客”。当对方是重要的客户，且时间比较宝贵的话，打电话时一定要多为对方考虑，尽可能节约对方的时间。通话之前一定要“三思而后行”，适当做些准备，把要讲的话、要问的问题打个腹稿，或者在纸上列个提纲，这样通话时才能简单明了、条理清晰、逻辑缜密，既能给对方留下精明干练的良好印象，又节省了双方的时间，避免做“重复功”。另外，如果对方采用了电话录音留言，事先有所准备可以避免你在听到留言的提示音后，还得慌慌张张地组织语言，从而出现语无伦次、条理不清、信息不全等不良现象。留言时必须解释你打电话的原因，以及希望对方何时回电，另外不要忘记留下自己的电话号码。要注意，说留言时不要太快，否则对方必须重复听取留言。

遇到特别重要的电话，一定要思考清楚这些问题：我的电话要打给谁？我打电话的目的是什么？我要说明几件事情？它们之间的联系怎样？我应该选择怎样的表达方式？在电话沟通中可能会出现哪些障碍？面对这些障碍可能的解决方案是什么？

(二) 接听电话的基本礼仪

虽然接听一方是被动的，但是他在接听中的表现不应是被动的。不仅拨打电话有讲究，接听电话同样也要专心致志、举止得体、彬彬有礼。一般来说，应注意这样几点。

1. 及时接听，响不过三

接电话有“铃响不过三”的说法，接听电话一定要快，最好不要让铃响超过三声，不要让对方等得太久。铃声响得太久，既让对方感到焦虑，觉得公司办事效率差，又会对办公室的其他人员产生噪音污染。实在因为手上有事或电话不在身边不能及时接听时，接听电话后也要礼貌地向对方致歉“对不起，让您久等了”，并委婉说明原因。

2. 主动问好，自报家门

接听电话后，应礼貌地跟对方问好，并清楚地自报家门；或者自报家门后，再跟对方问好。自报家门时，应尽量做到信息全面、清楚，最好报上公司全称、部门、自己的职务、姓名，比如：“您好，这里是诚美公司客户行政部，我是部长助理王圆圆，请问您是哪位？”这是尊重对方的一种表现，表现出在交往上对方享有优先知情权，优先得到自己的信息；同时也可以让对方早点知道有没有打错电话，万一打错电话就可以少费很多口舌。

3. 专心致志，积极应对

接听电话应集中精力、全力应对，主要应把握好如下几点：

(1) 忌讳一心二用，边听电话边做其他事，出现词不达意，要求对方复述的状况。

(2) 忌讳同时接听两个电话。在办公场所，应“公务电话为主，私人电话为辅”，先接听公务电话；如果来的都是公务电话，则先接听其中相对重要的电话，接完后，再给另一个电话打过去，表示歉意，委婉说明自己刚刚有事耽误了接电话，不要轻易使用电话等待功能，这会让人感觉不受重视。

（3）忌讳装腔作势，对地位低的就打官腔，拿架子，爱理不理，能推就推；对地位高的，则细雨柔声，点头哈腰，卑躬屈膝。

4. 代接电话，善始善终

代接电话时，同样要遵守礼仪规范，注意态度，热情问询，问清楚对方找什么人后，用手轻捂话筒，而不是对着话筒大喊，请要找的接话人接听电话。如果对方要找的人暂时不在，应在保密范围内礼貌地告诉对方，此人去干什么了，大约什么时候回来，请对方另选合适时间再来电话，不能轻易回答“人不在”、“不知道”之类的话。如果对方请代为转告某些事情，一定要认真记录，记录下通话者的姓名、单位、通话时间、内容、是否回电等，切忌过度盘问，这是相当无礼的；记录完毕，跟对方复述一遍，验证所记内容是否准确，同时，也将自己的姓名告诉对方，让对方放心。

（三）挂断电话的基本礼仪

（1）结束通话前，应简单复述通话要点，核对相关信息，如对方的电话号码，双方约定的时间、地点，双方谈妥的产品数量、种类，双方确定的解决方案，双方认同的地方以及仍然存在分歧的地方，其他重要的事项等。不至于因为信息传递的不一致，导致双方误解；避免因为口误或者听错而造成不必要的损失。

（2）挂电话也要遵守一定的顺序，一般来说，由主动打电话者先挂断电话，所以，受话者要恭候对方先放下电话，不宜“越位”抢先；长辈与晚辈通电话，长辈先挂机；上司与下属通电话，上司先挂机；男士与女士通电话，女士先挂机；打电话请人帮忙，求人者后挂机。

（3）放下电话时，要用双手轻放，太重的“咔哒”声音，让人听起来不太舒服，容易冒犯对方。

（四）通话者的电话形象

在电话交流中，人们往往会不自觉地对对方形成一个电话形象。所谓的电话形象，即人们在通电话的整个过程中的语言、声调、内容、表情、态度、时间感等的集合。对初次交往的人来说，电话形象就是在对方心目中形成的第一印象，将可能直接影响今后的交往。因此，在通话中，要注意自己的形象，不能因为隔着电话，对方看不到，而心存侥幸、无所顾忌。在通话时应特别注意以下几点。

1. 平和的交流态度

打电话时态度要认真，及时调整情绪，把自己的心境调整到最佳状态，以平和的心境与对方交流，体现出一定的涵养，忌太过亢奋，得意忘形；忌抑郁低沉，冷漠消极。哪怕你接电话之前，正与朋友闲聊，或是正进行激烈的争论，或是正为遇到的困难而苦恼，在接电话的那一刻，也要立刻将情绪归零，不能把这种过分散漫或过于严肃或过于悲伤的态度带到通话中。

2. 适中的语音语调

通话时应做到吐字清楚、表达完整，语速、音量适中，以让对方清楚明白地听懂为宜，语调应尽量柔和，以此来表达自己的友善，过于生硬的语调容易让人觉得不太友好，拒人于千里之外。在通话时，不宜发声过高，免得令受话人承受不起，标准的做法是：声音宁小勿大，并使话筒与口部保持三厘米左右的距离。

3. 文明的行为举止

打电话时应注意仪态，要么笔直站好，要么正襟危坐，不可坐在桌角上，也不可趴着或者仰着，斜靠着或者双腿高架着，不要把话筒夹在脖子上通话，拉着电话线走来走去，这些行为都会影响你的正常发声。打电话时不要伴随其他的声音传输，如笑谈声、喷嚏声、哈欠声、咕噜声、吃东西的声音等。

4. 得体的礼貌用语

通话中一定要注意谦恭殷勤，多用"您"、"请"、"麻烦"、"谢谢"等之类的敬语。开始通话时，要说"早上好/下午好/晚上好/您好，××部门，我能帮您的忙吗?"；请教来电者的姓名，可以说"请问您的尊姓大名"、"请问贵公司宝号怎么称呼"；代接电话，可以说"要不要我告诉李经理，一回来就打电话给您?"、"程经理正和人谈话，我告诉他，让他给您回电话，好吗?"、"钟先生，我帮您留话好吗?"、"缪经理出差了，由李经理替代他的工作，您愿意和他讲话吗?"、"需要我为您效劳吗?"；想结束通话，可以说"真不希望就此道别，希望以后再有机会与您联络"、"我不占用您的宝贵时间"；通话结束时，要说"再见"、"晚安"、"请代向您的家人问好"。

**（五）通话者的电话记录**

在管理科学而规范的现代企业中，记录通话内容是秘书人员的常规工作。要知道，秘书人员每天要接若干电话，有找自己的，有找上司或同事的，内容是相当繁杂的，而且很多问题并非在电话中就可以解决，可能要稍后才可能解决。一份格式标准、信息全面的电话记录对秘书来说是必不可少的，有助于上司查阅，有助于明确责任，有助于提升工作效率。所以，在通话中要养成良好的办公习惯，手边常备电话记录本和笔，左手持听筒，右手记录。有些单位会有正规的电话记录单（见表5—1和表5—2），那么按上面的栏目记录即可。对于一些超出自己决定权限的重要电话，应及时送交领导批阅办理。

**表5—1　　电话记录单一**

| | | | |
|---|---|---|---|
| 来电单位（姓名） | | 电　话 | |
| 来电时间 | | | |
| 来电内容 | | | |
| 处理意见 | | | |

表 5—2　　电话记录单二

| 去电单位（姓名） | | 电　话 | |
|---|---|---|---|
| 接听人 | | 通话时间 | |
| 去电内容 | | | |
| 通话结果与处理意见 | | | |
| 备注 | | | |

## 二、手机礼仪

手机作为移动电话，方便快捷，即时通话，大大提高了人们的办事效率，缩小了空间地域带来的障碍，成了大众通讯工具，但是它也成了人们又怕又爱的东西：课堂上、会议中，乍然响起的铃声，总让我们尴尬万分；餐馆里、公车上，扯着嗓子的手机通话，总让人感到厌烦不适；假期中、家里，一个电话就可能使完美的休闲计划成为泡影……所以，在有着 5 亿手机用户的今日中国社会，如何使用手机，才能方便自己、方便他人，实在是的一门值得大家去共同探讨和学习的礼仪。职场中的秘书工作，应注意这样几点。

### （一）一般礼仪

1. 手机置放要到位

严格意义上讲，手机是一种比较私人的物品，在一切公共场合，都要注意放在合适的位置，最佳的位置是公文包和上衣口袋，或者不起眼的地方，如手边、背后、手袋里等。记住，女士手机不要挂胸前，男士手机不要挂腰间。见重要客人或上司时，少用或不用手机，不要总是将手机握在手中、放在面前桌上或是有意无意地摆弄着玩，这样会让对方产生几种感觉：

（1）你在等重要电话，心不在焉。

（2）你的时间很紧，希望早点结束当下的活动。

（3）自己不够重要，难以引起你足够的关注。

（4）你的手机是高档新款，希望引起注意和夸耀。

2. 要勿碍于人

在工作中进行联系时，要先拨客户的固定电话，找不到时再拨手机；不要在非工作时间致电客户手机，如情况特殊，不得不在此时段内打电话，要注意不可过早或过晚，以免影响对方睡眠、休息；在双向收费的情况下，说话要注意简洁明了，以节约话费。在办公区内接手机时，应尽量压低声音；主持或参加会议期间实在需要接听电话时，要向他人表示歉意；用手机接听私人电话时，尽量到不影响其他人的地方，切勿旁若无人地“自言自语”。

在特殊场合，特别是开会、会客、上课、谈判、签约以及出席重要的仪式、活动时，尽量少用手机，如果实在公务繁忙，就要养成提早将手机调为振动或静音的良好习惯；在公共场合，不要频频拨打电话和连续接听电话；如果环境嘈杂，听不清楚对方声音时要礼貌说明，并请对方过一会儿再打过来或你打过去。使用手机给别人拍照或者录音，要先得到他人同意。

3. 要保证畅通

使用手机的主要目的是保证自己与外界的联络畅通，职业秘书平时担负着大量的组织协调工作，是信息处理中心，每天打进打出的公务电话很多，一定要保证手机的畅通，尤其是在陪同上司外出、筹备重要活动时更要注意这一点。要养成细致周密的习惯：及时给手机充电，家里、办公室多备一块充电电池和充电器，杜绝手机因欠费而停机的现象，万一因故暂时不方便使用手机，可在语音信箱上留言，说明具体原因，告之来电者自己的其他联系方式，或者采用呼叫转移的方式与外界保持联系。有时，手机因没电、信号不好而出现通话中断，一般由地位低的人或拨出电话者再次拨打电话；电话再次拨通后要向对方表示歉意；如通话效果仍然不好，可约定时间再次打电话给对方，但一定要注意不能将主次、尊卑顺序转换。

4. 要重视私密

一般而言，移动电话不适宜传递重要商业信息，不得已在公共场合通话时，说话声音不要太大，以免泄露公务与机密。要注意保护自己的隐私权，手机号码不宜随便告之于人，不应当随便打探他人的手机号码，更不应当不负责任地将别人的手机号码转告他人，或是对外界广而告之。不要借用他人手机，更不要将手机借给陌生人使用。手机中的通讯录要有备份，同时电话名单存储尽量用全名，少用昵称。要经常整理手机内存储的各类信息和资料。

5. 要注意安全

使用手机时，对于有关的安全事项绝对不可大意。在任何时候，都切不可存侥幸心理，贪图一时之便，给自己和他人的安全埋下隐患。下面这几个特殊的地点是要特别注意的：

(1) 驾车中，不宜忙里偷闲使用手机通话。车内打手机，会干扰车内的加速、燃油分配、制动、防锁等电子系统，因此，行驶中有紧急电话，最好靠路边停车使用。如果使用免提，则要注意把手机天线和汽车的外置天线连接起来，从而降低干扰。

(2) 乘坐飞机时，登机前要关闭手机。手机在开机、打出电话、搜寻网络时信号最强，这类信号有可能影响飞机上灵敏的电脑及导航系统。目前，世界上大的航空公司大多已禁止乘客在飞机上使用手机，我国还未有法律规定这样做，但一般航空服务人员都会提醒乘客关闭手机。

(3) 进入医院，应即刻关机。有证据证实，手机所发出的电波，会影响心脏起搏器、助听器等一类精密仪器，有专家更是建议在身体植有心脏起搏器的病人，特别不应把手机放在贴近心脏的胸前，最好放在离身位置，否则情况严重有可能危及生命。

（4）在进入加油站、燃油区、船甲板下、燃油或其他物品转运和存储设施等有潜在爆炸性气体的地区之前，必须先关掉手机。手机在按下电话开关时会产生微量火花，如果手机电线短路或老化，也有可能产生火花，如果当时空气中积聚了相当浓度的易燃气体便会发生爆炸；手机发出的电波，也有可能与加油站的输油设备发生“自然共振”现象，产生热力而爆炸。

值得一提的是，手机的普及也使设计者对手机功能进行更加礼仪化的设计，如手机的语音激活免提技术、车载自动拨号应答手机的出现；芬兰家具业者专门制造了一种名为“静悄悄”的手机亭，以透明隔板隔音，里面有座椅，设在机场或饭店大厅；外国也有图书馆设手机亭，既不扰人，也能使通话内容的隐私性得到保证。职业秘书应该敏锐地把握这样的潮流，在办公室管理中，尽量采用新产品、新技术、新的设计理念，从而充分发挥手机的优势，把负面作用减到最小。

（二）短信礼仪

手机短信，表达清晰，传递迅速，正受到越来越多人的青睐。公务工作中的手机短信有这样几种：节日（特殊日）问候短信、工作短信、提醒短信、预约短信、转发短信等。

1. 祝福短信

中秋节、端午节、春节、对方的生日、开业日、周年庆典等具有特殊意义的日子，发送祝福短信成为一种时尚。但要注意，对长辈、尊者不宜采取短信拜年的方式，亲自登门或电话问候更显重视；下载的短信虽然有创意有文采，但如果自己编辑内容，更能显示出你对对方的尊敬。

交往不深或初次交往的对象，发短信时要署名，如嫌麻烦，可以采用短信模板，把自己的单位、职务、名字设定缀在内容后面。这既是尊重，又达到表示祝福、传达心意的目的。

祝福短信切勿多发，一来一往为宜。来而不往非礼也，别人发来祝福短信，自己就要回一个短信表示感谢。一般接到对方短信回复后，就不要再发致谢之类的短信，免得对方又要回过来，那样会显得啰唆。

2. 工作短信

就简单的工作事宜进行交流，可以采取短信的方式。要交流的事情较为复杂，则不宜采用短信，既浪费时间和精力，又不够清楚明了，不如当面沟通或电话沟通。发短信比较频繁时，最好设置振动或者静音，减少干扰。

3. 提醒短信

对于一些重要的约会，为防止对方忘记，可用短信的方式事先提醒对方时间、地点、人物、注意事项，这样比多次打电话要礼貌，也考虑周全，便于对方查阅。要注意的是，发短信前一定要打电话或当面邀请，不能全部用短信代替，这样不够尊重。

4. 预约短信

明知一些重要的通话对象特别忙，又不得不给他打电话时，可以先发短信：“×部长，我是××公司的××，有事找您，是否方便给您打电话？”如果对方没有回短信，一定不是很方便，可以在一定的时间以后再拨打电话。

5. 转发短信

有时为了省事，可以转发工作短信，但要注意改换称呼，或者直接声明这是转发某某部门或单位的通知，这样才不会让受信者感觉唐突和莫名其妙。从网上下载、转发一些趣味短信，要注意选择，保证健康文明。

(三) 铃声礼仪

铃声作为私人物品，表达机主的品位爱好，但是也要注意以下问题：

(1) 应注意使用场合。在办公室和严肃场合，不宜采用如狗叫声、舞曲等过于喧嚣的铃声，以柔和舒缓为宜。

(2) 内容要健康文明。铃声内容不能有不雅的内容，如“有话快说，有屁快放”、“小鬼子进村”、“抓贼呀，抓贼呀，抓偷手机的贼”等，这样会让拨打者感到尴尬。

(3) 要符合机主身份。相对来说，过于个性化的铃声比较适合年轻人，比如二十出头的小伙子、小姑娘喜欢选用“爸爸，来电话了!”、“妈妈，来电话了!”而一些长者或者有一定身份的人如果选择与自己身份不太匹配的铃声，则有损自己的威严和形象。

(4) 音量不能太大。以离开座位可以听见为宜，音量过高的铃声像是“凶铃”，大家埋头办公时突然响起，让人神经紧张、心跳加快，特别是在医院、幼儿园等地方，更不能让铃声成为公害。

## 学法指导

1. 牢记电话接打流程，把它内化成一种行为习惯。
2. 学会区分使用手机和电话的不同情境。
3. 学会根据具体对象、事情、时间等，合理发送手机短信。
4. 要明白手机铃声也可能成为一种噪音污染源。

## 技能训练

1. 根据以下场景设计情节，并进行表演。

(1) 接到客户抱怨电话，虽然你已经向这位客户耐心地作了解释，但这个客户依旧得理不饶人，数落不停。

(2) 总经理正在主持会议，但对方表示情况非常紧急，一定要与总经理通话。

(3) 你接到的电话要转接的同事正好上厕所。

2. 一位女士在台下开会，会议冗长又没太多实质性内容。闲来无事，她给朋友发起了短信：“干吗呢？在忙什么呢？”朋友怕不回短信不礼貌，回答说：“正上班呢!”“有什么好忙的？给你发个笑话放松放松!”这位女士开了三个小时会，发了两个半小时短信，她的朋友呢，桌上的手机不断地响起，不看又怕耽误事，看了又是一通闲聊。这位朋友一下午就因为这“短信骚扰”什么也没干成。像这位女士喜欢狂发短信的人现在并不少。

资料来源：http://info.txooo.com/Commerce/2-1225/1294917.htm。

你有过这样的经历吗？真实的感觉是什么？

3. 请在表5—3中应该关闭手机的相应空格里打“×”，应该把手机调整为静音或振动的空格里打“○”，基本没有限制、只需稍加注意的空格里打“√”。

**表5—3**

| 音乐会 | 股东年会 | 开幕式主席台 | 加油站 | 飞机飞行途中 |
|---|---|---|---|---|
| | | | | |
| 行驶的火车上 | 参观画展 | 学校课堂上 | 医院重病房 | 公司办公室 |
| | | | | |

## 其他链接

### 换位思考——电话另一端的心理小透视

电话虽小，失礼事大。我们应把自己放在对方的位置想问题，养成换位思考的习惯。想想看，如果我们让电话响很久才接，会给对方造成什么印象？当我们忘记问候对方时，对方会有什么感觉？

1. 电话响得太久

（1）你们公司的管理真混乱！

（2）你们公司的人手似乎不足，以致无人接电话。

（3）你们公司是不是已经停止经营了？

（4）你们公司连这样的基本事务都做不好，跟你们合作岂不是风险很大？

2. 忘记了问候对方

（1）她今天心情不太好吗？

（2）她好像有点不太耐烦。

（3）她似乎不怎么友好。

（4）看来我不怎么受重视。

# 任务二　网络通讯礼仪

## 工作情境

信通信息服务公司是专业的信息服务商，该公司的主要业务是通过邮件的形式向企业提供信息服务，并按年度收取一定的服务费。一般情况下，客户在成交之前都要先试用一段时间。张丽是信通信息服务公司的营销员兼经理助理，她大部分的工作时间都是在用电话和客户沟通，经常性的“陌生人拜访”，遭到拒绝是家常便饭，有时通话气氛弄得很尴尬，给以后的沟通带来了隔阂，丢失了一些潜在客户。于是，张丽开始尝试用电子邮件和客户进行沟通，但往往是电子邮件发出之后就石沉大海了。张丽开始思考，如何有效利用电子邮件，提高营销的成功率。经过多次尝试，张丽最终成功地通过电子邮件完成了和客户的有效沟通，大幅度提高了营销的成功率。

下面就是一个张丽亲身经历的通过电子邮件推销成功的案例。

天浩公司主要经营石油化工方面的业务。刘飞是天浩公司的总经理助理，直接对总经理负责。张丽只给刘助理打过三次电话，第一次是得到了他的邮箱，给他发布信息试用；第二次是给他简要介绍了信息服务的内容；第三次电话就是合同和发票的确认。其余的沟通全部是用邮件来进行的。

给客户发邮件都要说些什么？我们共同分享一下张丽和刘飞的沟通全过程。

第一次邮件联系：

> 刘先生：
>
> 您好！
>
> 我是信通服务公司的张丽。很高兴认识您，也感谢您关注信通服务公司的信息，希望我的信息能够给您带来一点帮助噢！
>
> 马上到五一了，您这也应该放假吧，又有时间好好放松了，可以睡懒觉了，呵呵。
>
> 提前祝您五一快乐！

这是一封很普通的问候邮件。节假日给刘助理问候是必需的，客户看了不一定回，但是客户肯定会记住有个人在“五一”的时候给他送过祝福。这封邮件刘助理确实没有回信。

到了周五，离上次邮件有10天左右的时候，张丽给刘飞发了第二封邮件。这封邮件很普通，只是给刘飞发了一些消遣好玩的内容，希望能让他有个愉快的心情，放松一下，赢得他的好感。

这次刘飞还是没有回信。

又过了一星期，信息试用期将到的时候，张丽着急了，给刘飞发了第三封邮件。

第三次邮件联系：

> 刘先生：
>
> 您好！
>
> 我是信通服务公司的张丽。
>
> 很感谢您一直以来关注信通服务公司的信息，也感谢您对我工作的支持，但是非常遗憾的是我们系统的试用期限快到了，不知道您这边有没有这方面的需求，可以向领导申请一下啊！
>
> 如果可以，我会拟一份《项目建议书》给您发过去，以方便您的工作。
>
> 盼复！祝您快乐！

通过这封邮件，张丽寄给对方《项目建议书》，是想试探一下对方对提供的服务的态度，并试探一下对方的诚意。

这次刘飞回信了：

> 张丽小姐：
>
> 您好，感谢您这些天来所做的努力，但我公司领导对这方面的需求暂时还不是很大，如有需求，我会及时和您取得联系，再次感谢！
>
> 祝好！

资料来源：http://wenku.baidu.com/view/28807ad333d4b14e8524680f.html。

## 任务描述

看到这封邮件，往往很多人就理解为对方没有需求，不再联系了。因为刘飞的意思很明显了，很大程度上不能合作了。张丽面临着考验：到底就此打住，还是死缠烂打、紧追不舍呢？

## 工作实施

张丽友好地回复了刘飞的邮件：

> 刘先生：
>
> 您好！
>
> 邮件已经收到，刚才还打您电话呢，没有人接，是不是又在出差？
>
> 您太客气了，这是我的工作，很遗憾没能和您这边合作，现在信息发展得这么快，领导的意识也会改变，呵呵，希望将来能有合作的机会。
>
> 很高兴认识您！在外一切顺利！

这之后张丽又给刘飞发过两次问候的邮件，而且也没有立即停止给他的邮件试用服务，事后证明这些工作是非常有效果的。

过了两周，刘飞发邮件给张丽了，开始就具体问题向张丽咨询。

> 张丽小姐：
>
> 您好，我是天浩公司的小刘，目前每天还收到您发给我的信息，石油化工方面的信息很丰富，非常感谢！
>
> 想询问一下，这个信息网具体收费是怎么样的？一年费用为多少？费用多少和信息板块有关吗？
>
> 谢谢！！

从这封邮件我们不难看出，当初刘飞拒绝实际上是敷衍张丽。刘飞对信息并不了解，也不清楚价格。刘飞在这封信里有个非常明显的信息，他在关注价格，是希望合作的信号。张丽立即回复了他的邮件。

> 小刘先生：
> 你好～呵呵。
> 不知道这个称呼合适不？没准儿你还比我大呢，呵呵。
> 很高兴收到你的邮件。我们公司的收费标准是按照用户权限来收费的，一个用户 8 000 元/年。
> 按照公司的规定，费用收取多少和板块是有关系的，不过不妨透露一点给你，我们的正式会员都是有权添加新的主题的，而且还是免费的，随时可以修改添加主题板块。
> 好了，大概就是这样了，如果还有什么问题，可随时沟通哦！
> 电话、邮件均可！
> 祝你快乐！

这封信的语气比较轻松，张丽旨在和刘飞拉近关系，让他容易接受。

刘飞马上回了信：

> 张丽小姐：
> 我才 25 啊，哈哈，年轻，没有经验。
> 我们胡总对电脑不是很懂，要自己添加板块，肯定是不需要了。胡总刚才和我说这个信息网挺不错的，让我咨询并比较一下价格，您能不能在费用这一块再作进一步优惠。
> 祝合作愉快！

这封回信很显然达到了张丽想要的效果，透露出了关键人物（胡总）需求的信息，只不过刘飞在价格上卡壳了。这有两种情况，一种是刘飞在和张丽谈价格，另一种可能真的是这个价格领导不同意。

张丽给刘飞回复了：

> 同岁同岁哦！呵呵。套近乎哦。
> 刚才吃饭去了，才看到邮件。
> 添加这一块没关系的，我可以来给胡总做的，呵呵。
> 既然这么巧我们同岁，那么我也不扛着不能便宜了。
> 我这儿是可以打八折的，也就是 6 400 元/年，呵呵。
> 不知道是否符合胡总的心理价位？希望能够合作愉快哦！

这封邮件张丽已经省去了称呼，因为了解了大家都是年轻人，所以很多不必要的客套就省略了，还有就是邮件的语气要让刘飞感觉到张丽很真诚。

价格谈判是个互相让步的双赢过程，买主很大程度上就是个“买便宜”的感觉。张丽深深把握这一点，并且最后不忘再探一句，为成交打下基础，赢得了主动。

刘飞马上回了邮件：

> 因为我们公司也有定类似于安邦咨询、中国化纤之类的信息，感觉这个价位还是高了点，能再降一些吗？

这封信，可以确定刘飞确实不是在试探。市场上确实有很多的信息服务商，天浩这个客户的背景张丽也了解一些，知道天浩确实有很多的信息服务商，所以价格确实不好说，这个时候张丽就可以往上推了，推给自己的上级，这样问题就解决了。

> 昨天下午外出，刚看到邮件，这么晚回复见谅啊！
>
> 价位这一块，我就这么大的权力了，如果再低我就做不了主了，嘿嘿。
>
> 不过，你可以告诉我你那边的心理价位哦～我可以给你去试探一下我的主管，当回小间谍喽！

刘飞回的邮件：

> 我问了老板，他的心理价位大概在×××元吧，看您能不能帮忙协调一下。
>
> 您也帮忙问一下，最低多少能行。
>
> 谢谢！

张丽回复的邮件：

> 早上来了才看到邮件。
>
> 看完以后就去忽悠主管了，呵呵。
>
> 刚忽悠完，他说我们最低做过六折的，应该有戏吧！
>
> 不过我还没跟他说你这边提的×××元呢。要你今天能够确定下来，趁着主管现在还被我忽悠着，我马上去给你申请～～呵呵。
>
> 今天他心情很好，因为我的主管喜欢的阿根廷队球踢得很棒，呵呵。

这封邮件是趁热打铁，希望尽快合作，刘飞回邮件表示完全可以。确认合同的时候，刘飞还开玩笑说："你没告诉你们主管，我也喜欢阿根廷队吗？呵呵。"

资料来源：http://wenku.baidu.com/view/28807ad333d4b14e8524680f.html。

## 工作评估

张丽充分掌握了电子邮件信息量大、对人打扰较小、感染力较强的特点，最终取得了这单生意，体现了高超的通讯工具使用技巧。

## 相关知识

网络礼仪是伴随着网络技术的普及、网民的剧增而逐渐进入职场的研究视野的。对秘书来说，使用互联网已成了常规工作的一部分：获取信息、发布广告、远程培训、异地开会、查收订单、收发电子邮件、和客户交流等，都离不开互联网。

什么是网络礼仪？目前并没有非常明确的定义，我们比较赞同来自于西方的说法："网络礼仪"是指在网上交流信息时被嘉许的各种行为，英文名字叫 Netiquette。绝大多数网民已经达成共识：互联网是一个协作的环境，如果人们滥用互联网，协作精神就会处于危险的崩溃边缘。在享受网络给我们带来的种种便捷时，应当订立并遵守网络礼仪。熟悉网络礼仪是使用网络者在网络中成长的第一步。

下面就职业秘书常用的电子邮件、网络即时通讯两个方面来说一说网络礼仪。

## 一、电子邮件礼仪

电子邮件，即 E-mail，跟我们传统意义上的邮件相比，它不用信纸和笔，免费使用，免贴邮票，免投邮筒，安全性高，没有收信人人数的限制，速度快，现在已经成为生意上最重要的通讯和合作的工具之一，大有取代传统邮件之势。据位于马萨诸塞州 Framingham 的 IDC 调查公司称，在过去的 5 年里，电子邮件的数量已经增加一倍，现在每天人与人之间的邮件超过 400 亿次。而且，在接下来的 5 年里，预计电子邮件的数量至少每年持续增加 18%。作为职场人，无论位于哪个岗位，都必须掌握一定的电子邮件礼仪和技巧，微软公司甚至专门制作了《员工电子邮件手册》，用于规范员工的相关行为。本书从电子邮件的几个要素对电子邮件的礼仪分别进行阐述。

### （一）邮件主题

主题是接收者了解邮件的第一信息，因此要提纲挈领，使用有意义的主题，这样可以让收件人迅速了解邮件内容并判断其重要性。在写邮件主题时，应注意以下几点：

（1）一定不要使用空白标题，这是最失礼的标题。

（2）标题要简短，不宜冗长。

（3）标题要能反映邮件的内容和重要性，切忌使用含义不清的标题，如"王先生收"。

（4）一封邮件尽可能只针对一个主题，不在一封邮件内谈及多件事情。

（5）有时为了醒目或引起重视，可以使用大写字母或特殊字符（如！等）来突出标题，但应适度，特别是不要随便就用"紧急"之类的字眼。

（6）回复对方邮件时，可以根据回复内容需要更改标题。

### （二）称呼与问候

跟传统邮件一样，职场中的正规的电子邮件不能省略必要的称呼和问候，俗话说得好，"礼多人不怪"，礼貌一些，总是有好处的，即便邮件中有些地方表达欠妥，对方也能平静地看待。在写称呼与问候时应注意以下两点。

1. 恰当地称呼收件人

开头称呼收件人，除了显得礼貌，还会起强调作用，明确提醒某收件人，此邮件是面向他的，要求其给出必要的回应；如果有多个收件人，可以称呼大家、ALL。

如果对方有职务，应按职务尊称对方，如"×经理"；如果不清楚职务，则应按通常的"×先生"、"×小姐"称呼，但要把性别先搞清楚。

不熟悉的人不宜直接称呼英文名，对级别高于自己的人也不宜称呼英文名。称呼全名也是不礼貌的，不要逮谁都用个"Dear ×××"，显得很熟络，实际上却让对方感觉轻佻。

2. 开头结尾最好要有问候语

最简单的英文开头写一个"Hi"，中文的写个"你好"；结尾常见的英文写法是"Best Regards"，中文的写个"祝您顺利"、"祝好"之类的也就可以了。

(三) 正文

正文是邮件的主体部分，也是最重要的部分，在行文时应注意下面几点。

1. 简明扼要，行文通顺

正文应简明扼要地说清楚事情。如果具体内容确实很多，正文应只作摘要介绍，然后单独写个文件作为附件进行详细阐述。最好不要让人家拉滚动条才能看完你的邮件。

正文行文应通顺，多用简单词汇和短句准确清晰地表达，不要出现让人晦涩难懂的语句，对于非专业人士，不得不使用术语时，应加上注释说明。

2. 注意叙述语气

根据收件人与自己的熟悉程度、等级关系，邮件是对内还是对外等，选择恰当的语气进行论述，以免引起对方不适，要多用"请"、"谢谢"之类的敬语。

电子邮件发送非常方便，一定程度上来说，它可轻易地转给他人，传播速度很快，传播范围很广。因此，如果邮件中涉及对别人意见的评论时，要特别注意措辞，必须谨慎而客观。

3. 一封邮件交代完整信息

最好在一封邮件中把相关信息全部说清楚、说准确。不要过两分钟之后再发一封什么"补充"或者"更正"之类的邮件，增加别人登录邮箱、浏览邮件等不必要的时间、精力的浪费。

4. 尽可能避免拼写错误和错别字，注意使用拼写检查

这是对别人的尊重，也是自己态度的体现。如果是英文邮件，最好把拼写检查功能打开；如果是中文邮件，注意拼音输入法有时会有同音别字。在邮件发送之前，务必自己仔细阅读一遍，及时更正拼写错误。

5. 合理利用图片、表格等形式来辅助阐述

对于很多带有技术介绍或讨论性质的邮件，单纯以文字形式很难描述清楚。如果配合图表加以阐述，收件人一定会表扬你的体贴。

6. 慎用 :) 之类的笑脸字符

在商务信函里面使用:) 之类的笑脸字符会显得比较轻佻，商务邮件不是情书，所以:) 之类的字符最好慎用。只用在某些确实需要强调轻松气氛的场合，或者是发给已经有一定私交的客户。

(四) 附件

有时为了简略正文，我们会采用附件。如果邮件带有附件，应在正文里面提示收件人查看附件。

附件文件应按有意义的名字命名，不可为了省事，随便起个 111、222 之类的毫无

代表性的文件名。带有多个附件时，要注意附件数目不宜超过 4 个，数目较多时应打包压缩成一个文件，同时正文中应对附件内容做简要说明。

如果附件是特殊格式文件，应在正文中说明打开方式，以免影响使用。如果附件过大（超过 2MB），应分割成几个小文件分别发送。

（五）语言的选择和汉字编码

在发送电子邮件时，应注意语言的选择和汉字的编码。

1. 只在必要的时候才使用英文邮件

英文邮件只是交流的工具，而不是用来炫耀和锻炼英文水平的。如果收件人中有外籍人士，应该使用英文邮件交流。如果收件人是其他国家和地区的华人，也应采用英文交流，这是因为由于存在中文编码的问题，中文邮件在其他地区可能显示为乱码。

2. 尊重对方的习惯，不主动发送英文邮件

如果对方与你的邮件往来是采用中文，就不要自作聪明地发送英文邮件给他；如果对方发英文邮件给你，那你就要使用同样的语言写邮件。

3. 对于特殊邮件，使用自己擅长的中文

有些邮件信息量丰富或非常重要，如果很难保证自己的英文表达水平，或预知收件人中某人的英文理解水平存在问题时，应选择自己的本土语言，避免造成歧义或误会，从而影响邮件所涉及问题的解决。

4. 选择便于阅读的字号和字体

经研究证明最适合在线阅读的字号和字体是这样的：中文是宋体或新宋体，英文是 Verdana 或 Arial 字体，字号用 5 号或 10 号字。在公务邮件中，不要用稀奇古怪的字体或斜体，背景信纸也可省略。

在使用英文写邮件时，不可图省事，都用大写，这在英语国家，是有特定含义的，比如，“I CALL YOU TOMORROW”，这句话全用了大写，表示喊叫的语气，大声地对收件人说这句话，显得很没礼貌，正确的表达应该是“I will call you tomorrow”。

（六）结尾署名

1. 签名信息不宜过多

电子邮件要善始善终，末尾应加上签名档。签名档可包括姓名、职务、公司、电话、传真、地址等信息，但信息不宜行数过多，一般不超过 4 行。你只需将一些必要信息放在上面，对方如果需要更详细的信息，自然会与你联系。也可以引用一个短语作为你的签名的一部分，比如你的座右铭、公司的宣传口号等。但是要分清收件对象与场合，切记一定要得体。

2. 不要只用一个签名档

签名档可以灵活运用，对内、对私、对熟悉的客户等群体的邮件往来，签名档应该进行简化。过于正式的签名档会让对方觉得疏远，可以设置多个签名档，灵活调用。

3. 签名档文字选择应正确

签名档文字选择应与正文文字匹配，以免出现乱码。字号一般应选择比正文字体小

一些。

(七) 电子邮件使用技巧

1. 及时回复 E-mail

回复他人的电子邮件时，也有一定的技巧。掌握这些技巧，你就能礼貌、快捷地处理来信。

收到他人的重要电子邮件后，最好即刻回复对方，理想的回复时间是 2 小时内。如果邮件太多，自己时间又很紧张，可以设定优先处理的等级，重要的、紧急的优先回复，优先级低的邮件可集中在一个特定时间处理，但一般不要超过 24 小时。如果事情复杂，你无法及时确切回复，那至少应该及时回复说“来信收到了，我们正在处理，一旦有结果就会及时回复”。如果平时较忙，不能做到每天定时浏览邮箱，或者正在出差或休假时，可以选用邮箱的自动回复功能，提示发件人，既不让对方苦等，又可避免影响工作。

2. 进行针对性回复

当回复邮件答复问题的时候，最好把相关的问题抄到回信中，然后附上答案，一一对应，方便对方阅读。简单的回答，有时显得有点生硬。必要时，要进行一定的阐述，让对方一次性理解，避免反复交流、浪费资源。

3. 回复不得少于 10 个字

对方给你发来一大段邮件，你却只回复“是的”、“对”、“谢谢”、“已知道”等字眼，显得很不礼貌。答复时可以增加些信息，比如，肯定对方的敬业，详细表达自己的感谢，等等。

4. 不要就同一问题多次回复讨论

在特定的情境下，电子邮件有时并不是最好的交流方式。

如果收发双方就同一问题的交流回复超过 3 次，这只能说明交流不畅、说不清楚。此时应采用电话沟通等其他方式进行交流后再做判断。对于较为复杂的问题，多个收件人频繁回复，发表看法，这将导致邮件过于冗长而不利于阅读。此时应及时对前面讨论的结果进行小结，突出有用信息。

5. 主动控制邮件的来往

为避免无谓的回复浪费资源，可在文中指定部分收件人给出回复，或在文末添上以下语句：“全部办妥”、“无须行动”、“仅供参考，无须回复”。

6. 转发邮件要突出信息

在你转发邮件之前，首先确保所有收件人需要此消息。除此之外，转发敏感或者机密信息，要小心谨慎，不要把内部消息转发给外部人员或者未经授权的接收人。对一些特定情境下的邮件，如果你认为收件人可能会看不明白时，可以根据需要，对转发邮件的内容进行修改和整理，以突出信息。

7. 严格控制发送范围

在起草邮件或者写会议邀请时，不要滥用抄送、群发功能，要善用抄送、群回复等手段，避免无谓占用他人的资源。

8. 重要邮件要保证确认

对于重要邮件，尽量在发邮件以前通过电话、手机短信联系对方，得到对方的允许或者至少让他知道有邮件过来；确认你的邮件对他有价值，防止对方把你的邮件当成垃圾邮件处理。

## 二、网络即时通讯礼仪

Instant Messaging（即时通讯、实时传讯）的缩写是 IM，这是一种可以让使用者在网络上建立某种私人聊天室（Chat Room）的实时通讯服务。目前在互联网上受欢迎的即时通讯软件包括 QQ、MSN、阿里旺旺、YM（雅虎即时通）等。实时传讯与电子邮件最大的不同在于不用等候，不需要每隔两分钟就按一次“传送与接收”，只要两个人都同时在线，就能像多媒体电话一样，传送文字、档案、声音、影像给对方。因此，现在的网络即时通讯不再仅仅用来聊天，也被用来处理公务，大大提升了秘书的工作效率。在使用时，应注意以下几方面。

### （一）遵守职场规则

很多 IT 部门都不愿意公司其他部门同事随心所欲地在自己电脑上下载软件，或者专门制定一款即时通讯软件，作为秘书要了解并遵守这些规则。特别是客户和上司等使用的 IM 软件跟你不一样时，你要尽量照顾到对方，下载、安装、使用跟他们一样的软件。

### （二）注意状态设置

如果你很忙，就不要在线，可设置一个忙碌状态或自动回复。但是，要注意及时启用和关闭自动回复。最令人讨厌的一种情形是：设置了自动回复还跟别人说话，你这边看着是正常的，对方每条发出的消息都会收到一个无意义的回复。同样，在发出信息之前，要看看对方是否是“忙碌”或“离线”状态。哪怕明知对方隐身，但是如果人家没有显示在线状态，还是说明人家不愿意有人打扰，应该勿扰为妙。

### （三）注意专号专用

如果比较喜欢用 IM 与朋友、亲戚联系，建议将公私 IM 分开，申请两个 IM 账号，这样做的好处一是可以避免工作时在线被朋友、亲戚误以为有空，跟你闲聊，影响工作效率；二是两个账号，一个设置比较私人的名字，比如昵称，另外一个设置真实单位和名字，将你的 IM 资料专业化，将公司的图标以及联系方式都补充上去。这样的做法，公私分明，既有人情味又显职业化。最忌讳的是公私不分，用一个账号一边闲聊一边谈工作，一心二用，对人很不尊重，事实上这也是现在很多单位办公管理的难点。

### （四）注意资源管理

因为业务关系，我们的即时通讯工具里可能会有很多客户、同事、上司，我们仅靠大脑不可能记住所有人对应的 IM 账号，尤其有的人可能跟你联系不多，有的人可能还喜欢定期更换。所以，要记得修改备注名称，写上单位简称和对方姓名，并分类别进行整理，从而避免找错人、想不起对方等尴尬局面。

（五）注意礼貌询问

如果是初次与对方打交道，要礼貌地介绍自己，并告知是从什么渠道得到对方的IM账号的，这既是对对方的尊重，也是安全的需要。正如你打电话一样，记得每次都要问别人此刻是否方便使用即时通讯工具。比如："麦克，你现在有时间吗？我想请教一个关于上个月财务报告的事情。"你不仅仅是在询问别人是否方便，你也是在抛出话题。如果对方很忙，就问一下对方什么时候比较合适。

（六）注意保证效率

重要的事，最好直接切入主题，简洁的几句话说完，前面不必要有太多的诸如"Hi"、"最近怎样"之类的铺陈。如果发现通过IM，聊天时间会很长，建议直接去找对方面谈，或者电话沟通，这样才可以保证职场的工作效率。

（七）注意把握分寸

要记住，即使是使用即时通讯工具，你和其他同事，和上司、客户或供应商之间应该永远是从职业的角度去交流的，没必要通过IM聊太多的私事，打探对方的收入、婚姻、家庭状况；要求语音或视频等"八卦"行为，既浪费时间，也容易触及隐私而冒犯别人。相比之下，约请吃饭、喝茶等商务活动更显正式，也有利于加深了解，发展友谊。

（八）注意简单明了

发网址或文档时，最好附上标题或事先说明，给对方以优先知情权和选择权，不要直接发过来，让人家自己看，这是比较粗俗的行为；使用简单的语言，特别是用到英语、术语、方言、网络语言、繁体字等的时候，要考虑对方能够接受和理解，这也可以避免自己再去解释、多费口舌；不要轻易省略标点符号，否则容易造成歧义，影响对方浏览和理解；不要总是用表情符号来回应别人，一些微笑或鬼脸等是没问题的，但如果使用过多表情符号，却没有说一句实质的话，会令人觉得你不想跟他对话；觉得可以结束交流的时候，可以礼貌致歉、道别。

（九）注意交流顺畅

就某个问题进行讨论时，没有达成共识之前，不要轻易中断交流，否则下次再次提起话题，又要消耗一些时间。有事要离开座位时，最好能事先跟对方说一声，在对话中突然走掉，让对方等待猜想，是很没礼貌的；有事迫于无奈的，或是掉线了，如果预计再上线时间会比较长，最好打电话说明一下，重新约定时间；如果很快就可以再上线，则可以选择上线后跟对方解释，说一声抱歉。

## 学法指导

1. 充分理解网络传输信息的特点，注意其优势和劣势。
2. 学会审时度势、准确判断，灵活选用不同的网络沟通工具。

## 技能训练

1. 打开自己的电子邮件信箱，检查发件箱和收件箱，对照相关礼仪，进行点评。
2. 2006年4月7日晚，EMC大中华区总裁陆纯初回办公室取东西，到门口才发现自己没带钥匙。此时他的私人秘书瑞贝卡已经下班，陆纯初试图联系瑞贝卡未果。数小时后，陆纯初还是难抑怒火，于是在凌晨1:13通过内部电子邮件系统给瑞贝卡发了一封措辞严厉且语气生硬的“谴责信”。信件说：“瑞贝卡，我曾告诉过你，想东西、做事情不要想当然！结果今天晚上你就把我锁在门外，我要取的东西都还在办公室里。问题在于你自以为是地认为我随身带了钥匙。从现在起，无论是午餐时段还是在晚上下班后，你要跟你服务的每一名经理都确认无事后才能离开办公室，明白了吗?”陆纯初在发送这封邮件的时候，同时抄送给了公司几位高管。

结果瑞贝卡以一封咄咄逼人的邮件进行回复，并让EMC中国公司的所有人都收到了这封邮件。这封邮件的内容是：“第一，我做这件事是完全正确的，我锁门是从安全角度考虑。北京这里不是没有丢过东西，如果一旦丢了东西，我无法承担这个责任。第二，你有钥匙，你自己忘了带，还要说别人不对。造成这件事的主要原因是你自己，不要把自己的错误转移到别人身上。第三，你无权干涉和控制我的私人时间，我一天就8小时工作时间，请你记住中午和晚上下班的时间都是我的私人时间。第四，从到EMC的第一天到现在为止，我工作尽职尽责，也加过很多次班，我也没有任何怨言，但是如果你们要求我加班是为了工作以外的事情，我无法做到。第五，虽然咱们是上下级的关系，也请你注重一下你说话的语气，这是做人最基本的礼貌问题。第六，我要在这里强调一下，我并没有猜想或者假定什么，因为我没有时间也没有这个必要。”

这件事在网上吵得沸沸扬扬，形成几千人转发的局面。最终，以瑞贝卡和陆纯初先后离开EMC而告终。

资料来源：孟庆荣：《秘书工作案例及分析》，北京，清华大学出版社，2007。

请你从电子邮件的礼仪角度，说说二者的做法是否合适?

3. 对照下面的聊天内容，请两个同学用口语模拟，体会一下当事人的感受。

**例1. 女性保守年龄秘密**

男：如果不介意的话，能告诉我你的年龄吗?

女：要知道，女孩子（女士）的年龄是秘密，不能随便问。呵呵。

男：可是，我真的很想知道你的年龄。

女：既然这样，我就告诉你吧，不过，一定替我保密。

男：一定保密!

女：我今年已经99了，呵呵……

**例2. 男士保守收入秘密**

女：你月薪是多少?

男：不多，仅仅够养家糊口而已。

女：到底是多少啊?

男：大概是您月薪的一半吧。

女：你怎么知道我的月薪是多少?

男：我猜您的月薪大概是100万吧……

**例 3. 女性拒绝对方要照片**

男：您这么有文才，长得一定很漂亮！

女：谢谢您的夸奖。

男：能看看您的照片吗？

女：对不起！我手头暂时没有。

男：怎么可能呢？刚才您还说您使用的是个人电脑。

女：哦，刚刚重装了系统，原来存在电脑里的照片都丢了……

### 其他链接

**网络聊天九不准**

一不准，上线不问身体好；
二不准，忘掉自我做介绍；
三不准，直接问人姓和名；
四不准，脏话随口来骂人；
五不准，聊天没有奔主题；
六不准，错字连篇来哄人；
七不准，多人聊天忙和急；
八不准，聊天随便接信息；
九不准，下线不爱说再见。

## 任务三　传真电报礼仪

### 工作情境

赛特威贸易有限公司是一家从事激光切割机配件的商贸企业。工作中最重要的一项内容就是向目标客户发传真报价。原来公司普遍采用人工方式收发传真，存在着工作效率低、不同的客户需要重复操作多次、信息共享能力差等问题。除此之外，还存在以下问题。

1. 大量的业务传真的发送难免有疏漏及传真故障，导致一些重要的传真无法及时发送，客户有价值的反馈或合同也比较容易丢失，并且传真的清晰度和质量都不太完美。

2. 因时差问题，在面对国际客户夜间询价时，人工传真机往往无法做到及时接收和响应。

3. 对于一些重要传真，无法做到随用随查。日积月累的大量纸质传真档案，要归档管理也很困难。

4. 销售人员如出差在外，无法发送传真，会影响业务的开展和进度。

5. 节约能源和绿色办公的理念在耗纸量巨大的传统传真面前无法实现。

资料来源：http://cio.ccw.com.cn/gq/cs/htm2010/20100618_869192.shtml。

## 任务描述

随着经济的全球化，办公工作也需要与时俱进，传统传真的弊端逐渐显现出来，传真虽小，但事关企业的组织形象和发展命脉，亟待解决。

## 工作实施

赛特威贸易有限公司仔细分析了传真使用情况以及内部网络现状后，决定为配合公司的业务发展以及节省成本，采用当前最新的传真技术 SaaS 模式的网络传真。赛特威贸易有限公司通过搜索引擎找到风云在线（www.cnsaas.com）SaaS 平台上的网络传真产品，参加了“1 元钱”网络传真的优惠活动。在试用后认为该软件解决了以下几个他们最为关切的需求：

1. 各办公人员仅登录风云在线平台即可收发传真，无须排队等候。

2. 在总机型网络传真中，收到的传真能够直接发送到指定员工的分机号，避免了错拿、漏拿传真。员工更可以将传真按照地区、供应商等分别归类保存。

3. 在收发了大量传真后，可以根据一定的条件，如传真号码、时间、传真标志等信息进行查询。

在正式购买使用的过程中，所有的步骤都是基于 Web 完成的，不需要安装任何客户端软件，极大减轻了 IT 人员的维护工作量。赛特威贸易有限公司的员工在正式使用网络传真的过程中，还将网络传真与公司邮件系统集成起来，员工在邮箱中就能完成收发传真的工作。赛特威贸易有限公司的负责人表示，最初安装网络传真是为了便捷和提高工作效率，没想到使用后发现竟比原来的传统传真模式减少了 70%的成本，油墨、纸张、传真机的维护费用，都不存在了，全年的传真费用在 2 000 元以内。风云在线提供的便捷易用兼容性高的传真工具，获得了公司上下的一致好评。

资料来源：http://cio.ccw.com.cn/gq/cs/htm2010/20100618_869192.shtml。

## 工作评估

采取网络传真，可谓一举三得：一是保证了组织外部沟通的及时和顺畅；二是避免了员工错拿、漏拿等传统问题；三是节约了办公成本。

## 相关知识

传真，又称传真电报，是利用光电效应，通过安装在普通电话网络上的传真机，对外发送或是接收外来的文件、书信、资料、图表、照片真迹的一种现代化的通讯联络方式。在秘书工作中，传真机是不可或缺的办公设备之一。

传真这种信息沟通方式，主要优点在于操作简便、迅速，用户只要在自己的电话机上安装一台符合 CCITT 国际 G3 标准的三类传真机，通过国际国内长途线路，在几十秒内就能把凡是可以绘写在纸上的各种文字、照片、图表等资料传送到国际、国内拥有传真机设备的用户手里。用户也可预先输入程序，让传真机在办公室无人值守时自动接收传真件。在收发传真的时候，以下礼仪是需要重点关注的。

## 一、规范流程

对于传真机的管理，应该有明确的制度规范。比如，限制使用传真机打电话，单位的传真机尽量不要同办公电话采用同一线路，从而保证通讯畅通；建立传真机收发记录簿，明确工作责任；严格规范秘密文件的收发，收发秘密文件必须及时清理，专人收发，不得代转，以避免泄密。

## 二、事先沟通

发传真之前，应先打电话告诉对方，请他保证通讯顺畅，做好相关准备；如果对方暂时不便，需请他人代收，要给代收者打个电话，礼貌地表示感谢，请对方务必及时转交给本人。

## 三、格式规范

正式的传真必须有首页，上面注明传送者与接收者双方的单位名称、人员姓名、日期、总页数等，这样就可以让接收者一目了然。如果不是非常正式的传真，也必须以3—1、3—2、3—3等方式注明，让接收者一看就知道是3页。如果其中某一页不清楚或是未收到，可以请对方再发一次，这样可以节省双方的时间。传真最好使用白色或浅色信纸，有些人喜欢用深色信纸或是信纸上有黑色或深色的条纹，用这些信纸发传真会浪费扫描时间。

## 四、内容齐全

正式的传真件必须像写信一样有礼貌，称呼、问候语、敬语、致谢语、签字等均不可缺少。尤其是信尾的签字非常重要，因为签字代表这封信是发信者同意才发出的，表示传真件的严肃性以及对对方的尊重。

## 五、及时回馈

人们在使用传真设备时，最看中的是它的时效性。因此在收到他人的传真后，应当在第一时间内采用适当的方式告知对方，确认是否全部收到、是否清晰无误，以免对方总是惦念。需要办理或转交、转送他人发来的传真时，千万不可拖延时间，以免耽误对方的要事。

## 学法指导

了解企业的传真工作制度内容、流程设计，尝试从职业礼仪的角度去理解。

## 技能训练

周晟是销售部的秘书。这天，他提交的传真设备更新的申请批复下来了，周秘书兴致勃勃地到行政科领来了一台崭新的三洋 SFX—11B 传真机，搬到办公室安装了起来。刚刚装好，电话忽然响了，原来是正在北京参加“服装流行趋势”研讨会的销售部王经理，他忘记把研发部最新设计出来的服装设计样稿带在身上，让周秘书赶紧用传真机发给他。

周晟立即从总经理办公室把样稿取来，卸下装订针，放上第一张纸。传真机进纸，刚走到一半，纸卡住了。周秘书情急之下，拎着纸头向外拽。这一拽不要紧，扯成了里一半外一半。刚开始的时候，王经理在电话里还耐着性子让周秘书慢慢地弄，可等了半个小时见还没弄好，下午的会议马上就开始了，王经理情急之下撂了电话。周秘书更是又急又躁。

资料来源：孟庆荣：《秘书工作案例及分析》，北京，清华大学出版社，2007。

（1）你觉得这种情况应该如何处理？

（2）当你在发送传真和接收传真时刚好有同事或朋友来找你，你如何处理？

（3）当你在发一份传真时，由于某种原因，领导让你马上中断传真，你如何处理？

## 其他链接

### 传真机的保养常识

1. 不要频繁地开机

这是因为每次开关机都会使机内的电子元器件发生冷热变化，而频繁的冷热变化容易导致机内元器件提前老化，每次开机的冲击电流也会缩短传真机的使用寿命。经常通电其实是传真机最好的保养方法。

2. 雷雨天气注意防止雷击

近年来，雷击已成为电器损坏的一大元凶，尤其是网络上的电器，比如并入有线网的电视机、上网的电脑及传真机等。传真机预防雷击最好的方法是：雷雨天气如不使用传真机，除关掉电源外，还应将电话线插头拔掉。这是因为雷击主要是从电话线进来的。

3. 不要随意更换电源线

传真机原机所带电源线的插头都是 3 针式插头，中间 1 针起保护接地作用。若将其拔掉或改用两针插头，则对安全不利。

4. 不宜在高温、强磁、强腐蚀性气体的环境中使用

高温、强腐蚀性气体不但会影响传真机记录纸的印字质量，而且会对电子线路造成不良影响或毁坏。强磁场不仅会干扰通话，还会使传送的图像失真。

5. 不要使用非标准的传真纸

劣质的传真纸光洁度不够，使用时会对感热记录头和输纸辊造成磨损。记录纸上的

化学染料配方不合理，会造成印字质量不佳。

6. 合纸舱盖的动作不宜过猛

传真机的感热记录头大多装在纸舱盖的下面，合上纸舱盖时动作过猛，轻则会使纸舱盖变形，重则会造成感热记录头的破裂和损坏。

7. 有装订针、大头针之类硬物的图文资料，以及墨迹或胶水未干的稿件不宜发送

这是因为上述硬物容易划伤扫描玻璃或其他装置，引起传真机故障。而稿件上的墨迹或胶水未干则易弄脏扫描玻璃，造成传真机发送质量下降。

8. 不要把传真机当做复印机来使用，重要资料要用静电复印机复印后保存

有人用传真机的复印功能来复印资料。传真机完成复印功能的主要部件是感热记录头，它是传真机最重要的部件之一，靠自身发热工作，因此应尽量减少其工作时间，以延长传真机的使用寿命。另外，传真纸记录的文件不宜长期保存。这是因为传真纸上的化学染料不稳定，时间长了或受阳光照射后，传真纸上的字会逐渐褪色。因此，对于重要的、需要长期保存的文件，一定要用静电复印机复印一份长期保存。

资料来源：http://q.sohu.com/forum/5/topic/2613345。

# 模块六

# 商务典礼礼仪

## 学习目标

1. 了解商务庆典活动的类型。

2. 了解并掌握各类商务庆典的筹备方式、议程安排及庆典的规范服务，能用礼仪知识筹备常规的庆典活动。

3. 能熟练运用与庆典活动相关的技能，并在各类仪式中表现自如，做到彬彬有礼、得体大方、有条不紊。

## 任务一　开业庆典礼仪

### 工作情境

某职业技术学院文秘系为体现校企合作、互利共赢的市场理念，也为更好地发展文秘专业，打造秘书服务品牌，提升专业特色及影响力，决定与市点秘书事务所合作共建企业，成立全国首家校企合作秘书事务服务企业——市点秘书事务所丽水分公司。为此，分公司决定于2011年4月10日举行开业庆典，文秘系的领导要求办公室主任李林负责办好开业庆典的工作。

### 任务描述

李林接到任务后，必须运用有关开业庆典的礼仪知识做好庆典筹备工作，详细制定活动方案，并具体落实庆典任务。她该如何实施工作呢？

## 工作实施

李林接到任务后，赶紧召集办公室相关人员开会，商量庆典方案的制定，确定庆典的时间与地点，成立开业庆典筹备小组，明确组织机构与人员分工并决定由李林担任组长。

李林负责起草庆典方案，核对宾客名单，准备发邀请函。2 天后，李林把制定好的庆典方案拿给系领导看，并听取领导的意见，认真修改，商定庆典流程，直到领导满意为止。

方案通过后，李林马不停蹄地开始落实实施方案。

李林安排秘书人员发送邀请函，采购庆典物品、礼品，租借与调试设备，还亲自参与了场地布置、安排庆典接待人员、准备文案资料等工作。

4 月 10 日庆典如期举行，整个活动在李林的策划与组织下非常圆满地完成了。

## 工作评估

李林能统筹人员，制定详尽方案并落实到位，尽可能做得周全，符合庆典仪式规范。

## 相关知识

在商界，任何一个公司的创建或是重大项目的完成等可喜的事情，都值得庆祝，为此要专门举办特定的仪式加以庆祝。而秘书在这一公务活动中，常常起着举足轻重的作用，一般要负责策划和落实庆典仪式的举行。

### 一、开业庆典的意义

（1）举行开业庆典，有助于广而告之，聚集人气，吸引顾客。举办开业庆典是为了让更多的人了解本企业、本单位，建立广泛的客户群。

（2）举行开业庆典，有助于宣传企业，提高企业的知名度。届时邀请社会各界参加开业庆典，通过介绍企业相关情况，以扩大影响力。

（3）举行开业庆典，有助于提升企业的自身形象。开业庆典办得是否成功，是检验企业良好形象的有力依据。

（4）举行开业庆典，有助于广结朋友，互通信息，加强合作。让社会各界与本企业加强联系，为日后进一步合作奠定基础。

## 二、开业庆典的筹备

开业庆典的筹备是一项繁杂而琐碎的工作，会涉及方方面面的事情，如相关资料的准备、开业庆典程序的拟定、邀请来宾、布置会场等，这就要求工作人员认真、仔细、耐心地做好开业庆典的每一项筹备工作。

### （一）举行开业庆典的原则

1. 隆重

主办单位对开业庆典一般都非常重视，为达到预期的效果，通常需要花费大量的人力、物力、财力，尽可能办得风光。

2. 热烈

热烈指的是要营造浓烈的喜庆氛围、欢快的场面，使主客双方都开开心心。

3. 节俭

节俭指的是在举办开业庆典时，花费的经费要做到开源节流、不铺张浪费，既要办得热热闹闹，又要节省开支，不该花的钱就不花。

### （二）开业庆典的宣传工作

（1）做好舆论宣传工作。精心挑选开业庆典的时间和地点之后，要充分发挥舆论宣传的效应，以便广而告之，让更多的企业与同行关注自己，提高社会公众影响力。

（2）与媒介沟通进行宣传。邀请新闻记者进行现场采访、报道，并通过电视、报纸、广告横幅、灯箱等媒介，进行报道与宣传，进一步扩大本企业的知名度。

（3）准备好宣传告示的内容。包括时间、地点、开业单位的特色、相关信息等。

（4）筹划好发布告示的时间。一般在活动前3～5天。

### （三）准备相关资料

（1）准备欢迎辞、致辞、领导讲话稿等。要根据具体情况写好稿子，事前应与发言的嘉宾取得联系，征求稿子的修改意见。

（2）准备开业单位介绍资料、图片、实物。要做到材料完整、准确，图片清晰，设计新颖。

（3）准备提供给新闻记者的相关资料，以备媒体发布消息。事先应写好采访稿或准备回答记者提问的内容，防止临时找不到话题。

### （四）拟定开业庆典的程序

开业庆典程序一般包括开场、过程、结尾三个环节。

开场包括音乐，宾客就位，主持人宣布仪式开始，全体起立，奏国歌，或是奏本单位之歌，介绍嘉宾。

过程包括本单位领导致欢迎辞，上级领导讲话，宣读贺信、贺电，协作单位代表致辞，启动某项开业标志等。

结尾包括仪式结束后，邀请领导、各方来宾参观企事业单位、进行座谈交流等。

### （五）做好来宾邀请工作

（1）拟定邀请人员。邀请人员包括上级领导、社会名流、同行业代表、新闻媒体代表等。

（2）发放请柬。请柬内容包括庆典名称、时间、地点、受邀人、邀请单位。邀请时一般提前一周发出请柬，对重要宾客、主办方负责人要把请柬送达对方手中，以表诚意。

（3）落实送请柬人员，指定人员送请柬给嘉宾。

### （六）会场布置

（1）选择庆典场地。开业庆典一般选择在开业现场举行，如门口、广场等。

（2）布置会场。安排主席台或座椅，也可不设主席台或座椅，来宾一律站立。

（3）会场装扮。地面铺设红地毯、会场上方悬挂条幅、标语、气球、彩带，背景放置绿色植物等，会场前方摆上嘉宾赠送的花篮。

### （七）准备庆典设施

（1）用品准备。包括胸花、签到簿、桌椅、红桌布、礼炮等。

（2）设施准备。音响、音乐、麦克风、讲话台等。事先需进行调试，防止现场出现差错。

### （八）安排接待服务人员

要合理安排接待服务人员，并对服务人员进行集中培训，包括布置场地的人员、礼仪人员、会场纪律维护人员。

接待服务人员要求：

（1）服务态度要热情大方。不仅要做好来宾的迎送、引导、陪同参观和招待等各项工作，还要注意服务的态度要热情大方，让来宾有宾至如归的感觉。

（2）服务工作要周到细致。在为来宾提供各种服务的过程中，要细心细致，想来宾之所想，急来宾之所急。

### （九）精心挑选主持人

主持人是开业庆典中的核心人物，是仪式能否成功的关键，因此，主持人要精心挑选。主持人要求老练、沉着、声音响亮、能调动现场的气氛、号召力强。

### （十）准备馈赠礼品

精心挑选礼品，赠送给参加开业庆典的嘉宾。一般选择能代表本单位特色的包装精美的礼品。

### （十一）庆典程序

1. 迎宾

（1）嘉宾签到。准备贵宾留言簿，选用红色或金色缎面高级留言簿，准备钢笔或毛笔、砚、墨等，请嘉宾到留言簿上留言、题字。

（2）分发庆典程序表。在每位嘉宾席座位上整齐放上庆典程序表，以便嘉宾了解整个庆典流程。

（3）引导宾客就位。指定引领员引领嘉宾到各自的座位就座。

2. 庆典开始

庆典程序如下：

（1）主持人宣布仪式开始。介绍嘉宾。

（2）全体起立，奏国歌，或唱本单位之歌。

（3）致辞。本单位主要领导致辞。

（4）致贺词。嘉宾讲话。

3. 庆典结束

庆典结束后，主办方领导陪同嘉宾参观、座谈。根据不同的庆典仪式采用不同的方法。

## 学法指导

1. 需注意庆典仪式筹备工作要细致、具体、周到。

2. 仪式安排时间要紧凑，前后过程衔接要自然。时间宜短不宜长，一般一个小时左右比较合适。这是为了确保庆典效果良好，也是为了尊重全体出席者，尤其是为了尊重嘉宾。

## 技能训练

1. 2011 年 9 月 28 日，明丽化妆品有限公司要正式开业了，这天，他们要举行开业庆典活动，刘总经理要求秘书王芳负责这次庆典活动。假设你是王芳，你怎么策划整个开业庆典活动？

请分角色演示开业庆典仪式。

2. 王雨是兴城科技集团总经理的秘书。今天一大早，总经理对王雨说，集团下属企业航名光电有限公司于 2011 年 3 月 10 日注册成立，该公司主要从事电脑、消费性电子等科技产业的专业电子制造及服务。2011 年 3 月 20 日需要举行开业庆典仪式，邀请社会名流、商界精英参加，为扩大影响与知名度，邀请的宾客有市政府王副市长、市财政局长黄强、鲲鹏集团的董事长肖华等，你负责策划整个开业庆典活动，办公室人员由你调配。

如果你是王雨，你怎么策划航名光电有限公司开业庆典？具体应该怎么操作？分角色模拟开业庆典仪式。

3. 天地文化发展有限公司承办了某市招商引资大会的会务工作，本次大会预计将有数十个国外公司前来洽谈。除了组织来宾参加正式的商务洽谈之外，会议还将有如下活动：迎送来宾、开幕式、闭幕式、晚宴、组织观看音乐会或地方戏剧、组织来宾游览地方名胜景区、参观经济开发区。

请你负责演示开幕式的情景，由全班同学配合完成整个活动。

## 其他链接

### 令人不悦的表现

1. 开业庆典当天，嘉宾来到现场，没人理他。
2. 没安排嘉宾就位。
3. 没有告知嘉宾仪式程序。
4. 现场一片混乱，有很多客户在抢礼品。
5. 庆典时间长，将近 3 个小时。
6. 现场未布置，很随意。
7. 主持人错话连篇。
8. 音响噪音很大，来宾听不清楚主持人和各方代表的讲话。

# 任务二　剪彩仪式

## 工作情境

今年刚好是森林学院办学 100 周年，开展高职教育 10 周年。学校领导经过研究，决定举办百年校庆活动，对内可增强全体师生对学校的自豪感和荣誉感，对外可显示学校的实力和发展前景。学院领导非常重视这次百年校庆，专门拿出 500 万元经费用于开展庆典活动。在庆典仪式上还安排了剪彩活动，校庆当日早上还将举行盛大的文艺汇演。

王丽是院办的主任，早在几个月前，院长就亲自跟她交代要好好安排这次庆典活动，王丽一直在有条不紊地准备各项工作。按照计划，下个月就要举办庆典仪式了，在这个仪式中，有一个剪彩仪式，王丽从没有搞过剪彩仪式，她该如何安排这项工作呢？

## 任务描述

王丽必须运用剪彩仪式的礼仪知识做好相关筹备工作，详细制定活动流程，使人员分工明确到位，着重抓好细节，确保剪彩仪式顺利完成。

## 工作实施

王丽马上召集院办的其他工作人员开会商量编制一份校庆活动庆典仪式的程序，重点讨论了剪彩仪式这一环节。他们把邀请的剪彩人员的名单以及他们的姓名、职务、单位一一进行核对，确认无误后，赶紧制定方案与流程。

王丽先选定了剪彩仪式的场地。接着，落实了剪彩用品的采购、音响设备的租借等工作。紧接着，她又安排其他人员布置会场，安排好嘉宾的座次，选定参加剪彩仪式的礼仪小姐以及现场接待人员等。然后，她联系了新闻媒体，落实了广告的制作与投放时间。

王丽还跟后勤部门落实了现场停车位、电源以及其他相关事宜，确定剪彩活动的应急措施。

## 工作评估

王丽布置任务井井有条、考虑周到、程序正确，符合剪彩仪式的规范。

## 相关知识

在当今商业活动中，为庆贺公司成立、商场开业、酒店开张、工程开工、博览会开幕等一般都要举行剪彩仪式。这是一项极其重要的程序，虽然有时被单独分割出来独立存在，不过一般情况下它都依附于开业仪式，是开业仪式中一个不可缺少的组成部分。

### 一、剪彩仪式的定义

在剪彩仪式中要邀请嘉宾用剪刀剪断被称为“彩”的红色绸带，所以人们称之为“剪彩”。

### 二、剪彩仪式的准备工作

#### (一) 敲定剪彩人员

剪彩者是剪彩仪式中拿剪刀剪彩的人，是这一仪式中分量很重的角色。剪彩者身份的高低往往决定剪彩仪式的规格高低，因而要精心挑选。通常剪彩人数可以是一个人，也可以是多个人，一般不超过 5 个人。

剪彩者一般由上级领导、协作伙伴、社会名流、单位代表担任。名单一旦确定，应提前告知剪彩者，并发出邀请，使之有思想准备，切忌临时邀请。

剪彩者是好几个人时，要注意上场的位次排列顺序。通常中间的位次高于两侧，右侧高于左侧，距离中间越远的位次越低。要特别强调的是，主剪者站立的位置应是最中央的。

#### (二) 场地的布置

场地的布置包括地面铺设红地毯、悬挂条幅等，还包括现场音响的准备与调试工作。

#### (三) 助剪者的挑选

助剪者是指在剪彩仪式中给剪彩者提供服务的人员。一般由主办方的女职员或礼仪小姐担当。助剪者分为迎宾者、引导者、服务者、拉彩者、捧花者、托盘者。迎宾者主要负责现场宾客的迎送任务。引导者主要负责宾客座位的引领，剪彩时带领剪彩者登场和退场。服务者为来宾提供茶水、饮料服务。拉彩者一般是两人，一个在捧花者的最前面、一个在捧花者的最后面，在剪彩时负责展开、拉直红色绸带。捧花者在剪彩时手托团花，捧花者的人数依据团花的数量来定，一个捧花者托一个团花。托盘者手托盘子、内放剪刀、手套等剪彩用品。

礼仪小姐要求：面容姣好、五官端正、身材高挑、气质高雅，身高要求 165cm～170cm 为佳。礼仪小姐需化淡妆，将头发盘起，着统一的长旗袍，颜色以红色、黄色为最佳，代表喜庆、热闹的气氛。袜子应穿肉色连裤丝袜，脚穿黑色船型高跟皮鞋。

(四) 剪彩用品的准备

1. 红色绸带

红色绸带上结的团花要醒目、硕大、立体。团花的数量与剪彩人员要匹配，一般来说，团花的数量比剪彩者多一个，以便剪彩者能站在两朵团花之间，当然团花数目也可比剪彩者少一朵。绸带选择质地稍微挺括一点的。

2. 剪刀

选用红色手柄的剪刀为宜，要求是崭新的剪刀，刀面锋利，确保一刀成功剪断。剪彩仪式结束后剪刀经过包装，可作为礼物赠送给嘉宾。

3. 托盘

选用不锈钢的托盘最佳，内放红色缎面方巾、崭新的剪刀、全新白色手套。剪彩者在剪彩时需戴上白色手套，一人一把剪刀。

## 三、剪彩仪式的程序

剪彩仪式时间宜短不宜长，短则 15 分钟即可，一般不超过 1 个小时。剪彩仪式的程序如下：

(1) 邀请嘉宾就位。剪彩仪式中，座位只为剪彩者、嘉宾、本单位的负责人设立，剪彩者就座于主席台前排位置。

(2) 宣布仪式正式开始。音乐响起，现场可燃放礼炮，全体人员鼓掌。

(3) 介绍嘉宾。主持人按次序一一介绍到场的重要嘉宾。

(4) 奏国歌。全场起立，奏国歌。也可演奏本单位之歌。

(5) 代表发言。发言顺序一般为本单位领导致欢迎辞，上级领导发言，地方政府代表发言，协作单位代表发言。

(6) 剪彩开始。主持人宣布剪彩正式开始，奏乐、礼炮齐鸣，全体鼓掌。

(7) 参观。主办方陪同宾客参观，或举杯庆贺。

## 四、剪彩操作方法

(1) 主持人宣布剪彩开始时，礼仪小姐即排队进场，从两侧登台或从右侧登台都可。拉彩者与捧花者应站成一排，一个在捧花者的最前面、一个在捧花者的最后面，拉直红色绸带，捧花者各自双手捧一朵团花。托盘者站在拉彩者与捧花者身后一米左右，也排列成一行。

（2）剪彩者在引导者引领下登台，一般以从右侧出场为宜。当剪彩者到达预定位置后，托盘者应向前一步，到达剪彩者的右后侧，鞠躬 30°，为其递上剪刀、手套。

（3）剪彩者开剪时，用右手持剪刀，如果剪彩者不止一名时应大家同时开剪，其他剪彩者应向主剪者看齐，表情庄重、动作麻利地将红色绸带一刀剪断，不可补剪。

（4）剪彩者剪彩完成后，举起右手面向全体来宾致意，并及时鼓掌。仪式结束后从右侧列队退场。

（5）待剪彩者退场后，礼仪小姐方可列队由右侧退场。

## 五、参加剪彩人员的礼仪

### （一）剪彩者的礼仪

（1）剪彩人员的穿戴要整齐，面部要整洁，头发应梳理干净，不可戴墨镜、帽子。女士要化点淡妆。

（2）男士最好穿西服，女士着套装，一般不穿便服、休闲装。

（3）不要迟到、中途退场，更不要无故缺席。

（4）当一刀剪断红绸带时，应举起右手向现场来宾挥手致意，并及时鼓掌。

（5）语言文明得体。发言人的语言应充满激情、热情洋溢，并表示祝贺，时间一般在 3 分钟左右。

（6）按次序进、退场。剪彩时应排队进场，退场也应在引导者的带领下依次退场。仪式结束后要与主办单位领导、嘉宾、主持人、服务人员握手道别。

### （二）来宾礼仪

（1）来宾应准时参加仪式，不要迟到。一般应提早 5 分钟进场。

（2）来宾应适时鼓掌，为主办方捧场，鼓掌要尽可能热烈，并面带微笑。

（3）来宾参加仪式时应赠送礼品给主办方。如赠送花篮、匾额、对联等，表示祝贺，并在贺礼上写明祝贺对象、事由、贺词、落款。

（4）见面礼仪。来宾到仪式现场时，应对主办方表示祝贺，与之握手，多说祝贺语。

## 学法指导

1. 注意剪彩人员和团花的数目。
2. 注意剪彩的流程，预先要排练一下，以免出差错。

## 技能训练

1. 丽水经济技术开发公司以准确的市场定位、专业的经营管理理念，依托卓越不凡的设计风格，秉承鞋城需求旺盛的人气，纳业界之精华，果断地投资 3 000 万元对鞋城西区进行升级改造，决心打造浙南第一大鞋城聚集地，为此公司决定在 2011 年 5 月 1 日举行鞋城落成典礼暨剪彩仪式。

你作为公司的文秘人员，请拿出本次活动的具体方案，提交给公司总经理审阅。

2. 假设你是某公司的培训部经理，你需要为本公司的新旗舰店开张剪彩仪式培训助剪人，你该如何操作？

3. 某企业举行新大楼落成的剪彩仪式，邀请了王市长和本市商界精英参加。仪式开始，主持人高声宣布："请王市长下台剪彩。"王市长面露恼色坐着纹丝不动。主持人见没反应，又高声重复叫着："请王市长下台剪彩。"王市长脸色更加难看，这时主持人又宣布："请王市长剪彩。"王市长才极不情愿地从座位上站起来去剪彩。

请指出本案例中失礼的地方。

## 其他链接

### 剪彩仪式的由来

剪彩仪式是我们最为熟悉的一种仪式，但大家是否知道剪彩仪式的由来呢？

剪彩的由来有两种说法：

一种说法是，剪彩起源于西欧。

在古代，西欧造船业比较发达，新船下水往往吸引成千上万的观众。为了防止人群拥向新船而发生意外事故，主持人在新船下水前，在离船体较远的地方，用绳索设置了一道"防线"。等新船下水典礼就绪后，主持人就剪断绳索让观众参观。后来绳索改为彩带，人们就给它起了"剪彩"的名称。

另一种说法是，剪彩起源于美国。

1912 年，在美国的一个乡间小镇上，有家商店的店主独具慧眼，从一次偶然发生的事故中得到启迪，以它为模式开一代风气之先，为商家创立了一种崭新的庆贺仪式——剪彩仪式。

当时，这家商店即将开业，店主为了阻止闻讯之后蜂拥而至的顾客在正式营业前耐不住性子，争先恐后地闯入店内，将用以优惠顾客的便宜货争购一空，而使守时而来的顾客得不到公平的待遇，便随便找来一条布带子拴在门框上。谁曾料到这项临时性的措施竟然更加激起了挤在店门之外的人们的好奇心，促使他们更想早一点进入店内。

事也凑巧，正当店门之外的人们的好奇心上升到极点，显得有些迫不及待的时候，店主的小女儿牵着一条小狗突然从店里跑了出来，那条"不谙世事"的可爱的小狗若无其事地将拴在店门上的布带子碰落在地。店外不明真相的人们误以为这是该店为了开张所搞的"新把戏"，于是立即一拥而入，大肆抢购。让店主转怒为喜的是，他的这家小店在开业之日的生意居然红火得令人难以想象。向来有些迷信的他便追根溯源地对此进行了一番"反思"，最后他认定，自己的好运气全是由那条被小女儿的小狗碰落在地的布带子所带来的。因此，此后在他旗下的几家"连锁店"陆续开业时，他便将错就错地如法炮制。久而久之，他的小女儿和小狗无意之中的“发明创造”，经过他和后人不断地“提炼升华”，逐渐成为一整套的仪式。它先是在全美国，后是在全世界广为流传开来。在流传的过程中，它也被人们赋予了一个极其响亮的名称——剪彩。沿袭下来，就成了今天盛行的“剪彩”仪式。

资料来源：http://www.welcome.org.cn/yishiliyi/2009-1-18/jiancai_0.html。

# 任务三 签字仪式

## 工作情境

中国电信是全球最大的固定电信及宽带服务运营商，为加快实施聚焦客户的信息化创新战略，努力成为最好的综合信息服务提供商，丽水市电信公司决定与威盛集团形成战略合作关系。威盛集团是全球唯一同时掌握完全自主知识产权 X86 架构 CPU 和移动通讯芯片核心技术的华人企业。2011 年 4 月 20 日，中国电信丽水分公司与威盛集团举行战略合作协议签字仪式，中国电信丽水分公司的办公室主任王强将如何筹备本次签约仪式?

## 任务描述

王强必须要运用有关签约的礼仪知识积极筹备签约仪式，使签约任务得以圆满完成。

## 工作实施

第一步，王强应确认签字仪式的名称、签字仪式的时间，与电信公司总经理商量签字仪式的地点，核对签字仪式的参加对象，包括签字人、领导人、致辞人、主持人、见证人、助签人以及邀请群众代表和记者参加。

第二步，王强着手起草签字仪式的方案。方案写好后，送交电信公司总经理审核。

第三步，王强要进行文本资料的准备工作，包括待签文本、校对正本和副本。此外，还要进行现场布置和物品准备，包括签字桌椅的摆放、签字用的文具的准备、参加人员位置的安排等。

第四步，王强还应对方案中拟定签字仪式程序进行模拟，防止意外发生。

## 工作评估

王强工作到位，考虑问题仔细周全，环节紧扣，且事先对签字仪式程序进行模拟，做到防患于未然。

## 相关知识

### 一、签字仪式的含义

签字仪式指的是签约双方经过反复讨论、协商，达成某种协议或订立合同，在正式签署协议或合同时所举行的仪式。

举行签字仪式，最主要的目的是让签约各方对自己履行合同、协议做出的一种正式承诺。

### 二、签字仪式的准备工作

#### （一）布置签字厅

签字厅一般设在主方签字人所在的办公专用场地，当然也有设在会议室、会客厅的。签字厅的布置要求整洁、庄重、安静，应设有专门的签字桌、座椅。签字桌上方悬挂横幅，有时还要悬挂国旗。

#### （二）布置签字桌、椅

签字桌一般呈长方形，上面要铺深绿色台布，可选绒、缎等面料。签字桌上正前方摆放插旗帜的架子，分别用于悬挂签字双方的组织标志旗帜。主方旗帜在左边、客方旗帜在右边。签字桌上要为双方准备好签字笔、笔架及吸墨纸等文具。

签字桌后要摆放两把座椅，也是主方签字人的椅子在左边、客方签字人的椅子在右边。签字桌左边靠前，置放一立式麦克风，供主持人使用。

#### （三）安排签字座次

一般来说，举行签字仪式时，座次排列的具体方式有三种，分别适用于不同的具体情况。

1. 并列式

并列式座次安排，是举行双边签字仪式时最常用的形式。它的具体做法是：签字桌在室内面门横放。主方签字人在签字桌左侧就座，客方签字人在签字桌右侧就座。双方各自的助签人，分别站立在各自签字人的外侧，准备随时提供帮助。双方出席仪式的其他人员，在己方助签人之后并排排列，可按职位高低，自左到右（客方），自右到左（主方）排列。并列式签字座次安排可参见图 6—1 和图 6—2。

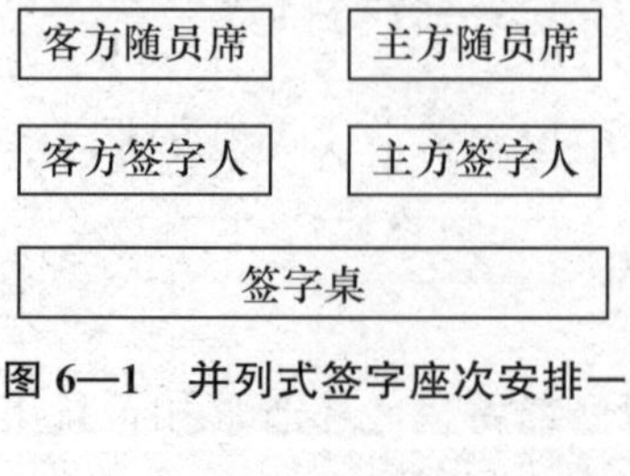


**图 6—1　并列式签字座次安排一**

2. 相对式

相对式签字仪式的座次安排，与并列式签字仪式的座次安排基本相同。它们的主要差别，只是相对式座次安排将双方参加签字仪式的随行人员安排在各自签字方的对面，如图 6—3 和图 6—4 所示。

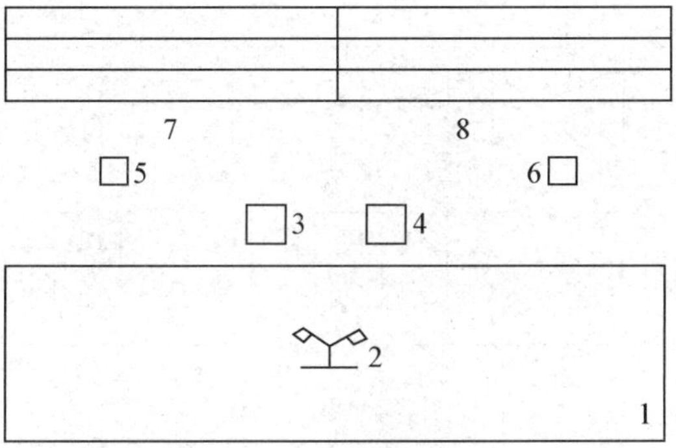


1 签字桌　　5 客方助签人
2 双方国旗　　6 主方助签人
3 客方签字人　　7 客方参加签字仪式人员
4 主方签字人　　8 主方参加签字仪式人员

**图 6—2　并列式签字座次安排二**

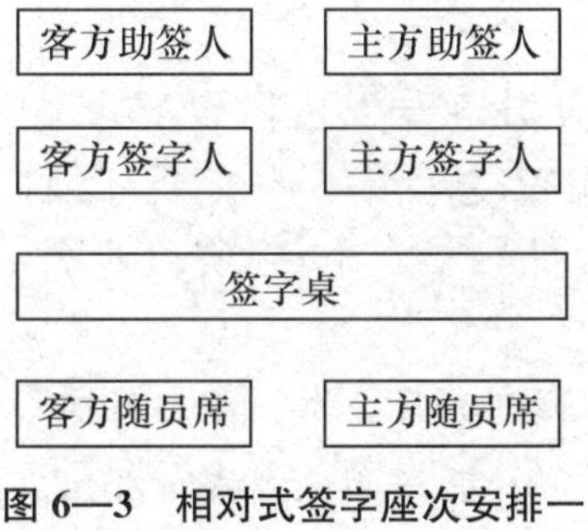


**图 6—3　相对式签字座次安排一**

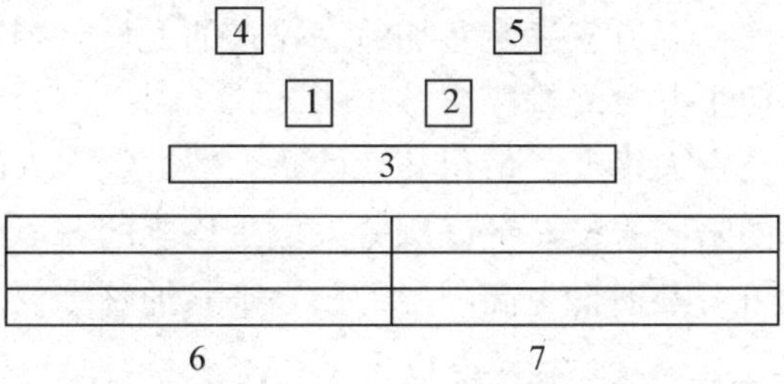


1 客方签字人席位　　5 主方助签人
2 主方签字人席位　　6 客方随员席
3 签字桌　　7 主方随员席
4 客方助签人

**图 6—4　相对式签字座次安排二**

3. 主席台式

主席台式座次安排，主要适用于多边签字仪式。举行仪式时，所有人员应面向签字席就座。签字时，各方签字人按先后顺序依次走上签字席就座签字，签完后原位就座，如图 6—5 所示。

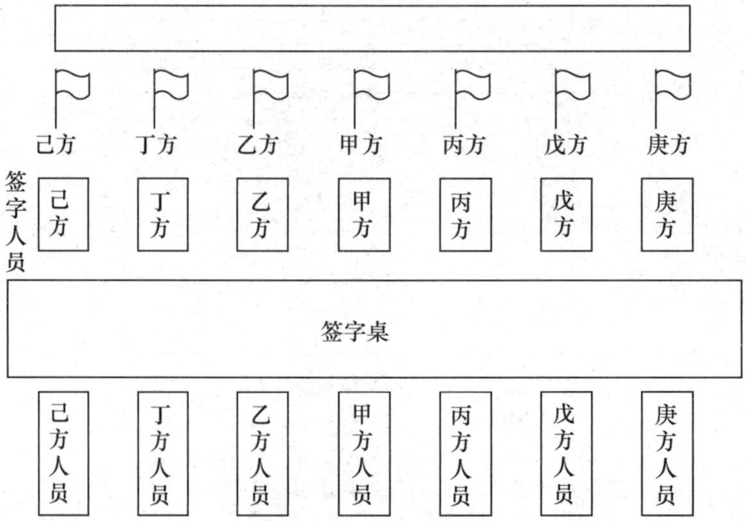


**图 6—5　主席台式签字座次安排**

**（四）准备签字文本**

（1）双方经过协商后，应指定专人按协议要求写好待签文本的定稿并进行校对、印刷、装订等工作。在审稿过程中，一定要仔细核对文本的内容，做到准确无误。除此之外，还要核对附件内容，包括项目批件、许可证、设备文件、订货单等。

（2）签字文本要准备正本和副本共 3 份。双方各执一份，另一份留档保存。

（3）待签文本应装帧精美，外加封面，以表示郑重。

**（五）安排签字人**

在签字仪式举行之前，双方应确定参加签字仪式的人员，客方应提前把签字人与代表名单报给主办方，以便主办方安排座次。

签字人由双方最高负责人担任，值得注意的是，双方签字人的身份应当对等。

其他参加签字仪式的陪同人员，最好双方人数是均等的，以示礼貌、尊敬。为了表示隆重，双方签字人也可对等邀请更高一层的领导来参加签字仪式。

## 三、签字仪式的流程

签字仪式时间虽然不长，一般在半个小时左右，但也有严格的程序，基本流程如下：

（1）签字仪式正式开始，各方代表进入签字厅，接待人员引领大家就位。

（2）各方代表致辞。各方代表致辞的顺序是，双边签字仪式为先主后客，多边签字仪式按签字顺序致辞。

(3) 司仪宣布签署何种文件，请某某和某某（尊称姓名及官衔）签署。这时，助签人带着文本从签字桌后将文本摆放到己方签字人桌上，然后退后，等待签字人入座，待签字人入座后，助签人站立于签字人外侧，翻动文本，指点应签字的位置。

(4) 签约人正式签署文件并交换文本。签字人在本方保存的文本上签字，然后由双方助签人交换文本，再在对方保存的文本上签字，随后两签字人亲自相互交换文本。交换文本时，要用右手交换，因为用左手传递东西，是不礼貌的行为，用右手传递文件，以显示尊敬。

(5) 饮酒庆贺。签字完毕，签字人应将文本交给助签人，再与对方握手或拥抱。其他人员，则热烈鼓掌，服务人员送上香槟酒，主客双方共同举杯、饮酒、庆贺。

## 学法指导

1. 签字文本应仔细校对，避免出差错。
2. 签字前主办方应做好充分的准备，包括签字厅的布置、签字文具的准备等。
3. 签字仪式流程要熟悉，避免拖沓、不紧凑。

## 技能训练

1. 浙江某市一家公司与美国一家跨国公司经过3个月的谈判、磋商，终于与美国的这家公司谈妥了一笔大生意。双方达成协议之后，准备正式签署合同，为此，决定举行一个签字仪式。签约地点在浙江某市，因而中方负责签字仪式的准备工作。中方的工作人员在签字桌上摆放中美两国国旗的时候，将中方国旗摆在签字桌的右方，把美国国旗摆在签字桌的左方。

你觉得这样摆放国旗对不对？该怎么样摆放才是符合礼仪规范的？

2. 假如你的公司即将与某公司进行重大项目合作的签约仪式，你作为主办方的文秘人员，将如何筹备本次签约仪式？请做模拟训练。

## 其他链接

### 签约仪式的注意事项

1. 仪式前的准备工作要到位

(1) 讲话稿准备：主持词、领导及嘉宾的致辞和项目推介等内容要提前准备。会议议程、人员的变化应根据实际情况及时进行调整，并征求领导的意见，最终由领导定稿。

(2) 签约会的通知：包括会议通知的起草、下发、时间、地点、参加人员等。

(3) 签约场地安排：会场、主席台、座次牌、话筒、鲜花、音响设备等要准备到位。

2. 签字笔的讲究

签字仪式上，由于文件需要长久保存，签字时应用黑色的钢笔或签字笔，不宜用圆珠笔或其他色彩的笔。

3. 双边签字不杂乱

双边签字仪式的基本礼仪规范包含以下三点：

（1）签字桌一般横放在签字厅内。

（2）双方签字者面对房间正门而坐。

（3）双方参加签字仪式的其他人员，一般需要呈直线、单行或者多行并排站立在签字者身后，并面对房间正门，通常面对房门站在右侧的是客方，站在左侧的是主方。

要注意一点，中央要高于两侧，也就是双方地位高的人站在中间，站在最外面的人地位相对较低。如果站立的人员有多排，一般的原则是前排高于后排，站在第一排的人地位较高。

4. 多边签字讲顺序

多边签字仪式的基本礼仪规范有两点：

（1）签字桌横放。

（2）多边签字仪式讲究签字者要按照某种约定的顺序依次签名，而不像双边签字仪式一样大家平起平坐。

资料来源：http://lz.book.sohu.com/chapter-9666-110917912.html。

# 模块七

# 会务管理礼仪

## 学习目标

1. 牢记会议流程，掌握会前、会中的服务要点。
2. 能预见会议中可能出现的突发状况，并会制定相关应急机制。
3. 牢记、掌握不同类型会议的特点及筹办重点。

## 任务一　会场布置礼仪

### 工作情境

环保局今年的工作很出色，清理整顿了一大批污染严重的企业，又重点整顿了一些小区的环境卫生，得到了上级的表扬。环保局决定召开一次表彰大会，表彰工作突出的个人和部门。会议的会场安排由局办公室秘书李桐负责。

资料来源：孟庆荣：《秘书工作案例及分析》，北京，清华大学出版社，2007。

### 任务描述

会场布置是否合理，是否与会议主题一致，硬件设施是否齐备，往往会影响与会者的心情，最终影响会议的效果。所以，李秘书应根据表彰大会的特点来布置会场，争取形成一种团结、喜庆、向上的会议氛围。

### 工作实施

李秘书考虑到这是一次全局的会议，人数众多，就预订局里的大礼堂作为表彰大会的会场。

表彰大会正式开始前一天的中午，李秘书带领几个工人去大礼堂布置会场。大礼堂是长方形的，李秘书决定会场座位布局摆放采用大小方形形式，前面设置一个主席台，全体职工在主席台对面就座。座位布局确定之后，李秘书指挥工人摆放好桌椅。

考虑到是全局的表彰大会，参会的部门多、人员多，有普通参会者，还有受表彰的几个人和部门代表要在会议中上台领奖。为了有序和方便起见，李秘书决定把场内划分为几个区域，按照场内座位排号分区。受表彰领奖的人和代表坐在前面，按照表彰领奖名单顺序就座，可以方便有序地上台领奖和下台就座，节省时间。在每个座位上贴上姓名标签，方便他们寻找自己的座位。在受奖区后面，根据每个部门参会人数留出相应的几排座位，贴上部门标签。

李秘书按照职务的高低安排主席台的座次，中间是局里请的嘉宾李副市长，高局长在李副市长的左边，常务副局长刘勇在李副市长的右边，洪副局长在高局长左边，林副局长在刘副局长右边。李秘书让工人把各位领导的名签放在每个座位的左侧。这次表彰大会由高局长主持，鉴于主席台人数不多，高局长在原位就座。

安排好座次后，为了突出表彰大会庄重喜庆的气氛，李秘书又指挥工人在会场铺上红色的地毯，主席台的桌子铺上红色的台布，放上话筒；主席台上方拉上醒目的横幅，并调试了音响设备以保证会议的音响效果；在会场周围和主席台下摆上鲜花，主席台后插上红旗。

经过李秘书的精心策划和布置，一个庄严、整齐、喜庆的会场呈现在众人面前。

资料来源：孟庆荣：《秘书工作案例及分析》，北京，清华大学出版社，2007。

## 工作评估

李秘书在筹备过程中，充分抓住表彰大会的特点，在会场选择、会场布局、座次安排、铺设地毯、音响设备、条幅、鲜花等各个方面均考虑周全、不失礼节，营造了一个良好的会议氛围。

## 相关知识

办会是秘书人员的常务工作之一。秘书人员几乎每天都要与会议打交道，从几个人的核心会议，到成百上千人的大型会议，都是秘书所操办、参与的。当一个会议举行时，既是秘书人员展现其才华的机会，又是秘书人员礼仪修养和礼仪业务水平的表演舞台。会议从规模来看，有大、中、小三种（相对意义上）；从内容来分，包括综合性和专业性（专题性）；按时间来分，又有定期和不定期之分。不同的会议类型，其礼仪也有所不同，受篇幅所限，此处仅就其共同性、基础性的部分加以阐述。本部分主要就环境布置、物品准备、人员安排等一般性礼仪做简单介绍。

### 一、会场环境布置

会场环境，是指会场内外的布置情况，它是衬托渲染主题的重要手段。

(一) 基本要求

1. 强化主题

环境对于任何人都有一定的影响，开会时，会场就是一个相对封闭的场所，环境对与会者的影响表现得更为强烈一些。会场的环境从总体上来说，应该契合会议的主题，从会议选址到会场布置，从会议标语、旗帜到鲜花、座位的安排、会议的徽记、色彩等都应围绕会议主题这个中心点，让与会者一踏入会场就沉浸在特定的环境氛围中，专心开会。

秘书在办会中应吃透会议主题，充分理解召开会议的目的、与会者的心情等，按不同主题分别布置。比如职工代表大会，如果是关于裁员的，会场就应尽量呈现出轻松和睦的氛围；如果是表彰先进员工的，则可以布置得喜庆热烈；如果是选举、投票等法定事宜的，则应庄严隆重。如果吃不透会议的主题，也会闹笑话。比如会议是强调环保的，而会议本身却使用了不可降解的一次性饭盒和一次性木筷；再如会议是讨论节约办公成本的，却租借了高档酒店会议室。类似这种南辕北辙的安排不仅不能强化主题，反而弱化了主题，有损主办方形象。

2. 勤俭节约

我们曾经有过“文山会海”的深刻教训，在工作效率日益提高的今天，办会人员也应与时俱进，加强成本意识，非开不可的会议，也要本着勤俭节约的原则来筹备，不可随意挥霍公款。应尽量利用本单位现有的条件开会，安排会场不要热衷于借场地、借宾馆，更不要动辄找风景名胜，借开会之机大肆游山玩水。每次会议结束后，能回收的物品尽量回收，留着以后开会再用。不能热热闹闹来开会，会后一走了之，旗帜、音响、花卉、设备等无人过问，以后要用时，早已污损，只能再买新的。开会用品不该滥发，文件、文具、奖品、礼品都要严格控制。

会议需要张弛有序，会议期间可以安排供与会者休息的场所，安排一些娱乐节目，但切忌奢华。娱乐活动的安排应保持与会场内一致的气氛，不能场内开着严肃的会，与会者在场外喝酒行令、轻歌曼舞。

(二) 主要内容

1. 会场选择

开会地点的选择要契合会议的内容以及形式，还要注意会议的预算、会议的规模及室温、灯光、噪声等各种因素，而且需要确保与会者的舒适度。一个让与会者感到不适的地方不会给会议带来良好的效果。舒适宽敞、采光通风良好的会场，有利于与会者放松心情、集中注意力，有利于激发与会者的创意。

一般来说，要根据会议的规模、大小来考虑会场的档次、大小。公司的例会，需要有一个固定的会议场所，最好是一间独立、宽敞、明亮的房间，里面有必要的布置和设备；大型会议，特别是比较正式的会议，其场所要求比其他会议要高一些，但是仍有不少地点可供选择，比如会议中心、高校的大礼堂等。最终的会场确定，要达到以下标准：

(1) 大小要适中。

(2) 地点要合理。

（3）附属设施要齐全。

（4）要有停车场地。

选择会场时，要思考下面七个问题：

（1）会议室是否足以容纳所有的出席者和必要的设备？

（2）会议室是否有充足的通风和照明设备？

（3）会议室是否受室外活动的干扰？

（4）会议室的设施是否能满足会议的要求？

（5）会议室地点是否对所有出席者都方便？

（6）会议室的费用是否可以承受？

（7）会议室在你需要时是否有空？

2. 会场布置

一般的小型会议、常规例会，会议室只要清洁、明亮，有足够的桌椅，能让与会者方便地看文件、做记录、讨论发言就行了。秘书人员应保持会议室的整洁、设施完好、用品齐全，使会议室处于随时可以被利用状态。大型会议的会场布置则比较复杂，主要从以下几个方面进行准备：

（1）会标。

会标一般挂在主席台的正上方，它能增强会议的庄重性，揭示会议的主题与性质，使与会者一进场就被吸引，是会议的点睛之笔。

（2）会徽。

会徽是体现或象征会议精神的图案性标志，要选择具有强烈感染力和激励作用的图案，一般可向社会征集，也可在单位内部征集。会徽要简练、易懂，寓意丰富。有些会议可用本组织的徽志做会徽，如党徽、国徽、团徽、警徽等，这些都可起到渲染突出会议精神的作用。

（3）图片。

表彰性会议、事迹报告会等针对一些人或某人成就功绩的专题性会议，可将有关对象的图片或画像挂在会场内，表示尊重、宣传。纪念性会议，也可以配合会议主题在会场内外挂上几幅不同时期、不同人物的图片或画像，表现一段历史，用视觉激发与会者的情感，以起到更强的纪念、缅怀作用。

（4）标语。

标语是会议主题的体现，起着很强的提倡、宣传、引导作用，经常以条幅、纸张、LED电子显示屏的方式置于会场两侧或四周，以强化会场的氛围。标语不仅在内容上要能体现会议精神，在形式上也要做到简洁上口、铿锵有力。

（5）旗帜。

会议的旗帜包括主席台上悬挂的和会场内外悬挂的。主席台上的旗帜应围挂在会徽两边，显得庄严隆重；主席台的两侧插上对应的红旗或彩旗，可增添喜庆气氛；会场门口和与会者入场的路旁插上红旗或彩旗，能使会场由内而外都散发着热烈的气氛，可以增强对与会者的感染力。

（6）花卉。

在会议上，赏心悦目的花卉可以起到缓解与会者疲劳的作用。选用花卉，应突出中华民族的特色，如梅花、牡丹、菊花、兰花、月季、杜鹃、山茶、荷花、桂花、水仙等，而不要热衷于选用进口花卉。插花、盆景是一种无声的语言，它们在会场用自己的颜色、姿态、气息向人们传播文化、表现礼仪。因此，重大的会议或涉外会议，应选取有代表性的中国原产花卉作为摆放的主体花卉，并将中国传统的艺术花卉的插放造型作为会议花卉的礼仪形式。

（7）灯光。

会议场所的灯光应该明亮、柔和，灯光太暗，会让人昏昏欲睡；灯光太亮，则容易疲劳。可以备有几套灯光，以用于不同情境，如会议颁奖、拍照、摄像、演出等，就需要采用不同的灯光。

3. 主席台布置

主席台是会议的中心，是会场的亮点，也是会议礼仪的主要表现。主席台布置应与整个会场布置协调。

（1）座位。

主席台座位要满座安排，不可空缺，如果原定出席的人因故不能来，要及时撤掉座位，空着座位在台下看来很不雅观。主席台座位若有多排，则以第一排为尊。第一排的座位以中间为贵。按照我国传统，一般由中间按左高右低顺序往两边排开，即第二领导坐在最高领导左侧，第三领导坐在最高领导右侧，以此类推（见图 7—1）。若人数正好成双，则最高领导在中间左侧，第二领导在中间右侧，以此类推（见图 7—2）。但目前国际流行右高左低，因此安排涉外会议时，也要灵活参照有关规矩。

| | | | | | | |
|---|---|---|---|---|---|---|
| 7 | 5 | 3 | 1 | 2 | 4 | 6 |

**图 7—1　主席台人数为奇数的座位安排**

| | | | | | |
|---|---|---|---|---|---|
| 6 | 4 | 2 | 1 | 3 | 5 |

**图 7—2　主席台人数为偶数的座位安排**

每个座位的桌前要放好名牌，既方便入座，也便于台下与会者、媒体人员辨认、熟悉有关人士。主席台座位不要排得太挤，要考虑到拍摄的需要，不要摆放鲜花之类。同时，要留出足够空间便于主席团成员打开文件，做会议记录，放置茶水、眼镜等物品。

（2）讲台。

主席台的讲台，应设于主席台前排右侧台口，讲台不能放在台中央，使主席台成员视线受阻。讲台上主要放话筒，也可适当放上一盆花卉，以挡住裸露的电线，或求得更好的拍摄效果。讲台桌面可以有个坡度，便于发言者放置讲话稿。整个主席台的台口，可围放一圈花卉，但要选低矮些的绿色品种，不可喧宾夺主，抢了发言者的镜头。

（3）话筒。

发言席和主席台前排座位都应设有话筒，以便于发言者演讲、会议主持人或领导讲话。一般发言席和主持人的话筒专用，其他主席台前排就座者合用两三个话筒，但一般放置在主要领导面前。

（4）后台。

后台的作用不可小觑。一般可以设在主席台的台侧，便于主席台成员休息和候会；全程录像的情况下，还可以利用后台，排好主席团成员的次序再上台入座，以免造成混乱；有时会议难免出现些突发状况，后台则可以让有关人员做商量对策、排除困难之用。

## 二、物品准备

为方便会议进行，秘书人员应为会议准备各种必备的用品，如挂牌、纸、笔、投影仪、指示棒、黑白板、复印机等。不同会议有不同的需求，满足与会者的需求是秘书人员安排会议、布置会场时必须考虑的。对于会议需分发的材料，应逐个核对、认真清点，与文具一同装袋，不能出现缺页、残页、顺序颠倒等错误，重要的、有密级的文件还应附有回收登记表，以便会后回收。

## 三、人员安排

组织一个高效率的会务筹备组，选用一个干练、认真的筹备组负责人，是会议成功的先决条件。会务筹备组的负责人，应是本单位比较有影响力的人物，不但有较强的组织才能，而且有一定的凝聚力；不但自身各方面能力较强，而且能以身作则，可以带领会务组全体人员突击某项工作。如果允许，筹备组的负责人最好是会议主持人。会务筹备组应下设两个小组：秘书小组与会务小组。前者主要负责文字宣传准备，后者主要负责除文字宣传以外的所有工作，包括会前的准备、会议的接待、会议中间的服务、会后的送行等。会务筹备组的主要负责人和两个小组的负责人要及时沟通信息，在总的会议日程安排下，做详细的准备工作及日程进度计划，以确保会议准备工作的完善。

## 学法指导

1. 多观察平时参加的会议，借鉴办会经验。

2. 会前的准备工作是重要又复杂的，需要秘书各方面有周全的考虑，可以用备忘录记下要做的每件事。

3. 会场布置、物品准备以及人员安排等各项工作要安排妥当。

## 技能训练

1. 李秘书正在制作“下周工作预安排表”。下星期二上午有两个会议同时进行，一个是党政联席会议，另一个是离退休人员迎新年座谈会。按照往常做法，党政领导开会一般都安排在楼上的第二会议室，那里较楼下的第一会议室布置得气派些，桌椅、沙发、茶具、空调一应俱全。李秘书不假思索地将党政联席会议的地点放在了第二会议室，然后将安排表交给办公室胡主任审阅。胡主任看了以后，将党政联席会议与离退休人员迎新年座谈会的地点对调了一下。李秘书看着胡主任红笔画勾的地方，心里想，我要学习的地方还真不少！

资料来源：孟庆荣：《秘书工作案例及分析》，北京，清华大学出版社，2007。

（1）办公室胡主任为何能想到将两个会议的地点对调？

（2）李秘书应该向胡主任学习什么？

2. 波扬公司准备在本市的黎明大厦召开大型的新产品订货会。参加的有本单位、外单位的人员。总经理让秘书部门负责安排，会上要放映资料电影，进行产品操作演示，而公司没有放映机。租借放映机的任务交给了总经理秘书刘小姐。会议的召开时间是8月9日上午十点整，而资料放映的时间是十点十五分。刘小姐打电话给租赁公司，要求租赁公司在9日上午九点四十五分必须准时把放映机送到黎明大厦的会议厅。

9日上午，会议开幕前，波扬公司的秘书们正在紧张地做着最后的准备工作。刘小姐一看表，呀，已经九点五十分了，放映机还没有送到。刘小姐马上打电话去问，对方回答机器已送去。眼看着各地来宾已陆续进场，刘小姐心急如焚……

资料来源：孟庆荣：《秘书工作案例及分析》，北京，清华大学出版社，2007。

（1）假如你是刘小姐，对接下去可能发生的各种情况，应该如何处理？

（2）假如放映机在十点十分还未送到，你将马上向总经理报告还是擅自决定调整会议议程？

（3）向总经理报告后，你还应该做些什么？

（4）召开大型会议前的各种准备工作，包括音响、电子类装置应提前多少时间安排？

（5）有人说，会议上要用到的各种东西，最好公司都买齐。假如要借，应提前一天送到。你认为呢？

3. 为了迎接兄弟单位与上级有关部门的卫生检查，某单位领导决定召开一次迎接卫生检查动员大会。他要求王秘书起草一份会议通知，请各部门负责人出席。王秘书一边起草会议通知一边思索，某些部门的领导对环境卫生问题一向不太重视，要是他们知道召开的是卫生工作会议就可能不亲自出席而派其他人员参加，那该怎么办？于是，他灵机一动，拟写了一份会议通知：

**会议通知**

经局领导决定，兹定于×月×日×时在局办公大楼会议室召开各部门负责人会议，会议重要，请准时出席。

局办公室

×月×日

王秘书将会议通知下发后，不久，他就接到了不少部门的电话，询问会议的内容，言语中颇有些责怪的意味。

资料来源：孙荣：《秘书工作案例》，上海，复旦大学出版社，2005。

（1）王秘书为什么受到责怪？

（2）秘书应该如何正确地拟写会议通知？

## 其他链接

在会议过程中会涉及一些事先未准备的或突发的紧急情况，如人员问题、健康与安全问题、行为问题、设备问题、场地问题等，这就需要会议主办方安排好应急方案，安排好各方面的负责人和联系方式，以便出现问题时及时、快速地解决。必要时还可以制定一个关于会议应急方案的内容及应对措施的表格（见表7—1），以方便快捷地处理紧急情况。

**表7—1　会议应急方案的内容和应对措施**

| 预测情况 | 应对措施 | 负责人 | 联系方式 | 备注 |
| --- | --- | --- | --- | --- |
| 人员问题 | 若会中某位发言人不能按时到会，可以替代，甚至临时修改会议议程，还可临时额外给每位发言人10分钟自由提问时间，以弥补发言人的缺席 | | | |
| 健康与安全问题 | 加强会前检查，组织应对各种灾害的演习，派专人把守安全和消防通道，安排医护人员在会场应急，同时加强会议值班工作 | | | |
| 行为问题 | 审核发言人以往的情况，并在发言前加强与其沟通和交流，必要时请某些行为不当者暂时离开会场 | | | |
| 设备问题 | 加强会前检查与调试，备用紧急维修师的姓名、电话和地址，还应详细了解本地可以租到或购买相应设备的公司的名称、电话和具体地址 | | | |
| 场地问题 | 若会场的制冷、取暖设备或通风系统出现故障，最好及时联系紧急维修师。有时需要临时找附近的大礼堂、电影院、剧院和报告厅 | | | |
| 资料问题 | 秘书要随身带一份会议活动安排及会议需要使用文件的原稿，以便在会场附近随时复印，若会议资料无法按时送到会场，秘书应及时通知并催促相应的工作人员 | | | |
| 应急组织和人员的到位情况 | 会前和会中提醒应急组织和人员随时做好工作准备，并备有其联系方式 | | | |
| 应急车辆准备情况 | 加强会前检查，备有足够的应急车辆，提醒司机随时做好准备，并备有其联系方式 | | | |
| 会议指挥沟通系统是否灵敏 | 会前进行适当的突发事件演练和模拟，检验会议指挥沟通系统的灵敏性 | | | |

资料来源：李莉：《实用礼仪教程》，北京，中国人民大学出版社，2002。

# 任务二　会中服务礼仪

## 工作情境

田秘书负责某次投资研讨会的接站工作。最近一段时间，由于国内民众的投资意识增强，投资热情高涨，因此，这次投资研讨会备受关注，参加会议的单位和人员很多。他们来自全国各地，因此，会议接站工作的任务很重。

资料来源：孟庆荣：《秘书工作案例及分析》，北京，清华大学出版社，2007。

## 任务描述

接站往往是第一次和与会者照面，接站质量的高低，直接决定了与会者对主办方的第一印象。

## 工作实施

田秘书很早就已经开始准备。她按照与会人员乘坐的不同交通工具分为两条接站路线，一条是火车站到会场的路线，另一条是飞机场到会场的路线。再根据会议通知回执和记录的反馈信息中与会人员到会的车次、班次和时间，详细列出一个接站名单，交给现场接待的人员每人一份，请他们注意，不要错过接站。同时，每条线派出 3 辆中型面包车，保证有足够的车辆送与会者到会报到。考虑到这次与会人数非常多，接待人员不可能对与会者逐个接站，就在火车站和飞机场分别设了一个会议接待处，挂了一条醒目的“××投资研讨会接待处”的横幅，让与会者一出站就能一眼看到。每个接待处配备了两名接待员，为的是方便轮换去卫生间和吃饭。当与会者到达时，一名接待员引导与会者上车，但是不跟车去会场，而另一名接待员留在接待处继续等候其他与会者，这样就不会造成接待处没人接待的情况。

田秘书还一再叮嘱接站的司机开车一定不要太快，不要赶时间，注意交通安全，把与会者安全地送到会场是最重要的；还要他们注意接待的礼貌，树立公司的形象。

在会议报到的第三天，大多数与会人员已经到会，只有少数的与会者还在途中。田秘书决定撤回接站人员和车辆，改为派人随时接站。这几天，大家都很辛苦，田秘书安排大家轮流休息。

就这样，到第三天晚上，在田秘书周到的安排调度下，所有与会人员都安全地到会了。

资料来源：孟庆荣：《秘书工作案例及分析》，北京，清华大学出版社，2007。

## 工作评估

田秘书充分认识到接站事关组织形象，高度重视，分派专人负责，且分工明确、流程清晰、安排灵活，安全而周到地将与会人员接到会场，体现了很强的服务能力和协调能力。

## 相关知识

会议进行期间，服务礼仪涉及会议的各个方面，千头万绪，十分繁杂忙乱，秘书人员一定要注意使各方面的安排都妥善、到位。

### 一、重视特殊需求

会议接待工作直接关系到会议主办方的形象，因此，秘书人员要彬彬有礼、热情周到地进行接待服务，让与会者有一种宾至如归的感觉。报到当天，工作人员要提前分赴机场、车站、码头，携带车辆和迎接的标志，迎接从各地赶来参加会议的代表。会议举行期间，会议服务部门应安排专人在会场内外负责迎送、引导、陪同。对与会的贵宾以及老、弱、病、残、孕者，少数民族人士、宗教界人士、港澳台同胞、海外华人和外国人，往往还需进行重点照顾。要充分考虑特殊来宾，如残疾人、糖尿病人、高血压患者、未成年孩子等在衣食住行上的特殊要求，尽量做到有求必应。为了有备无患，最好是通过会议通知回执单提前了解，以便尽早安排。

### 二、礼貌办理签到

签到的方法一般有两种：一种是簿式签到法，即与会者在签到簿上签署名字表示已经到会；一种是利用签到卡签到，即将印制好的证件预先发给与会者，入场时交出此卡片即可。随着现代科技的发展，电子签到机已在一些会议上使用，效果良好。

负责此项工作的人员，在接待中要穿戴整齐，在胸前或胳臂上佩戴标志，站立服务。应提前将签到笔的笔帽拧开，签到的本子打开。如果来宾随身行李太多，应主动帮助对方安放下来再让其签字；在来宾签字前，应礼貌地请教对方的单位、名字，主动为来宾在签到簿上找到位置，引导签字；来宾签字后，要礼貌地核对，确保联系方式、邮箱等信息准确无误。

签到完毕，应告诉对方下一步干什么，避免浪费来宾的时间、精力。如果人力充足，最好有专人引导，将来宾带至其座位或住宿房间，给他们倒上一杯水，随意攀谈几句才不失礼。

### 三、合理安排餐饮

内部会议、小型会议，可以安排简便的餐饮，比如自助餐、瓶装矿泉水等，不提倡频频斟茶续水，那样既不卫生、安全，又有可能妨碍会议进程。外部会议、大型会议，出于对客人的尊重，餐饮方面应讲究些。时间过长，可以安排中场茶点时间，提供水果点心给与会者享用；同时，应有专人负责主席台、前排重要的客人的茶水，把握好倒水的分寸，不能满杯，也不能太烫或者太凉，要温度适中。

### 四、约束自身行为

在会议进行过程中，要维持好会场秩序。对于与会者的问询，一定要耐心而热情；

会议开始前5分钟，关闭会场大门，与会人员入座就绪，无关人员离开会场；开会期间关闭手机，一般不允许找人（特殊情况由会场服务人员以纸条形式通知被找人员），无关人员不准进入会场。

虽然是会议服务人员，但是秘书人员也应该和与会者一样注重行为规范，必须衣着整洁、仪态大方、进出有度，不要与邻座小声说话，不要拨打或接听手机，也不要看与会议内容无关的材料或书籍，更不要在会议桌上打盹甚至睡觉，每当听完别人的发言时应当鼓掌致意。切不可认为自己是会务人员，一切都是为了工作，就可以大摇大摆、毫无顾忌地穿梭于会场，特别是在用对讲机、电话联系其他会务人员的时候，动作和话音尽可能小一点，不要影响与会人员。

## 五、妥善处理突发事件

在会议准备中，办会者往往会根据经验，对可能出现的突发状况做个预估，并制定相应的应对方案，指定专人负责。有时，突发事件可能超出办会者的经验范围，是从来没有遇到过的，这时办会者应以大局为重，以维持会议秩序和与会者的人身安全为第一要务，当机立断，妥善处理，把负面影响降到最低，及时安抚与会者的不安情绪，尽量挽回主办方的形象。

## 六、保持沟通渠道畅通

会议期间，应充分理解会议实质上就是一种沟通，充分把握机会，和与会者开展多渠道、多方式的交流。办会者应认真记录，及时抓住与会者发言的重点及思想，利用会期，尽量与之作深层次的探讨和交流；会期较长时，通过编发简报，让与会者及时了解会议动态，增进会议的沟通氛围；还可设立意见反馈机制，组织专门人员听取与会者的建议和意见，了解他们是否需要提供其他服务。这些做法既让与会者感觉到自己很受尊重，也将会议的沟通作用运用到了极致。

## 学法指导

1. 观察自己参加的会议，列出会议服务中存在的常见问题并给出自己的解决方案。

2. 搜集并学习一些公司先进的会议服务做法和规定。

## 技能训练

1. 请参照以下要求进行情景模拟训练。

（1）模拟演示会议开始前的签到工作。

（2）模拟演示会间奉送茶水。

（3）模拟演示会议记录。

（4）模拟演示处理会间找公司老总和会议代表的来电。

（5）针对下列会议中出现的情况，模拟演示协助会议召集人控制会议进程：

1）与会者偏离议程。

2）会议决定片面。

3）与会者沉默，没有气氛。

4）会议决定与现行政策或规定相抵触。

2. 祥瑞公司承办了营销协会召开的年会，会务组的李秘书负责代表们的返程工作。由于这次会议会期较长，李秘书在会议通知的回执中就已要求与会人员填写返程的时间、所乘交通工具的种类等内容。鉴于会议期间，有的代表可能在返程时间或所乘交通工具上有变化，所以，在会议进行到一半时，李秘书又逐个找代表进行核对，落实最后的返程日期、所乘交通工具，以及车次、班次、航班。有的代表还不清楚车次、班次及航班的出发和到达的时间，不知道乘坐什么交通工具比较方便，一时难以确定。李秘书就掏出随身携带的铁路、民航、公路和港口的时刻表，与代表一起讨论，做一个最佳选择。全部代表确定完毕后，李秘书抓紧时间预订车、船、机票，尽量满足代表的要求，实在不能做到的，及时跟代表沟通，重新选择，再行预订。

会议已接近尾声，李秘书开始忙碌起来，穿梭于代表之间送票。同时，统计需要送站的代表名单，把他们出发的时间分成几个集中的时间段，以便派专车送站。

与会代表离会的那天，李秘书提醒代表及时与会务组结清费用，归还所借物品，拿好自己的物品和票据，准备返程。跟代表们说完再见，看着他们登上送站的专车离开会场，李秘书松了口气。还有会议结束暂不返程的代表，需要暂住者，李秘书都给予了妥善的安置，尽量满足他们的需要。

在与会代表填写的会议评估表上，李秘书的返程工作安排得到了大家的一致好评。

（1）秘书应怎样做好与会代表的返程工作？

（2）为与会代表预订返程票非常烦琐和麻烦，秘书应怎样做好这项工作？

（3）本案例中你体会到秘书工作的哪些特点？

资料来源：孟庆荣：《秘书工作案例及分析》，北京，清华大学出版社，2007。

3. 永昌公司即将举办一个为期三天的大型新产品介绍会，编发会议简报的工作由刚来的周秘书负责。

会议如期召开后，进行得很顺利。参会的新老客户很多，大家对公司推出的新产品非常感兴趣，纷纷向总经理表示要订货。总经理很高兴，希望这些好消息在会议期间尽快发布，以沟通信息、鼓舞士气。可是，不知为何，迟迟不见周秘书编发的简报出来，总经理想询问一下情况，却一直没腾出时间。

会期已经过了大半，还是不见简报的踪影，总经理就让李秘书去周秘书那里看看，到底是怎么回事。

李秘书到了周秘书的办公室，看到周秘书还在埋头苦写，就转达了总经理的问题。周秘书说："我马上就写完了，写完后立即交给总经理。"李秘书觉得纳闷，问道："简报不是很难写，你怎么写得这么慢？"周秘书说："怎么不难写，我写了很久好容易才写了两万字。"说完，打开电脑给李秘书看，李秘书仔细一看，周秘书写的哪是会议简报，分明是一份会议报告。她问周秘书："你知道写简报重点在于'短'和'快'字吗？一个简报最多不能超过一千字。你写了这么多，怪不得你写得这么慢，看来你对简报的作用和写法根本不清楚。时间有点来不及了，我跟你一起写吧。再晚一些时间，编出来的东西就不叫简报叫旧报了。"

周秘书在李秘书的帮助下，在原来的稿子上进行了修改，按照简报的格式，编发了两期简报，交给总经理。总经理审阅后对周秘书说："赶快印发，以后要注意提高工作效率。"

（1）会议简报的作用是什么？

（2）怎样理解简报快、新、实、短的特点？

资料来源：孟庆荣：《秘书工作案例及分析》，北京，清华大学出版社，2007。

## 其他链接

### 会议礼仪常识和常犯的差错

常识一：准时抵达会场，按照会场的指定座位或区域落座。

差错：抢坐前排，或退居后排，把会场中间留出空白。

常识二：正式会议开始以后，尽量避免频繁进出会场。

差错：电话多、如厕多，溜出会场的人此起彼伏。

常识三：进出会场或上下电梯时要遵循女士优先的原则，不管那位女士是什么身份。

差错：通常会在女官员、女企业家、女学者、女明星面前遵循女士优先原则，却不理会女翻译、女导游、女陪同、女记者等。

常识四：不在会场和餐厅里大声喧哗，不在客人面前大声接听电话。

差错：在公开场合旁若无人大声喧哗。

常识五：无论在主席台，还是在台下，坐姿要端正。

差错：不停地抖腿。

常识六：出席正式会议和宴请，要穿正装，男士穿深色西服，女士穿中长裙和长裤均可。男士要贴身穿衬衣，衬衣和领带要及时更换，袜子应是深色的，并把衬裤脚包在袜子里。女士的衣服最好每天都换一套。

差错：男士穿浅色西装或休闲装。衬衣里面还套背心，能看出明显的印痕。袜子是白色的，甚至带花。一跷腿，裤脚那里能看到好几层。女士穿短裤、超短裙、休闲装等。

常识七：集体行动时，相互之间保持距离，尤其同性之间不能太亲密，不能勾肩搭背。

差错：部分官员喜欢前呼后拥，部分下属喜欢照顾领导。在这种场合对领导太敬畏、太谦卑，并不能提升领导的威严，反而有损领导的形象。

资料来源：http://www.ce.cn/culture/focus/200709/13/t20070913_12897634_1.shtml。

# 任务三　常见会议礼仪

## 工作情境

一次某地党代表大会的开幕式上，会务人员未能按大会主持人宣布的程序播放国歌，虽然及时得到补救，但终是一件憾事，并受到批评。

事情发生的过程是这样的：会务组会前起草的“大会开幕式程序（送审稿）”中列有“奏或播放国歌”一项。大会秘书处一位负责人审稿时，拟把此项放在大会闭幕式进行，于是把此项目在开幕式的程序中删掉了。后来大会秘书处主要负责人定稿时，又把该项圈了回来。会务组的同志凭印象只记住已删掉了奏国歌此项程序，而对后来又被圈了回来一事，未加注意，因此对于在大会开幕式上“奏国歌”一项事前未做准备，当主持人在大会上宣布“奏国歌”时，无法奏出，一时形成了冷场。

资料来源：http://www.xlmz.net/forum/viewthread.php?tid=24966。

## 任务描述

这种情况与会务组会议筹办时工作不够细致和认真有关，如果开会之前，把会议议程再认真核对一下，也许就不会发生了。但既然发生了，就对办会者的能力提出了考验，要求他们灵活应变，将影响降到最小。

## 工作实施

幸好会务组长急中生智，立即上台指挥领唱，这样才圆了场。会后领导同志说：“这一事故该予以批评，应该吸取教训。但在关键时刻能得到及时补救，这是好的，这一点值得表扬。”

## 工作评估

会务组长机智而不失礼节的行为，起到了力挽狂澜的效果，破除了冷场的尴尬，也很好地补救、维护了主办者的形象。

## 相关知识

### 一、代表大会礼仪

代表大会包括人民代表大会、党员代表大会、共青团代表大会、职工代表大会、妇女代表大会等。不论是哪种代表大会，它们的召开都具有法定依据、有法定程序，所以，共同点都是气氛严肃热烈，会场一般采用教室型。

现有的各种代表大会都有相关的制度对其进行明确而周密的规定，组织起来有章可循、有法可依，相对比较简单。除了遵守上述的一般会议礼仪外，代表大会的礼仪还应特别注意以下四点：

(1) 与会代表的产生要符合各种代表大会本身的规定，要保证具有代表性的人员出席会议，建言献策，反映心声。

(2) 代表大会可以设主席团。会议正式开幕时，主持人或主席要向全体代表宣布整个会议议事日程，并分发文件（会议报告）等。在会议过程中，还可以印发简报。

(3) 代表们对于会议报告所提出的意见应认真听取。

(4) 代表大会一般都要进行选举，选举要按程序进行。

## 二、茶话会礼仪

所谓茶话会，在商界主要是指意在联络老朋友、结交新朋友的具有对外联络和招待性质的社交性集会。茶话会的参加者成分多样，会议的组织形式多样，鼓励与会者自由发言、积极交流，同时，还备有茶点，故称为茶话会。有的时候，也有人将其简称为茶会。

其实，茶点只是一种调节氛围的手段，茶话会的重点在于“话”。对于主办方来说，这是一种公关方式：以茶待客、以茶会友，与社会各界沟通信息、交流观点，听取批评、增进联络，正所谓“内求团结、外求发展”。除了遵守一般的会议礼仪外，茶话会应重点注意的礼仪有以下几点。

### (一) 时空的选择

会议举行的时机、时间、长度、地点，是茶话会的必要因素，哪个方面安排不当，都可能会影响茶话会的沟通质量和效果。

1. 举行的时机

通常认为，辞旧迎新之时、周年庆典之际、重大决策前后、遭遇危险挫折之时等，都是企业酌情召开茶话会的良机。因为茶话会本质上是一种公关行为，这种重要的时机契合了公关的特点和需要。

2. 举行的时间

举行的时间，是指茶话会具体应于何时举行。根据国际惯例，举行茶话会的最佳时间是下午四点钟左右，这是源于西方下午茶的传统习惯。在中国，不必墨守成规，主要应以与会者尤其是主要与会者的方便与否以及当地人的生活习惯为准，比如广东、香港都有喝早茶的习惯。

3. 会议的长度

茶话会提倡轻松自由的氛围，不像法定会议那么呆板，会议长度可由主持人在会上随机应变、灵活掌握。也就是说，茶话会往往是可长可短的，关键是要看现场有多少人发言，发言是否踊跃。不过，在一般情况下，一次成功的茶话会，大都讲究适可而止。将其限定在一个小时至两个小时之内，讨论更集中，人的精神状态也比较好。

4. 举行的空间

举行的空间指的是茶话会举办地点、场所的选择。按照惯例，适宜举行茶话会的场地：一是主办单位的会议厅。二是宾馆的多功能厅。三是主办单位负责人的私家客厅。

四是主办单位负责人的私家庭院或露天花园。五是高档的营业性茶楼或茶室。餐厅、歌厅、酒吧等处，顾客流动比较大，比较嘈杂，保密措施不够严密，均不宜用来举办茶话会。

在选择举行茶话会的场地时，还需同时兼顾与会人数、费用支出、周边环境、交通安全、服务质量、档次名声等问题。

（二）座次安排

根据约定俗成的惯例，在安排茶话会的具体座次时，主要采取以下四种办法。

1. 环绕式

环绕式座次安排不设立主席台，而将座椅、沙发、茶几摆放在会场的四周，不明确座次的具体尊卑，与会者在入场之后自由就座。环绕式座次安排与茶话会的主题最相符，在当前也最流行。

2. 散座式

散座式多见于在室外举行的茶话会，座椅、沙发、茶几的摆放散乱无序，可四处自由组合，甚至可由与会者根据个人要求而自行调节。其目的就是要营造出一种宽松、舒适、惬意的社交环境。

3. 圆桌式

圆桌式座次安排是在会场上摆放圆桌，与会者在其周围自由就座的一种座次安排方式。在茶话会上，圆桌式排位通常又分为下列两种具体的方式：一是仅在会场中央安放一张大型的椭圆形会议桌，请全体与会者在其周围就座。二是在会场上安放数张圆桌，与会者自由组合，各自在其周围就座。当与会者人数较少时，可采用前者。与会者人数较多时，则应采用后者。

4. 主席式

在茶话会上，主席式排位并不意味着要在会场上摆放一目了然的主席台，而是指在会场上，主持人、主人与主宾被有意识地安排在一起就座，并且按照常规，居于上座之处。例如：中央、前排、会标之下或是面对正门之处。

总体而论，为了使与会者畅所欲言，并且便于大家进行交流，茶话会上的座次安排尊卑不宜过于明显。不排座次，允许自由活动，不摆与会者的名签，是其常规做法。

（三）点心准备

虽说茶话会重心在“话”，但以礼相待是中国的传统礼仪，因此，茶话会的茶点也必须讲究。

选择茶叶时，在力所能及的情况之下，应尽量挑选上等品，切勿滥竽充数。与此同时，要注意照顾与会者的不同口味。对中国人来说，绿茶老少咸宜。而对欧美人而言，红茶则更受欢迎。

在选择茶具时，最好选用陶瓷器皿，并且讲究茶杯、茶碗、茶壶成套，千万不要采用玻璃杯、塑料杯、搪瓷杯、不锈钢杯或纸杯，也不要用热水瓶来代替茶壶。所有的茶具一定要清洗干净，并且完整无损、没有污垢。

点心、水果、地方风味小吃要注意与季节相宜，与大家的口味相宜，保证新鲜、美味和卫生，同时要合理切分，便于取食。此外，要备好干湿擦手巾、废纸篓、牙签等用品。

## 三、座谈会礼仪

座谈会主要是邀请有关人员参加交谈，讨论某个或某些问题，以达到调查研究、沟通信息、联络感情的目的。座谈会的礼仪，主要有以下几点。

（一）及时通知并说明内容

通知应及时发送，注明会议时间、地点、座谈内容，并且写上举办座谈会的单位或部门名称。如果用电话通知，最好找到参加者本人，并告诉其详细内容。如果托人转告，应把要点告诉转告者，以便与会者有备而来。

（二）创造出融洽、热烈的气氛

在座位安排上，会议主持者最好和与会者围圈而坐。开会时，主持者应事先讲明会议宗旨，以便参加者能有目的地积极思考如何发言。如果参加者与主持者互不熟悉，主持者应先作自我介绍，必要时也可请参加者互相介绍，以融洽会议气氛。如果开始时有些冷场，主持者可以引导大家广开言路，然后逐步接近座谈会主题。

（三）鼓励插话与争论

为了使会议气氛活跃、热烈，可以鼓励大家采取你一言我一语的插话和争论方式进行座谈。这样，才能使与会者知无不言、言无不尽，才能听到与会者发自肺腑的心声。

## 学法指导

1. 用自己的亲身经历，总结对比不同类型会议的特点。
2. 调查不同类型会议筹办过程中的重点和难点。

## 技能训练

1. 某单位召开职工代表大会，其主题是关于企业的调整，涉及全体职工的切身利益。

会场应布置成什么风格？如果是表彰大会又应布置成什么风格？

2. 年底了，为了听取各方对公司本年度工作的意见和建议，某分公司要举办一次座谈会。该分公司对此次座谈会非常重视，请来了总公司总经理和董事会的部分董事，并邀请当地政府要员和同行业知名人士出席。由于出席的重要人物多，领导决定将会议桌摆成U字形。分公司领导坐在U字横头处的下首，其他参加会议者坐在U字的两侧。在会议当天开会时，贵宾们都进入了会场，按照事先安排好的座签找到了自己的座位就座。当分公司领导宣布会议开始时，发现会议气氛有些不对劲，有贵宾相互低语、面露不悦，分公司的领导人不知道发生了什么事或出了什么差错，非常尴尬。

请指出此案例中的失礼之处。

3. A公司原定于12月25日18:00租借某娱乐总汇的场地召开公司成立两周年茶话会暨庆祝会。为此，发了请柬邀请有关部门的领导光临，在请柬上把时间、地点写得一清二楚，而且还通知了全体员工下班后赶往。当 12 月 25 日 16:00，部分公司员工提前赶到娱乐总汇时，却发现所预订的能容纳 50 人的大包房已为 B 公司所用。

这是怎么一回事儿呢？明明一个月前就已预订的房间，怎么会被他人所占？A 公司的员工很纳闷，经过询问才知道，原来该娱乐总汇只有一间能容纳 50 人的大包房，A 公司秘书预订时，B 公司已经预订，但正与娱乐总汇联系欲变更原先预订的时间。当时大堂负责人对 A 公司秘书承诺："若 B 公司变更了时间，则包房由 A 公司使用，不再通知。若 B 公司活动的时间与 A 公司活动的时间相冲突，会及时通知 A 公司。"事后，由于娱乐总汇工作人员的疏忽，忘了将 B 公司活动的时间与 A 公司活动的时间相冲突的情况告知 A 公司。结果 A 公司秘书与部分员工与娱乐总汇的工作人员就这一问题发生了争执和冲突，造成被邀请来参加活动的 50 人滞留于大堂 2 个多小时，最后交涉未果，不得不包车前往附近的一宾馆进行活动。

虽然 A 公司成立两周年的茶话会暨庆祝会还是在当天 21：00 举办了，但领导和员工们的兴致普遍大打折扣，最后活动草草收场，大家扫兴而归。

资料来源：孙荣：《秘书工作案例》，上海，复旦大学出版社，2005。

（1）为什么 A 公司成立两周年的庆祝活动没能取得预期的效果？

（2）如果你是 A 公司的秘书，你会如何预订包房？

（3）作为秘书，如果你在活动当天发现所预订的包房已为他人所用，你会如何处理？

**其他链接**

## 国际会议为什么多用圆桌

为了解决先后次序的问题，国际性集会和会议的组织者真是费了不少心机，但也时常闹出不愉快的事情。1969 年巴黎举办的旨在尽早结束越南战争的谈判，谈判桌的形状竟然成了障碍。参加谈判的有四方代表，开始是摆成四方形的。但往席上一坐时就出了问题，谁都想争首席。而坐在首席对面的一方又好像是敌对的一方，立刻有一种对立情绪产生。最后，各方代表都离开了会议大厅。经过协商之后，最终采用了圆形桌子，才把这个会议开了下去。

据说，"圆桌会议"是公元 5 世纪产生于英国的。当时的亚瑟王有许多骑士，这些骑士个个争强好胜，都想得到亚瑟王的喜爱。亚瑟王召集他们开会也大伤脑筋，最后想出了用圆形桌子一法。这样一来果然奏效，骑士们人人地位平等，不分首席末席，个个喜上眉梢。于是"圆桌会议"的名称就产生了。

从第一次世界大战以后，国际会议采用圆桌的形式就逐渐多了起来。

资料来源：http://wenku.baidu.com/view/8fdab1ea998fcc22bcd10dfd.html。

模块八

# 涉外礼仪

## 学习目标

1. 熟悉并掌握接待外宾的各种准备工作，包括接待规格、礼宾次序等，以及接待外宾的程序等有关礼仪知识，能正确运用所学的礼仪知识接待外宾。

2. 熟悉并掌握国旗悬挂的礼仪知识，会悬挂中国和外国的国旗。

3. 了解三大宗教的礼仪常识和宗教的有关禁忌，能正确运用有关的宗教礼仪与宗教界人士交往。

4. 了解并掌握涉外交往中东西方主要国家的民风民俗礼仪，能正确运用有关的礼仪知识与外宾交往。

5. 熟悉并掌握涉外交往的有关禁忌，在与外宾交往中，能不触犯外宾的禁忌。

## 任务一　迎宾礼仪

### 工作情境

1月18日，明亮集团董事会召开例会，这次会议的主题是公司六十周年庆祝活动如何进行（5月18日是明亮集团成立六十周年的纪念日）。董事会研究决定要举行大型的公关庆典活动，通过这次庆典活动达到宣传企业、扩大企业影响力的目的。为此，公司特地邀请了两家国际著名企业的负责人前来参加他们的庆典活动。董事长非常重视这次外宾的接待工作，在董事会上，他再三强调要做好外国贵宾的接待工作。

## 任务描述

明亮集团的总经理要求由秘书李明负责外国贵宾的接待工作。李明该如何安排外宾的接待工作？接待外宾时，应注意哪些问题？

## 工作实施

李明立即给美国精锐集团的董事长和加拿大飞雄公司的董事长打了长途电话，邀请他们参加集团的六十周年公关庆典活动，对方爽快地答应了，李明告诉对方尽快把来中国的人员名单确定，并报给他。过了几天，李明又给这两个公司的董事长秘书打电话，秘书告诉他，人员已经确定了，李明用电子邮件给他们发了一张人员情况登记表，要所有来的人员填好表发给他。

李明很快就收到了对方的人员情况登记表，接着，他就着手拟写接待计划，包括接待规格、迎送方式、交通工具、膳宿安排、工作日程、文娱活动、游览、会谈、礼品准备、经费开支以及接待、陪同人员等各项基本内容。接待计划写好后，他特地向有关的领导汇报，最后，董事会一致通过了他的接待计划。此后，李明把接待计划报送与接待工作有关的部门，又把接待计划通报给外方。

5 月 16 日，李明跟对方再次确定了他们乘坐飞机的航班、抵达北京的时间等情况。5 月 17 日，美国精锐集团的董事长 David 乘坐的飞机上午 8 点钟到，李明请集团王董事长亲自到机场迎接外宾，并准备了迎宾的鲜花。王董事长带着李明等人早晨七点多钟就到了机场，结果，等到上午八点半，也没看到外宾的影子，只好到机场请工作人员在广播里播报。后来，David 一行听到广播才找到了他们。原来，李明忘了做接站牌，而且碰巧手机也没电了，因此，David 一直找不到他们。王董事长事后狠狠地批评了李明。

## 工作评估

李明能及时和外国公司联络，邀请对方参加公司的公关庆典活动，并能事先了解对方派遣人员的详细情况，拟写了详细的接待计划，也安排了董事长亲自接机，这些工作做得很好。不过，没有做接站牌、没有及时给自己的手机充电是其工作疏漏的地方，造成了外宾不能及时和接站的人取得联系。

## 相关知识

随着国际交往的密切，越来越多的外宾来访我国，如何迎接好外宾是一项非常重要的工作。外事接待工作不仅政策性强，而且处处与礼仪规范有关。在迎宾工作之中，要进行必要的先期准备，以求有备而行，有备无患。迎宾礼仪的核心是礼待宾客，给来宾与其身份、地位相应的礼遇，表达主人的好客之意，使对方产生愉悦之感。

迎接来宾的礼仪基本分为两个主要部分。

## 一、迎宾前的礼仪准备

### （一）掌握人员的基本状况

要做好外事接待工作，就必须掌握好外方与我方有关人员的状况。一方面，应尽可能地了解主要来访者的基本情况、风俗习惯及主要禁忌。要尽量充分了解来宾尤其是主宾的个人简况，例如姓名、性别、年龄、籍贯、民族、单位、职务、职称、学历、学位、专业、专长、偏好、著述、知名度等。必要时，还要了解婚姻、健康状况，以及政治倾向与宗教信仰。要准确知道来宾的具体人数，还要了解对方由何人负责、来宾之中有几对夫妇等。若对方曾来华访问过，最好借鉴当时我方的接待规格和接待方案，在接待规格上要注意前后一致，一般不宜随意升格或降格。在迎宾活动之中，要兼顾来宾一方的特殊要求，尽可能地对外宾多加照顾。另一方面，应尽早确定我方负责接待工作的人员，包括专门负责此事的陪同人员、翻译、工作人员及司机等。接待人员要进行专门的业务培训，对其进行必要的外事纪律和国际礼仪等方面的教育。

### （二）制定具体接待计划

接待外宾之前，应当拟订一份具体可行的接待计划，使接待工作避免疏漏，减少波折，按部就班地进行。一份外事接待计划，就是接待工作的指南和行动纲领。应包括接待规格、迎送方式、交通工具、膳宿安排、工作日程、文娱活动、游览、会谈、礼品准备、经费开支以及接待、陪同人员等各项基本内容。正式的接待计划一经拟订，应尽快报请上级主管部门批准。此后，报送与接待工作有关的部门，并通报给外方。

### （三）安排礼宾次序

接待不同国家、不同地区、不同单位的外宾，必须按照国际惯例和本国的常规做法，排定先后顺序。一般采取以下做法：一是依照来宾的地位高低排列；二是依照来宾所在国家或地区名称的英文字母顺序排列；三是依照来宾抵达的先后顺序排列；四是不排列。

### （四）慎重悬挂国旗

国旗是国家的一种标志，是国家的象征。人们往往通过悬挂国旗，表示对本国的热爱或对他国的尊重。为维护本国的国家尊严，任何主权国家均不允许在本国国境之内随意悬挂或摆放外国国旗。不少国家对悬挂外国国旗都有专门的规定。在国际交往中，还形成了悬挂国旗的一些惯例，为各国所公认。除国际法规定外，我国目前允许五种场合悬挂或摆放外国国旗。

（1）外国国家元首、政府首脑正式到访。按国际关系准则，一国元首、政府首脑在他国领土上访问，在其住所及交通工具上悬挂国旗（有的是元首旗）是一种外交特权。在隆重的场合，东道国接待外国元首、政府首脑时，在其下榻的宾馆、乘坐的汽车上悬挂对方（双方）的国旗（元首旗），这是一种礼遇。此外，国际上公认，一个国家的外交代表在接受国境内有权在其办公处和官邸以及交通工具上悬挂本国国旗。

（2）国际会议在我国举行。在国际会议上，除会场悬挂与会国国旗外，各国政府代表团团长亦按会议组织者有关规定在一些场所或车辆上悬挂本国国旗（也有不挂国旗的）。

（3）外国贵宾访问期间，我国举行重要的礼仪活动。

（4）重大的国际活动在我国举行。有些展览会、体育比赛等国际性活动，也往往悬挂有关国家的国旗。

（5）在我国为国际经济重要项目而举行的庆典或仪式。

悬挂双方国旗，按国际惯例，以右为上，左为下。两国国旗并挂，以旗本身面向为准，右挂客方国旗，左挂本国国旗，并排升挂三面以上国旗时，应按礼宾序列，自右而左，依次升挂。通常，东道国国旗居于末尾。但举行国际会议时，东道国国旗不必居后。汽车上挂旗，则以汽车行进方向为准，驾驶员左手为主方，右手为客方。所谓主客，不以活动举行所在国为依据，而以举办活动的主人为依据。例如，外国代表团来访，东道国举行的欢迎宴会，东道国为主人；答谢宴会，来访者是主人。也有个别国家，把本国国旗挂在上首。

我国规定，在中国境内悬挂外国国旗时，必须同时升挂中国国旗，其高度要相等，面积要大致相似，以示彼此相互平等。国旗象征着国家，在涉外交往中升挂国旗时，绝不容许将任何一方的国旗弄错或挂错。

## 二、迎宾的礼仪

迎接外宾的礼仪，主要包括三个方面。

### （一）机场（车站）迎接

接待方陪同人员前往其抵达的机场、车站迎接对方，并陪同外宾前往下榻之处。重要外宾可献花。献花者通常应为女青年或少先队员。若来宾不止一人，可向每位来宾逐一献花，也可以只向主宾或主宾夫妇献花。向主宾夫妇献花时，可先献花给女主宾，也可以同时向男女主宾献花。

### （二）举办欢迎宴会

按照国际惯例，为外宾举办的宴会主要有两种：一种是在外宾抵达后举行，称欢迎宴会。另一种则在外宾离开之前举行，称送别宴会。我国为简化外事礼仪，一般只安排欢迎宴会。

举办宴会前，要提前发出请柬、准备菜单、排好座次，安排好我方出席宴会的陪同人员。宴会的具体程序主要有：宴会开始前，主人及东道主一方重要人员，在宴会厅门口列队迎接客人。宴会开始时，应由主人先致欢迎辞，然后再请主宾致辞。宴会结束时，主宾向主人赠送礼品，主人应向客人回赠礼品。主宾告辞，主人应陪同其走出门外，与之握手道别。其他人员依次列队在门口与客人握手话别。

### （三）送别外宾

陪同人员应专程陪同外宾乘车前往机场、车站，为外宾送行，与外宾一一握手道别，并预祝对方旅途愉快。

## 学法指导

1. 迎宾前的礼仪准备工作很重要，制定具体接待计划、安排礼宾次序、慎重悬挂国旗等，尤其是掌握人员的基本状况特别重要。

2. 在迎接外宾的礼仪中，在机场（车站）接站时，要注意各个国家有一些禁忌，例如，信奉基督教的国家不喜欢数字 13，献花就不能献 13 朵。

3. 举办欢迎宴会时，更要注意一些国家的禁忌，不能上一些客人不喜欢或不能接受的菜肴。例如，接待法国客人时，不能给他们上清蒸大公鸡这道菜，因为公鸡是法国的国鸟。

## 技能训练

1. 5 月 10 日，美国明景公司总经理带着公司人员乘坐飞机到南京熊猫电子集团商谈有关合作事宜，熊猫电子集团非常重视这次谈判，总经理亲自带周秘书等人在机场接机。请演示接站的全过程。

2. 三菱集团公司要举办三十周年的庆祝活动，特邀了缅甸飞雄公司董事长前来庆贺。请演示宴请的全过程。

3. 方圆公司正在进行一项三方合作的项目。这天，柬埔寨的联泰公司与俄罗斯的鹏丰公司分别派代表来公司进行业务商洽。请演示到机场接站、宴请以及送别的全过程。

## 其他链接

### 德国人的饮食风情

德国人饮食有自己的特色。德国人多属日耳曼族，爱好“大块吃肉，大口喝酒”，每人每年的猪肉消费量达 66 千克，居世界首位。德国人爱吃猪肉，也喜欢自己养猪。在德国最大的工业区鲁尔，尽管区内处处是高楼大厦，然而居民都在大楼之间辟出一个个养猪场，每年都雇佣屠夫宰杀自家养的猪，一家人吃上大半年。由于偏爱猪肉，大部分有名的德国菜都是猪肉制品，最有名的一道菜就是酸卷心菜上铺满各式香肠及火腿，有时用一只猪后腿代替香肠及火腿。除了猪肉，德国人均面包消费量也高居世界榜首，每人每年要吃掉 80 千克面包。

提起德国，人们马上就会想到啤酒。的确，德国的啤酒如同汽车、电器、足球一样，举世闻名，是当今世界上著名的啤酒王国。德国人均啤酒消费量居世界首位，是世界“第一啤酒肚”。

德国的饮食文化有其独特之处，他们在“吃”和“请客”方面有很多做法值得我们学习。

德国的早餐比起午餐和晚餐是最丰盛的。在旅馆或政府机关的餐厅，早餐大多是自助形式。有主食面包、肉类、蔬菜、饮料、水果等，品种非常丰富，色泽鲜亮悦目。面包有精粉的、黑麦的、燕麦的、白面和杂粮掺和的等。蜂蜜、果酱、奶油、奶酪、牛油等，都装在比火柴盒略小的精美小盒内，撕去表面软纸，即可食用，既方便又不浪费。办公室内大多都设有专门煮咖啡和茶的房间，职工在上午10点和下午4点各有20分钟的喝咖啡或茶的时间，他们同时还要吃一些糕点。这种点缀，可以防止人们在中午和晚上因饥饿而过量饮食，是一种科学的“饮食习惯”。

德国的午餐和晚餐一般是猪排、牛排、烤肉、香肠、生鱼、土豆和汤类等。在德国喝啤酒，酒量不大者不必担忧，因为德国人互不劝酒也不逼酒，喝者各自量力而为。即使喝啤酒，他们也是先问你是否要，若不要绝不会给你送来。用餐是一人一份，食者大多会用面包将盘内的肉末或汤汁蘸着吃尽，绝不浪费。德国的饮食特点是营养丰富，方便省时，文明科学，吃饱吃好。

德国城市的街头小吃摊点满目皆是，车站广场上出售煎香肠、比萨饼、汉堡包的随处可见。街上的大小餐馆很多，还有意大利、法国、土耳其、希腊、西班牙餐馆，当然中国餐馆也可见到。不过在中国餐馆里，中国菜的吃法已被西化了，每道菜都要配上一套公用刀叉、勺子和筷子。每位即席的人都用公用餐具往自己盘里夹菜，然后再用自己的筷子吃。

德国人请客，在我们看来，几乎有些吝啬。德国的一个国家机构为中国一个学习班学员结业举行的宴会上，大菜不过3道，形式隆重。晚上休息时，一位去过中国的德国朋友说：“你们也许觉得午餐不够丰富，但我们的国务秘书请客也不过如此。”只有部长以上的官员有权因公请客送礼，其他官员一律自费请客。德国有个规定，宴席中凡多要了饮料和啤酒的需自己付钱。

德国人招待客人讲究节约、简单，饭菜仅够主客吃饱，营养足够就可以了。例如，一个大工业集团的技术工程部负责人为访问学者举行正式宴会。参加宴会前会见和商谈的人很多，但宴会开始，主人方面作陪的只有5人。宴会上只有一汤两菜，刚好够吃，一点也不浪费，主人也不觉得这样做就显得小气了。

德国在世界上是屈指可数的富裕国家之一，他们不仅本国社会福利种类多，而且还为许多发展中国家提供援助，真正做到了把钱花在刀刃上。从这点看，德国人的精打细算真是令人佩服。

资料来源：http://www.eexb.com/ozgj/a/nkad.htm。

## 任务二　宗教礼仪

### 工作情境

晶明公司的张秘书业务成绩出色，王总经理非常器重她，重要的事都请她参与。巴基斯坦的桑尼集团董事长穆罕默德要来公司商谈合作事宜，公司很重视这件事，王总经理特地请张秘书亲自负责接待工作，张秘书工作很努力，事先制定了详细的接待计划，领导看了很满意。

王总经理特地关照张秘书，“小张，这次一定要好好地招待这些外宾，尤其是晚上的宴请，点菜的时候一定要注意，他们是不吃猪肉的。我们要尽量让客人满意。”

## 任务描述

张秘书此次负责接待信奉伊斯兰教的外宾，不仅要接机，还要宴请，她该怎么完成她的工作任务呢？

## 工作实施

到了接待外宾的那一天，张秘书更是不敢懈怠，接站、会谈等工作进行得很顺利，到了晚上，他们在当地最豪华的大酒店请外宾吃饭。席间，为表示敬意，张秘书向每位客人递上一杯当地的特产饮料。没想到张秘书在递饮料时，一向“左撇子”的她竟然习惯性地用左手把饮料递给桑尼集团的董事长穆罕默德，穆罕默德见此情景脸色骤变，没有用手接饮料，其他的外宾见了也很生气。张秘书立即意识到自己不该用左手递东西给外宾，立即向对方道歉。穆罕默德见张秘书态度诚恳，原谅了她。事后，王总经理还是批评了她。

## 工作评估

伊斯兰教认为“左手是不洁之手”，一般不能用左手递接物品，不用左手吃抓饭。张秘书无意间用左手递东西给伊斯兰教徒，必然引起对方的不满，不过，张秘书能立即意识到自己的错误，并及时向对方道歉，因此得到了对方的谅解。

## 相关知识

所谓宗教礼仪，是指宗教信仰者为对其崇拜对象表示崇拜与恭敬所举行的各种例行的仪式、活动，以及与宗教密切相关的禁忌与讲究。每种宗教都有其相应的宗教礼仪。在社会生活里，宗教礼仪是各种宗教之间相互区别的显著标志，也是各种宗教用以扩大宗教组织、培养宗教信仰的重要的常规性手段。

### 一、基督教

基督教、天主教、东正教等均把“13”和星期五视为不吉的，如“13”日与星期五恰巧是一天，更被视为是“凶日”。

#### （一）基督教的主要节日

1. 圣诞节

圣诞节是纪念耶稣诞生的欢庆节日，是基督教世界最大的节日。

公元 354 年，罗马天主教会规定每年的 12 月 25 日为圣诞节，圣诞节一般从 12 月 24 日午夜开始，一直延续到来年的 1 月 6 日圣灵降临节前结束。

每逢圣诞节，罗马教会由教皇主持盛大的弥撒，人们在家里布置漂亮的圣诞树，共进圣诞晚餐，家人朋友互赠圣诞礼物，亲朋好友相互串门做客，远方的朋友则互寄圣诞卡表示问候，还有孩子们期待的圣诞老人。孩子们在圣诞夜临睡前，要在壁炉前或枕头旁放上一只袜子，等候圣诞老人在他们入睡后把礼物放在袜子内，在第二天醒来时实现愿望，收获惊喜。

2. 复活节

复活节是纪念耶稣复活的节日。

《圣经·新约全书》记载，耶稣被钉死在十字架上，第三天身体复活，复活节因此得名。复活节是基督教仅次于圣诞节的第二大节日。按《圣经·马太福音》的说法，耶稣基督在十字架上受刑死后第三天复活，因而设立此节。根据西方教会的传统，在每年春分月圆后的第一个星期日即为复活节。因此，节期大致在3月、4月之间。

关于耶稣基督之死，按基督教教义，是为了赎世人的罪；耶稣基督的身体复活，是为了让信徒得到永生。因此，在基督教中，复活节具有极其重要的意义。

**（二）基督教的礼仪**

1. 称谓

在基督教内部，信徒之间可称“平信徒”，指平常普通的信徒，与教会神职人员相对而言。新教的教徒，可称“兄弟姐妹”或“同道”。在我国，平信徒之间习惯称“教友”，在非专业基督徒中，有一些热心为教会义务工作的人，被称为“义工”，义工有自己的本职职业，只是利用业余时间从事宗教活动。对宗教职业人员，因其教派不同称谓不尽相同。可按其教职称之，如某主教、某牧师、某神父等，以示尊敬。

2. 七件圣事

基督教三大教派的宗教仪式不尽相同，天主教和东正教尤其注重宗教仪式，主要表现为七件圣事，七件圣事如下所述：

（1）洗礼。

洗礼是教徒的入教仪式，分“点水礼”和“浸水礼”两种。点水礼，即用手指蘸水点在额上；浸水礼，即将全身浸没于水中。受洗后，所有的罪就得到了赦免。

（2）坚振。

也称“坚信礼”。即入教者在接受洗礼后，一定时间内再接受主教的按手礼和敷油礼。

（3）告解。

俗称“忏悔”。教徒向神父或主教告明所犯罪过，并表示忏悔，神父或主教对教徒所告诸罪指定补赎方法并为其保密。

（4）圣体。

新教称为“圣餐”。教徒吃经主教祝圣后的面饼和葡萄酒，象征吸收了耶稣的肉和血而得到了耶稣的宠光。

（5）婚配。

教徒在教堂内，由神职人员主礼，按照教会规定的仪式正式结为夫妻，以求得上帝的祝福。

（6）神品。

这是指授予神职的一种仪式。一般由主礼者将手按于领受者头上，念诵规定文句即可成礼。

（7）终傅。

在教徒病情危重或临终时，由神职人员为其敷擦圣油（一种含有香液的橄榄油），以“赦免”其一生罪过，帮助敷者减轻痛苦或是让他安心地去见上帝。

基督教的主要禁忌：进教堂要态度严肃，切忌衣着不整或穿拖鞋、短裤。禁止在教堂内来回乱窜、大声喧哗、交头接耳、东张西望、打情骂俏、争抢座位等，更不允许在教堂内吃东西、抽烟。不准制作或跪拜偶像，不准吃喝血液，不准偷盗，不准谋杀人命，不准犯奸淫，不准作伪证害人，不准贪恋他人妻女、财产。

## 二、伊斯兰教

伊斯兰教起源于公元6世纪的阿拉伯半岛，创始人为穆罕默德。伊斯兰教的经典为《古兰经》。伊斯兰教也是一种在世界上举足轻重的宗教，信徒约有10亿人，伊斯兰教的信众皆称穆斯林。伊斯兰教国家中有相当一部分是以讲阿拉伯语的阿拉伯人为主，但它绝不仅仅是阿拉伯民族和阿拉伯国家。伊斯兰教国家主要分布在亚洲和非洲。如果以国民50％以上信仰伊斯兰教为标准，则包括阿富汗、阿拉伯联合酋长国、阿曼、阿塞拜疆等38国。

还有一些国家虽然穆斯林人数占全国总人口的比例可能达不到50％，但伊斯兰教在各种宗教当中信徒最多，换言之，伊斯兰教是最重要的宗教。这样的国家包括哈萨克斯坦、吉尔吉斯斯坦等38国。不少国家将伊斯兰教定为国教。除此之外，在印度有约9 792万穆斯林，占总人口的11％；在中国、俄罗斯等国也有数量较多的穆斯林。

### （一）称谓

“伊斯兰”的阿拉伯文原意就是“顺从”、“顺服”，即要顺服唯一的神安拉的旨意，所以信徒称“穆斯林”，其阿拉伯原意就是“顺从者”，意即顺从安拉的人。信徒之间无论在什么地方，不分职位高低，都互称兄弟。穆斯林见面，都要互致祝安词“真主的安宁在你身上”，还使用很多赞词。伊斯兰教的教职有伊玛目、海摊布、穆安津，合称“掌教”，在我国则称“阿訇”，它是对伊斯兰教学者、宗教家和老师的尊称，年长者称“阿訇老人家”。其从事礼拜的地方称清真寺，对主持清真寺教务或教学的妇女，称“师娘”，对在清真寺里求学的学生则称“满拉”或“海里发”。

### （二）基本功修制度

伊斯兰教不像其他宗教那样需要学习、反省和巨大的牺牲，它是一种简单明了的宗教，任何人只要念诵清真言和“遵守五功”就可以成为穆斯林。“五功”就是伊斯兰教规定必须履行的基本功修，中国穆斯林称为“天命五功”。

1. 念功

指念诵《古兰经》，主要是念诵清真言，即“万物非主，唯有真主；穆罕默德，真主使者”。

2. 礼功

即“礼拜”。按规定的时间和程序，面向圣地麦加“克尔白”（天房）朝拜真主安拉的仪式。

3. 斋功

每年伊斯兰教历太阴年九月斋戒一个月。斋月里，穆斯林在日出到日落这段时间内禁止吃喝、娱乐等活动。幼儿、病人及孕乳期妇女除外。

4. 课功

即天课，被视为“奉主命而定”的宗教赋税。按照伊斯兰教规定，穆斯林每年都要对自己的财产进行清算，除去正常开支外，其盈余财产要按不同的课率完纳天课。在我国，穆斯林均为自愿捐奉。

5. 朝功

麦加是穆罕默德的诞生地、伊斯兰教的摇篮和圣地，凡身体健康、经济条件允许的穆斯林，不分男女，一生中至少要去麦加朝觐一次，完成朝觐功课的穆斯林，均可获得“哈吉”的荣誉称号。

**（三）主要节日**

伊斯兰教的节日很多，如阿木拉日、登宵节、拜拉特夜、盖德尔夜等，但主要的三大节日是圣纪日、开斋节、宰牲节。

1. 圣纪日

圣纪日也称圣忌日。相传穆罕默德的诞生日和逝世日都是在伊斯兰教历太阴年三月十二日，我国穆斯林习惯将“圣纪”和“圣忌”合并纪念，称做“圣会”，进行诵经、赞圣、讲述穆罕默德生平事迹等活动。

2. 开斋节

我国新疆地区称“肉孜节”。伊斯兰教历九月一日至十月一日为斋月，在斋月里，人们只能每天日出前、日落后进食，称守斋。此外，还要清心寡欲，直至斋期结束的一天，这一天要看新月，见月的次日开斋，如未见月亮，开斋顺延，但一般不超过 3 天，节日期间举行集体礼拜和庆祝活动。

3. 宰牲节

宰牲节也称古尔邦节。“古尔邦”的阿拉伯语意为“献牲”。传说先知易卜接受安拉启示，要他宰杀其子伊斯玛仪勒，以考验他对安拉是否虔诚，当他遵命即将执行之际，安拉派天使送羊一只，命令以羊代替其子。据此，穆斯林逢伊斯兰教历十二月十日，就宰牲献祭，是为“宰牲节”。在中国，每逢节日，穆斯林除参加淋浴会礼、前往清真寺听教长宣喻教义外，人人身着盛装，走亲访友，互相祝贺，馈赠礼物。

**（四）伊斯兰教的禁忌**

接待穆斯林客人一定要安排清真席，特别要注意不要出现他们禁食的食物。穆斯林禁食自死物、血液、猪肉以及诵非真主之名而宰的、勒死的、捶死的、跌死的、抵死的、野兽吃剩的动物。此外，还禁食生性凶猛的肉食动物，如狮、虎、豺等；穴居的肉食动物，如狐、獾、狸等；猛禽，如鹰、隼、猫头鹰等；污浊不洁的动物，如鼠、蜥蝎、穿山甲等；两栖动物，如蛇、蛤蟆、鳄鱼等；以及豢养而不能吃的动物，如马、驴、骡、狗、猫等。穆斯林严禁饮用一切含酒精的饮料，对他们是不能祝酒的。

虔诚的穆斯林每天都要面向圣城麦加方向礼拜五次，要注意避开他们朝拜的方向。伊斯兰国家规定星期五为休息日（聚礼日），穆斯林晌午要到清真寺集体做礼拜，即聚礼。如果遇星期五注意安排时间让虔诚的穆斯林做礼拜。

穆斯林认为“左手是不洁之手”，忌讳用左手给人传递物品，特别是食物。给穆斯林递东西时，注意不要用左手。伊斯兰妇女一般不参加社交活动。

## 三、佛教

### （一）起源

佛教是与基督教、伊斯兰教并列的世界三大宗教之一。公元前6世纪至前5世纪，由释迦牟尼创建于古印度，以后广泛传播于亚洲很多国家和地区，对许多国家的社会政治和文化生活产生过重大影响。

创始人释迦牟尼生于今尼泊尔境内的迦毗罗卫，是释迦族的一个王子。关于他的生卒年月，在南、北佛教中，至今仍有种种不同的说法，但一般认为生活于公元前6世纪至前5世纪。他在青少年时即感到人世变幻无常，深思解脱人生苦难之道，29岁出家修行。得道成佛（佛陀，意译觉者）后，在印度恒河流域中部地区向大众宣传自己证悟的真理，拥有越来越多的信徒，从而组织教团，形成佛教。80岁时在拘尸那迦逝世。

佛教原来只流行于中印度恒河流域一带。孔雀王朝时期，阿育王奉佛教为国教，广建佛塔，刻敕令和教谕于摩崖和石柱，从此遍传南亚次大陆的很多地区。同时又派传教师到周围国家传教，东至缅甸，南至斯里兰卡，西到叙利亚、埃及等地，使佛教逐渐成为世界性宗教。

### （二）中国佛教的节日

（1）佛诞节（又称浴佛节、泼水节、花节），是纪念释迦牟尼诞生的节日。汉族定于每年农历四月初八举行。傣族定在清明节后十天。

（2）佛圆满节，是纪念释迦牟尼逝世的节日，为每年五月中旬月圆日（农历四月十五日）。

（3）成道节，是纪念释迦牟尼成道的节日，每年农历十二月初八举行。汉族地区的僧尼在十二月八日皆要以米和果物煮粥供佛，俗称腊八节。

（4）观音的纪念日，在中国主要有三个：农历二月十九为观音诞生；农历六月十九为观音成道；农历九月十九为观音出家。

### （三）佛教的称谓

（1）一般有“四众弟子”、“出家四众”、“出家五众”、“七众”之称。比丘、比丘尼为出家男女二众，优婆塞、优婆夷为在家男女二众，此为“四众弟子”。比丘、比丘尼、沙弥（俗称小和尚）、沙弥尼（俗称小尼姑），即为“出家四众”。如加上式叉摩那（学戒尼），则称为“出家五众”。出家五众加在家二众则称“七众”。

（2）对较高水平的僧人，则根据具体情况称“法师”（通晓佛法僧人）；“经师”（通晓经藏或善于诵读经文的僧人）；“论师”（精通论藏的僧人）；“律师”（通晓律藏的僧人）；“三藏法师”（精通经、律、论三藏的僧人）；“大师”，一般用以尊称著名僧人；“高僧”，对德行高的僧人的尊称。

（3）还有以职务相称，如住持（方丈）、监院（当家和尚）等。现在一般称和尚为师父，称尼姑为师太。

**（四）佛教的礼仪**

（1）合掌。这是佛教徒的普通常用礼节，亦称合十。左右合掌，十指并拢，置于胸前，以表由衷的敬意。

（2）绕佛。围绕佛而右转，即顺时针方向行走，一圈、三圈或百圈、千圈，表示对佛的尊敬。

（3）五体投地。也称五轮投地。“五体”（五轮）指两肘、两膝和头。五体都着地，为佛教最高礼节。先正立合掌，然后右手撩衣，接着膝着地，接着两肘着地，接着头着地，最后两手掌翻上承尊者之足。礼毕，起顶头，收两肘，收两膝，起立。藏传佛教的五体投地幅度很大。

**（五）佛教的基本戒律**

佛教的基本戒律是“五戒”，即杀生戒、偷盗戒、邪淫戒、妄语戒、饮酒戒。在饮食上坚持素食，不吃“荤”（有恶臭和异味的蔬菜，如蒜、葱、韭菜等）、“腥”（各种肉和鸡蛋）。还要求不抽烟、不喝酒、不饮一切能麻醉人的饮料，不吃零食。

在信奉佛教的国家里，如缅甸、泰国等东南亚国家，人们非常敬重僧侣。僧侣和虔诚的佛教徒一般都是素食者。他们非常注重头部，忌讳别人提着物品从头上掠过；长辈在座，晚辈不能高于他们的头部；小孩子头部也不能随便抚摸，他们认为只有佛和僧长或是父母能摸小孩的头，意为祝福，除此就是不吉利，会生病。当着僧人的面不能杀生、吃肉、喝酒等，男女也不能做过分亲昵的举动。在与僧人有直接面对的场合，女士穿着要端庄，不要穿迷你裙等过于暴露的衣着。

## 学法指导

1．基督教、伊斯兰教和佛教是世界上的三大宗教，要注意区分信奉这些宗教的分别有哪些国家。在接待外宾时，还要注意了解外宾个人的宗教信仰。

2．在学习中，要掌握三大宗教的禁忌，这三大宗教有一些共同的地方：基督教和佛教都不准杀人、偷盗、奸淫等，实际上是不准教徒做坏事；基督教和伊斯兰教都主张不准制作或跪拜偶像，不准吃喝血液；佛教和伊斯兰教都主张禁酒等。

## 技能训练

1．海马有限公司举办了一个新产品发布会，会议期间，有一个美国的外商看中了他们的产品，有意要和公司合作，李经理很重视这件事，带着刘秘书亲自跟外商谈判。谈判进行得很顺利，很快就签订了合作意向书。晚上，他们宴请外商，在酒席上，上了一道菜是秦淮小吃：鸭血粉丝汤，客人问："这是什么菜?"刘秘书热情地给外国客人介绍："这道菜是由鸭血和粉丝做的，非常好吃，我们特意为您点的呢。您尝尝菜的味道。"没想到，外商直摇头，连连说："No! No!"请问：为什么外商不想尝尝南京的著名小吃呢？如果你是刘秘书你该怎么跟外商解释？请分角色演示。

2. 20世纪80年代，中国的女排获得三连冠。一家对外的画报用女排姑娘的照片作封面，照片上的女排姑娘都穿着运动短裤。该画报的阿拉伯文版也用了这张照片作封面，结果有些阿拉伯国家不许进口。请分析原因。

3. 阿富汗的某个大公司要从海马食品有限公司进口一批茶叶，双方谈得很融洽，很快就签订了合作的合同书。外商要离开中国之前，海马食品有限公司总经理的刘秘书将精心准备好的礼品——五粮液酒交给总经理，总经理兴冲冲地到外商下榻的宾馆话别。第二天早上，总经理把刘秘书批评了一顿。刘秘书什么地方做错了？请分析原因。

## 其他链接

### 圣诞节的由来

圣诞节是基督教世界最大的节日。

每年的12月25日，是基督教徒纪念耶稣诞生的日子，称为圣诞节。

从12月24日至翌年1月6日为圣诞节节期。节日期间，各国基督教徒都举行隆重的纪念仪式。圣诞节本来是基督教徒的节日，由于人们格外重视，它便成为一个全民性的节日，国家一年中最盛大的节日，可以和新年相提并论，类似我国过春节。

西方人以红、绿、白三色为圣诞色，圣诞节来临时家家户户都要用圣诞色来装饰。红色的有圣诞花和圣诞蜡烛。绿色的是圣诞树，它是圣诞节的主要装饰品，用砍伐来的杉、柏一类呈塔形的常青树装饰而成。上面悬挂着五颜六色的彩灯、礼物和纸花。

圣诞老人是圣诞节活动中最受欢迎的人物。西方儿童在圣诞夜临睡之前，要在壁炉前或枕头旁放上一只袜子，等候圣诞老人在他们入睡后把礼物放在袜子内。在西方，扮演圣诞老人也是一种习俗。

# 任务三 涉外交往风俗礼仪

## 工作情境

天地公司正在和意大利的一家公司谈合作项目，谈判进行得非常顺利，双方都很满意。会谈结束了，客人明天就要离开回国了。

## 任务描述

王总经理吩咐周秘书给每一位客人准备一份小礼品。

## 工作实施

周秘书购买了一批真丝手帕，是杭州一家有名的企业生产的，每条手帕上绣着各种各样美丽的菊花图案，十分美观大方。手帕装在特制的纸盒内，盒上又有天地公司的标志，显得很像样。中国丝织品闻名于世，周秘书想客人一定会喜欢。

当天晚上，王总经理带领全体陪同人员到客人下榻的宾馆去话别，王总经理送给每位客人两盒包装精美的手帕。没想到客人很不高兴，有的表现得极为气愤，还有些伤感。王总经理不明白为什么会出现这般景象。中国人总以为送礼人不怪，这些外国人为什么怪起来了？

## 工作评估

在意大利和西方一些国家有这样的习俗：亲朋好友相聚一段时间告别时送手帕，取意为“擦掉惜别的眼泪”。天地公司在分别时送手帕是可以的。不过，手帕上面绣的是菊花图案。菊花在中国是高雅的花卉，但在意大利则是祭奠亡灵的，意大利人是忌讳菊花的。因此，引起了客人的强烈反感。周秘书没有充分了解外国人的风俗习惯，才导致了客人的不愉快。

## 相关知识

在国际交往中，常常会接触到许多不同国家的人以及他们的风俗习惯，熟悉和了解交往对象的习俗礼仪是很有必要的，这样就会在交往中得心应手，避免许多尴尬和误解。

下面介绍东方主要国家和西方主要国家的风俗礼仪。

### 一、东方主要国家风俗礼仪

(一) 日本

日本人几乎全是大和民族。居民主要信奉神道教和佛教，少数信奉基督教和天主教。日本至今还保留浓厚的我国唐代的礼仪和风俗。

1. 注重礼仪

日本是一个注重礼仪的国家。在日常生活中，人们见面都互致问候，脱帽鞠躬，表示诚恳、可亲。初次见面，向对方鞠躬 90 度，而不一定握手。如果是老朋友或比较熟悉的人就主动握手，甚至拥抱。遇到女宾，女方主动伸手才可以握手。如果需要谈话，应到休息室或房间交谈。日本人一般不用香烟待客，如果客人要吸烟，要先征得主人的同意。

2. 注意穿着

日本人注意穿着打扮，平时穿着大方整洁。在正式场合一般穿礼服，男子大多穿成套的深色西服，女子穿和服。在天气炎热的时候，不随便脱衣服，如果需要脱衣服，要先征得主人的同意。在一般场合，只穿背心或赤脚被认为是失礼的行为。

3. 重视称呼

在日本，“先生”的称呼只用来称呼教师、医生、年长者、上级或有特殊贡献的人，如果对一般人称“先生”，会让他们感到难堪。

4. 讲究茶道

和日本人谈论茶道是非常受欢迎的。茶道是日本人用来修身养性、进行交际而特有的沏茶、品茗的高尚技艺，是一种讲究礼仪、陶冶情操的民间习俗。

日本人喝茶不直接把茶叶放进茶杯，而是放到小巧玲珑的茶壶里。倒的时候，用一个小过滤网防止茶叶进入杯里，而且日本人总以半杯为敬，一般不再续茶。这常使喝惯大杯茶的中国人觉得难以解渴。

5. 注重等级

在日本，不管是家里还是餐馆里，座位都有等级，一般听从主人的安排就行。日本商人比较重视建立长期的合作伙伴关系，他们在商务谈判中十分注意维护对方的面子，同时希望对方也这样做。

赠送礼品时，日本人非常注重阶层或等级，因此不要给他们赠送太昂贵的礼品，以免他们为此而误认为你的身份比他们高。

6. 忌讳

日本不太流行付小费，如果拿不准就不给。付小费时，应把钱放在信封里或用纸巾包裹着，日本人认为收现钞是一件很难堪的事。

日本人不喜欢紫色，认为这是悲伤的色调，最忌绿色，认为是不祥之兆；忌荷花图案，认为是妖花；忌“9”、“4”等数字。赠送礼品的时候，不要赠数字为“9”的礼物，因为日语里“9”的读音和“苦”一样。“4”的发音和“死”相同，所以在安排食宿时，要避开4层楼、4号房间、4号餐桌等。日本商人还忌讳“2月”、“8月”，因为这是营业淡季。另外，讨厌金银眼的猫，认为看到这种猫的人要倒霉。

日本人对中国的绍兴酒、茅台酒非常感兴趣。不吃松花蛋。用筷子很讲究，筷子都放在筷托上。还有“忌八筷”的习俗，就是不能舔筷、迷筷、移筷、扭筷、剔筷、插筷、跨筷、掏筷。同时，还忌用同一双筷子让大家依次夹取食物。

把书法作品或是精美的印章送给日本人，是受欢迎的。我们中国人喜欢把印章的边缘特意刻成破碎型，以示古老苍劲。如果这样送给日本朋友，对方就会不高兴了，他们认为这种不完整是不吉利的。

(二) 韩国

韩国是单一的民族（朝鲜族）国家，佛教徒占全国人口的1/3。

1. 热情待客

韩国人讲究礼貌，待客热情。见面时，一般用咖啡、不含酒精的饮料或大麦茶招待客人，有时候还加上适量的糖和淡奶。这些茶点客人必须接受。

2. 注重礼仪

韩国人初次见面时，经常交换名片。韩国很多人养成了通报姓氏习惯，并和“先生”等敬称联用。韩国一半以上居民姓金、李、朴。韩国人洽谈业务往往在旅馆的咖啡室或附近类似的地方举行。大多数办公室都有一套会客用的舒适的家具，在建立密切的工作关系之前，举止合乎礼仪是至关重要的。韩国人注重服饰，男子穿西服、系领带。

韩国人不轻易流露自己的感情，公共场所不大声说笑，特别是女性在笑的时候还用手帕捂着嘴，防止出声失礼。在韩国，妇女十分尊重男子，双方见面的时候，女性总会先向男性行鞠躬礼、致意问候。男女同座的时候，往往也是男性在上座，女性在下座。

如果去韩国人家里做客，按习惯要带一束鲜花或一份小礼物，用双手奉上。不要当着赠送者的面把礼物打开。进到室内，要把鞋子脱掉留在门口。

3. 农历节日

韩国的农历节日和我国差不多，也有春节、清明节、端午节、中秋节。

4. 饮食习惯

韩国人以米饭为主食，早餐也习惯吃米饭，不吃粥。还喜欢吃辣椒、泡菜，吃烧烤的时候要加辣椒、胡椒、大蒜等辛辣的调味品。汤是每餐必不可少的，有时候汤里放猪肉、牛肉、狗肉、鸡肉烧煮，有时候也简单地倒些酱油、加点豆芽。韩国人还对边吃饭边谈话非常反感。

5. 忌讳

韩国人对“4”非常反感。许多楼房的编号忌出现“4”字；医院，军队绝不用“4”字编号。韩国人在喝茶或喝酒的时候，主人总是以1、3、5、7的数字单位来敬酒、敬茶、布菜，并忌讳用双数停杯罢盏。

**（三）新加坡**

新加坡总人口中华人占76.9%。华裔多信奉佛教，马来语为国语，英语、华语为官方语言。

新加坡人十分讲究礼貌礼节，服务质量很高。新加坡华裔在礼仪方面和我国相似，而且还保留了中国古代传统，比如两人见面时，相互作揖。通常的见面礼节是鞠躬、握手。印度血统的人仍保持印度的礼节和习俗，妇女额头上点着檀香红点。男人扎白色腰带，见面时双手合十致意。马来血统、巴基斯坦血统的人按伊斯兰教的礼节行事。

新加坡华裔信奉佛教，而且很虔诚。他们喜欢在室内诵经，诵经的时候不可以被打扰。

在新加坡随地吐痰、扔弃物都要受到法律制裁。

**（四）泰国**

泰国有人口6 740万，泰族占人口总数的40%，佛教为国教。

1. 待人接物的习俗

泰国人待人接物有许多约定俗成的规矩。朋友相见，双手合十、互致问候。晚辈向长辈行礼时，双手合十举过前额，长辈也要合十回礼。年纪大或地位高的人还礼时，双手不必高过前胸。行合十礼时，双手举得越高，表示尊重程度越高。泰国人也行跪拜礼，但要在特定场合，平民、贵官在拜见国王和国王近亲的时候行跪拜礼。国王拜见高僧的时候要下跪。儿子出家为僧，父母也跪拜在地。把东西扔给别人是不礼貌行为。在泰国，从坐着的人们面前走过时，要略微躬身，表示礼貌。

2. 忌讳

泰国人非常重视头部，认为头颅是神圣不可侵犯的。如果用手触摸泰国人的头部，认为是极大的侮辱；如果用手打了小孩的头，认为小孩一定会生病；睡觉忌讳头朝西，因为日落西方象征死亡。忌讳用红笔签名，因为人死后是用红笔把姓氏写在棺材上。脚被认为是低下的，忌把脚伸到别人跟前，也不能把东西踢给别人，不然都是失礼。忌讳用脚踢门，否则会受到人们指责。就座时，最忌讳跷腿。把鞋底对着别人，被认为是把别人踩在脚底下，是一种侮辱性的举止。妇女就座时，双腿要靠拢，否则会被认为没有教养。当着泰国人的面，不要踩门槛，他们认为门槛下住着神灵。在泰国，男女仍然遵守授受不亲的戒律，所以男女不能过于亲近。泰国人喜欢红色、黄色，忌讳褐色。

3. 用颜色表示星期

泰国人习惯用颜色表示星期。如红色表示星期日，紫红色表示星期六，淡蓝色表示星期五，橙色表示星期四，绿色表示星期三，粉红色表示星期二，黄色表示星期一。

（五）印度尼西亚

印度尼西亚素称“千岛之国”，89％的居民信奉伊斯兰教，其余信奉基督教、天主教、印度教、佛教等。

1. 用右手接、递物品

印尼人初次见面都要交换名片。由于多数人信奉伊斯兰教，他们在拿东西给别人或者向别人拿东西的时候，都要用右手而不用左手，也不用双手。左手是拿“不干净”的东西的。印尼人很少喝烈性酒。

2. 忌讳

印尼人喜欢客人到他们的家中做客访问，而且在一天中任何一个时间去拜访他们，都是受欢迎的。在印尼人家里，当你看到长相可爱的小孩，切忌摸小孩的头，如果你抚摸他的头，对方一定翻脸相向。

在印尼，进行裸体太阳浴是非法的，和他们交谈应避开政治、宗教等话题。

和别人谈话或进别人家里都要摘下太阳镜。拜访印尼商人时要带上礼物，收下礼物即意味着承担了某种责任。如果你去的印尼人家里铺着地毯，那你在进屋前要把鞋脱掉。

在印尼，参观庙宇或清真寺时，不能穿短裤、无袖服、背心或裸露的衣服。进入任何神圣的地方，一定要脱鞋。

印尼人忌讳夜间吹口哨，认为它会招来游荡的幽灵。

3. 饮食习惯

印尼人爱吃米饭和中国菜，早餐一般吃西餐，爱喝红茶、葡萄酒、香槟酒、汽水等。爱吃牛、羊、鱼、鸡之类的肉和内脏。

印尼人忌讳吃猪肉食品，忌饮烈性酒，不爱吃海参，也不吃带骨带汁的菜和鱼肚等。

（六）印度

印度居民大多信奉印度教，其次为伊斯兰教、基督教、锡克教。在印度，月亮是一切美好事物的象征。

1. 见面礼仪

印度人相见应递英文名片，英语是印度的商业语言。主客见面时，都要双手合十在胸前致意。口中念着“纳玛斯堆”（意为“向您点头”，表示问好或祝福）。晚辈在行礼的时候弯腰摸长者的脚，表示对长辈的尊敬。男子不能和妇女握手，许多家庭妇女忌讳见陌生男子，不轻易和外人接触。但如果邀请男人参加社交活动时应请他们偕夫人同来。一般关系的男女不能单独谈话。

2. 行为语言

印度人用摇头表示赞同，用点头表示不同意。人们用手抓耳朵表示自责；召唤某人的动作是将手掌向下摆手指，但不能只用一个手指头；指人时也要用整个手掌，不能用一两个手指头。

3. 用花环表示对贵客的欢迎

到印度庙宇或家庭做客，进门必须脱鞋。迎接贵客时，主人常献上花环，套在客人的颈上。花环的大小长度视客人的身份而定。献给贵宾的花环既粗又长，超过膝盖。给一般客人的花环仅到胸前。妻子送丈夫出远门，最高礼节是摸脚后跟和吻脚。到印度家庭做客时，可以带水果和糖果作为礼物，或给主人的孩子们送点礼品。

4. 右手拿食物

用右手拿食物、礼品和敬茶，不用左手，也不用双手。就餐的时候，印度教徒最忌讳在同一个容器里取用食物，也不吃别人接触过的食物，甚至别人清洗过的茶杯，也要自己再洗一遍后才使用。

5. 饮食习惯

喜欢分餐进食，注重菜品酥烂，口味不喜太咸，偏爱辣味。主食以米饭为主，对面食中的饼类也感兴趣。不吃菇类、笋类、木耳。信奉印度教和锡克教的人，忌讳吃猪肉、牛肉。他们一般不喝酒，因为喝酒是违反宗教习惯的，但有喝茶的习惯，方式是“舔饮”，也就是把奶茶盛在盘子中，用舌头舔着喝。印度人最不喜欢吃大荤，吃素食的人较多，等级越高，吃荤越少。喜欢中国的粤菜、苏菜。

6. 忌讳

忌讳白色，习惯用百合花作悼念品。他们忌讳弯月图案，视 1、3、7 为不吉祥数字，和印度人交谈，要回避有关宗教矛盾、和巴基斯坦的关系、工资以及两性关系等话题。

印度奉牛为神圣，忌讳吃牛肉，忌讳用牛皮制品。崇拜蛇，视杀蛇为触犯神灵。忌讳用澡盆给孩子洗澡，认为是“死水”，是不人道的行为。

## 二、西方主要国家风俗礼仪

### （一）美国

美国 80%以上是欧洲移民的后裔，华裔有约 100 万人。50%的居民信奉基督教和天主教，其他人信仰犹太教和东正教。

1. 见面习俗

美国人一般性情开朗、乐于交际、不拘礼节。第一次见面不一定行握手礼，有时只是笑一笑，说一声“你好”。握手的时候习惯握紧，眼要正视对方，微弓身，认为这样才算是礼貌的举止。在告别的时候，也只是向大家挥挥手或者说声“再见”、“明天见”。但如果别人向他们致礼，他们也用相应的礼节，比如握手、点头、拥抱、行注目礼等。在美国如果有客人夜间来访，主人穿着睡衣接待客人被认为是不礼貌的行为；当被邀请去老朋友家做客时，应该预备小礼物；在朋友家做客时，打长途电话要经过主人同意，离开的时候，要留下电话费。

在美国，如果要登门拜访，必须先打电话约好；名片一般不送给别人，只是在双方想保持联系时才送；当着美国人的面想抽烟，必须问对方是否介意，不能随心所欲。

2. 饮食习惯

美国人一般乐于在自己家里宴请客人，而不习惯在餐馆请客。不喜欢清蒸和红烩菜肴。不喜欢过烫过热的菜肴，喜欢少盐味，味道忌咸，稍以偏甜为好。喜欢喝可口可乐、啤酒、冰水、矿泉水、威士忌、白兰地等。不喜欢人在自己的餐碟里剩食物，认为这是不礼貌的。喜爱中国的苏菜、川菜、粤菜。

3. 对颜色的喜爱

美国人最爱白色，认为白色是纯洁的象征；偏爱黄色，认为是和谐的象征；喜欢蓝色和红色，认为是吉祥如意的象征。他们喜欢白猫，认为白猫可以给人带来运气。

4. 忌讳

美国人对握手时目视其他地方的人很反感，认为这是傲慢和不礼貌的表示。他们忌讳向妇女赠送香水、衣物和化妆用品。美国妇女因有化妆的习惯，所以不欢迎服务人员送香巾擦脸。

在美国千万不要把黑人称作“Negro”，最好用“Black”一词，黑人对这个称呼会坦然接受。因为“Negro”主要是指从非洲贩卖到美国为奴的黑人。

美国人忌讳别人冲他伸舌头，认为这种举止是污辱人的动作。他们讨厌蝙蝠，认为它是吸血鬼和凶神的象征。忌讳数字“13”、“星期五”等日。忌讳问个人收入和财产情况，忌讳问妇女婚否、年龄以及服饰价格等私事。忌讳黑色，认为黑色是肃穆的象征，是丧葬用的色彩。特别忌讳赠送带有自己公司标志的便宜礼物，因为这有做广告的嫌疑。

**（二）加拿大**

大部分加拿大人是英、法等国家移民的后裔。土著人占5%、华裔占1.2%，大部分信奉天主教和基督教。

1. 穿着习惯和见面礼仪

加拿大人因受欧洲移民的影响，他们的礼貌礼节和英、法两国差不多。在日常生活中，加拿大人着装以欧式为主。上班的时间，他们一般要穿西服、套裙。参加社交活动时往往要穿礼服或时装。在休闲场合则讲究自由穿着，只要自我感觉良好即可。握手被认为是一种友好的表示，一般在见面和临别时握一下就行，不必反复握手。在公务时间内，加拿大人很注意个人仪表和卫生。所以，他们希望客人也能这样。

2. 邀请朋友到家中共进晚餐

加拿大人有邀请亲朋好友到自己家中共进晚餐的习惯。受到这种邀请应当理解为是主人主动显示友好之意，如果被邀到别人家做客，明智的选择是给主人送点鲜花。不要送白色的百合花，它们是与葬礼联系在一起的。加拿大人以自己的国家为自豪，对加拿大人民及其国家给予好评是最受欢迎的。

3. 饮食习惯

加拿大人对法式菜肴比较偏爱，并以面包、牛肉、鸡肉、土豆、西红柿等为日常之食。从总体上讲，他们以肉食为主，特别爱吃奶酪和黄油。加拿大人重视晚餐。饮食上讲究菜肴的营养和质量，注重菜肴的鲜和嫩。口味一般不喜欢太咸，偏爱甜味。一般以米饭为主食。对煎、烤、炸等烹调方法制作的菜肴偏爱。喜爱中国的苏菜、沪菜、鲁菜。习惯饭后喝咖啡和吃水果。忌讳吃各种动物内脏，不爱吃肥肉。

4. 忌讳

忌讳“13”、“星期五”，认为“13”是厄运的数字，“星期五”是灾难的象征。

（三）澳大利亚

澳大利亚95%的居民是英国和其他欧洲国家移民的后裔，华裔和华侨约20万人，98%的居民信奉基督教，其余信奉犹太教、佛教和伊斯兰教。

1. 办事认真，待人热情

澳大利亚人办事认真爽快，喜欢直截了当，待人诚恳，热情，见面时喜欢热烈握手，称呼名字。乐于结交朋友，即使是陌生人，也一见如故。他们崇尚友善，并谦逊礼让，重视公共道德，组织纪律强，时间观念强，赴约准时并珍惜时间。女性比较保守，接触时要谨慎。做客可以赠送葡萄酒和鲜花。

2. 饮食习惯

澳大利亚人的饮食习惯、口味和英国人差不多。菜清淡、不吃辣。家常菜有煎蛋、炒蛋、火腿、脆皮鸡、油爆虾、糖醋鱼、熏鱼、牛肉等。当地的名菜是野牛排。澳大利亚人食量比较大，啤酒是最受欢迎的饮料，其中达尔文城的居民以喝啤酒闻名。

澳大利亚人往往邀请友人一同外出游玩，他们认为这是密切关系的捷径之一。所以如果拒绝的话，会被他们理解成不给面子。

澳大利亚的基督教徒有周日做礼拜的习惯。他们的这种做法一般“雷打不动”，所以要避免在星期日和他们邀约。

在澳大利亚人眼里，兔子是一种不吉利的动物。他们认为，碰到了兔子，可能是厄运将临的预兆。

澳大利亚人喜欢体育活动，游泳和日光浴是人们的最爱，如果有谁不会游泳，还会成为众人嘲讽的对象。

（四）英国

英国人中英格兰人占80%以上，其余是苏格兰人、威尔士人和爱尔兰人等。居民绝大部分信奉基督教，只有少部分人信奉天主教。

1. 注重修养

英国是绅士之国，讲究文明礼貌，注重修养，同时也要求别人对自己有礼貌。英国人注意衣着打扮，什么场合穿什么服饰都有一定惯例。见面时对尊长、上级和不熟悉的人用尊称，并在对方姓名前面加上职称、衔称或先生、女士、夫人、小姐等称呼。亲友和熟人之间常用昵称。初次相识的人相互握手，微笑并说："您好!"在大庭广众之下，人们一般不行拥抱礼，男女之间除热恋情侣外一般不手拉手走路。

英国人不轻易动感情或表态。他们认为夸夸其谈是缺乏教养的，认为自吹自擂是低级趣味的。人们交往时常用"请"、"对不起"、"谢谢"等礼貌用语，即使家庭成员间也一样。

2. 饮食习惯

英国的"烤牛肉加约克郡布丁"被称为是国菜。它是用牛腰部位的肉，再把鸡蛋加牛奶和面，与牛肉、土豆一起在烤箱中烤制的菜肴。上桌时，还要另配些单煮的青菜，即为"烤牛肉加约克郡布丁"。普通家庭一日三餐以午餐为正餐，阔绰人家则一日四餐(早餐、午餐、茶点和晚餐)。

英国人不愿意吃带黏汁的菜肴；忌用味精调味；也不吃狗肉。口味不喜欢太咸，爱甜、酸、微辣味，对烧、煮、蒸、烙、焗和烘烤等烹调方法制作的菜肴偏爱。喜欢中国的京菜、川菜、粤菜。

他们普遍喜爱喝茶，妇女尤其嗜茶成癖。"下午茶"几乎成为英国人的一种必不可少的生活习惯，即使遇上开会，有的也要暂时休会而饮"下午茶"。英国人不喝清茶，要在杯里倒上冷牛奶或鲜柠檬，加点糖，再倒茶制成奶茶或柠檬茶。如果先倒茶后倒牛奶会被认为缺乏教养。他们还喜欢喝威士忌、苏打水，喝葡萄酒和香槟酒，有时还喝啤酒和烈性酒，彼此间不劝酒。

3. 忌讳

对英国人称呼"英国人"是他们不愿意接受的，因为"英国人"原意是"英格兰人"，而你接待的宾客可能是英格兰人、威尔士人或北爱尔兰人，所以"不列颠人"这个称呼能让所有的英国人感到满意。

英国人忌讳用人像、大象、孔雀作服饰图案和商品装潢。他们认为大象是愚笨的，孔雀是淫鸟、祸鸟，连孔雀开屏也被认为是自我吹嘘和炫耀。忌讳"13"这个数字。还忌讳"3"这个数字。和英国人坐着谈话忌讳两腿张得过宽，更不能跷起二郎腿。如果站着谈话不能把手插入衣袋。忌讳当着他们的面耳语和拍打肩背，忌讳有人用手捂着嘴看着他们笑，认为这是嘲笑人的举止。忌讳送人百合花，他们认为百合花意味着死亡。

(五) 法国

法国人中法兰西人约占94%，绝大多数居民信奉天主教。

1. 热情开朗，讲究穿着

法国人热情开朗，初次见面就能亲热交谈，而且滔滔不绝。法国人讲究服饰美，特别是妇女，她们穿得非常时尚，喜欢使用化妆品，是世界上最爱打扮的妇女。

法国是世界上最早公开行亲吻礼的国家，也是使用亲吻礼频率最高的国家。和法国人约会必须事先约定时间，准时赴约是有礼貌的表示，但不要提前。送鲜花给法国人也是很好的礼品。法国人在公共场所不能有懒散动作，不能大声喧哗。

2. 饮食习惯

法国的烹调世界闻名，用料讲究，花色品种繁多，口味香浓，鲜嫩味美，注重色、形和营养。法国人烹调时用酒比较重，肉类菜烧得不太熟，如水鸭三、四分熟就行。有的肉最多七、八分熟，一般喜欢生吃牡蛎。配料喜欢用蒜、丁香、香草、洋葱、芹菜、胡萝卜等。他们不吃辣的食品。

3. 忌讳

法国人忌讳黄色的花，认为是不忠诚的表现。忌讳黑桃图案，认为不吉祥。忌讳墨绿色，因为第二次世界大战期间德国纳粹军服是墨绿色。忌讳仙鹤图案，认为是蠢汉和淫妇的象征。不送香水或化妆品给恋人、亲属之外的女人，因为他们认为这些象征着过分亲热或是图谋不轨。

（六）德国

绝大多数德国人都是德意志人，一半居民信奉基督教，另外有46%的人信奉天主教。

1. 纪律严明

德国人纪律严明，讲究信誉，极端自尊，待人热情，十分注重感情。爱好音乐。

2. 重视称呼

重视称呼是德国人在人际交往中的一个鲜明特点。对德国人称呼不当，通常会令对方大为不快。

一般情况下，切勿直呼德国人的名字。称其全称，或仅称其姓也可以。和德国人交谈时，切勿疏忽对“您”与“你”这两种人称代词的使用。对于熟人、朋友、同龄者，方可以“你”相称。在德国，称“您”表示尊重，称“你”则表示地位平等、关系密切。

3. 注重发型和衣着

德国人对发型较为重视。在德国，男士不宜剃光头，免得被人当作“新纳粹”分子。德国少女的发式多为短发或披肩发，烫发的妇女大半都是已婚者。

德国人注意衣着打扮，外出时必须穿戴整齐、清洁；见面打招呼必须称头衔，不直呼名字；时间观念强；待人热情、好客，态度诚实可靠；宴席上，男子坐在妇女和地位高的人的左侧，女士离开和返回饭桌时，男子要站起来以示礼貌；请德国人进餐，事先必须安排好。接电话要首先告诉对方自己的姓名。

4. 饮食习惯

德国人最爱吃猪肉，其次才是牛肉。以猪肉制成的各种香肠，令德国人百吃不厌。忌讳吃核桃。

如果同时喝啤酒和葡萄酒，要先喝啤酒，然后再喝葡萄酒，否则被视为有损健康。

5. 忌讳

德国人忌讳在公共场合窃窃私语，认为这是十分无礼的。在德国，蔷薇专用于悼亡，不可以随便送人。忌讳茶色、红色、深蓝色。服饰和其他商品包装上忌用纳粹标志。

(七) 意大利

意大利主要是意大利人，90%以上的居民信奉天主教。

如果有人打喷嚏，旁边的人马上会说："萨尔维（祝你健康）!"另外，当着别人打喷嚏或咳嗽，被认为是不礼貌和讨嫌的事，所以本人要马上对旁边的人表示"对不起"。

在各种社交场合中，女士处处优先。意大利人热情好客，待人接物彬彬有礼。在正式场合，意大利人穿着十分讲究。见面礼是握手或招手示意；对长者、有地位和不太熟悉的人，要称呼他的姓，加上"先生"、"太太"、"小姐"和职称；和意大利人谈话要注意分寸，一般谈论工作、新闻、足球，不要谈论政治和美国橄榄球。

意大利人有早晨喝咖啡、吃水果、喝酸牛奶的习惯。酒特别是葡萄酒是意大利人离不开的饮料，不论男女几乎每餐都要喝酒，甚至在喝咖啡时，也要掺上一些酒。

意大利人忌讳菊花。

(八) 俄罗斯

俄罗斯主要是俄罗斯人，东正教是主要宗教。

1. 见面施礼

俄罗斯人性格开朗、豪放、集体观念强。他们和人见面大都行握手礼，拥抱礼也是他们常用的一种礼节。他们还有施吻礼的习惯，但对不同人员、在不同场合，所施的吻礼也有一定的区别：一般对朋友之间，或长辈对晚辈之间，以吻面颊者为多，不过长辈对晚辈以吻额为更亲切和慈爱；男子对特别尊敬的已婚女子，一般多行吻手礼，以示谦恭和崇敬。吻唇礼一般只是在夫妇或情侣间流行。

2. 热情待客

主人给客人吃面包和盐，是最殷勤的表示。一般对晚餐要求较简单，对早、午餐较重视。用餐时间都习惯拖得很长。乐于品尝不同风味的菜肴，菜肴喜欢熟透和酥烂。非常喜欢中餐。

在待客中，常以"您"字表示尊敬和客气；而对亲友往往则用"你"字相称，认为这样显得随便，同时还表示出对亲友的亲热和友好。外出时，十分注重仪容仪表，衣扣要扣得完整，总习惯衣冠楚楚。男子外出活动时，一定要把胡子刮净；赴约要准时；在社交场合，处处表现尊重女性。

3. 忌讳

和俄罗斯人说话，要坦诚相见，不能在背后议论其他人，更不能说他们小气；对妇女要十分尊重，忌讳问年龄和服饰价格等。

俄罗斯人不吃海参、海蜇、墨鱼、木耳。偏爱"7"，认为"7"预示着办事成功，"7"还可以给人们带来美满和幸福。俄罗斯人喜欢红色，人们都把红色视为美丽和吉祥的象征。应邀去俄罗斯人家里作客时可带上鲜花或烈性酒，送艺术品或图书作礼品是受欢迎的。女主人对来访客人带给她的单数鲜花是很喜欢的；男主人则喜欢高茎、艳丽的大花。

4. 对盐的崇拜

俄罗斯人对盐十分崇拜，并视盐为珍宝和祭祀用的供品。俄罗斯人认为盐具有驱邪除灾的力量。如果有人不慎打翻了盐罐，或是将盐撒在地上，便认为是家庭不和的预兆。为了摆脱凶兆，他们总习惯将打翻在地的盐拾起来撒在自己的头上。

俄罗斯人认为兔子是一种怯弱的动物，如果看到兔子从自己眼前跑过，那便是一种不祥的兆头。忌讳黑色，认为黑色是丧葬的代表色。因此，对黑猫更为厌恶，并视黑猫从自己面前跑走是不幸的象征。

5. 重视文化教育

俄罗斯人重视文化教育，喜欢艺术品和艺术欣赏。所以，和他们谈论艺术是个很受欢迎的话题。

## 学法指导

1. 在与外国客人交往时，特别要注意了解客人来自哪个国家，这个国家有哪些风俗禁忌。送鲜花或礼品时要注意有数字的禁忌，有的国家要送单数，如俄罗斯；但日本人忌讳“4”和“9”。还有的国家有颜色的禁忌等。

2. 安排会谈的日子时也得有所选择，因为有的国家的人信奉基督教，忌讳“星期五”和“13”，要尽量选外宾喜欢的日子。

3. 在涉外交往中，西方有的国家在就餐时不吃动物的内脏，印度人不吃牛肉等，特别要注意有的动物是一些国家的国宝，不能让它们出现在餐桌上。

## 技能训练

1. 在一次印度官方代表团前来我国某城市进行友好访问时，为了表示我方的诚意，有关方面做了积极的准备，就连印度代表团下榻的饭店里，也专门换上了崭新的、舒适的牛皮沙发。可是，在我方的外事官员事先进行例行检查时，这些崭新的牛皮沙发却被责令立即撤换掉。为什么崭新的牛皮沙发会被换掉？请简要分析。

2. 明亮公司和英国的一家公司商谈合作事宜，谈判进行得非常顺利，双方都很满意。会谈结束了，外宾明天就要离开回国了。夏总经理吩咐周秘书给每一位客人准备一份小礼品。周秘书购买了一些成套的陶瓷杯子，杯子上印有美丽的孔雀图案，十分美观大方。然而当礼品送给客人时，客人很不高兴。客人为什么不高兴？请分析原因。

3. 雄鹰集团和日本一家企业洽谈了一笔大业务，雄鹰集团的夏总经理非常高兴，客人要回国了，夏总吩咐周秘书一定要准备一份精美的礼品送给客人，要给客人一个惊喜。周秘书购买了几套“文房四宝”，当周秘书把礼品送给日本客人时，他们非常高兴，连声致谢。夏总对周秘书的出色表现很满意。请分角色演示与日本客人话别时的情景。

其他链接

## 涉外交往中应注意的礼节

在涉外交往中，要尊重各国风俗习惯和宗教信仰。不尊重客人是最大的失礼，涉外工作人员要不断学习，不断积累知识，在接待中才能得心应手地处理各国来宾出现的问题。例如，伊斯兰教徒不吃猪肉，也忌谈猪，连猪革制品也要回避；有些佛教徒不吃荤；印度教徒把牛当“神”，绝不吃牛肉；吃抓饭的国家，如印度、马里、阿拉伯等国家，认为左手不清洁，不能用左手与他人接触或用左手传递东西；天主教把“13”和“星期五”看做是不吉利的数字和日子；保加利亚、阿尔巴尼亚等国，摇头表示赞赏，点头表示不同意；罗马尼亚人忌讳过堂风；埃及人忌讳针；伊朗人忌议论婴儿的眼睛；巴基斯坦人严格禁酒；尼泊尔等国在卫生间要备清水，供便后冲水用；西萨摩亚男女都穿裙子；马里人以黑为美；有些非洲国家的男子对女子的尊称是“妈妈”，不管女子结婚与否等。如对这些风俗习惯不了解，就容易做出使对方感到失礼的事。

1. 尊重老人和妇女

在接待外宾时，要特别尊重照顾老人和妇女，这是一种美德。行走时，请老人、妇女先行；乘车时，请老人、妇女先上；上、下电梯时，请老人、妇女在先。在用餐或宴会席上，如果邻座是老人或妇女，请老人、妇女先行入座。进出大门主动帮老人、妇女开门、关门。如果想抽烟也要先征得邻座妇女的意见后再定等。这些都应养成习惯。

2. 遵守时间，讲究信用

参加各种涉外活动，一定要按时到达，不能提前过多，更不能迟迟不到。如果不能赴约，必须事先通知对方。如确实因某种原因迟到了，也要表示歉意。不遵守时间，无故失约，在国际上是失礼的行为。

3. 举止端庄，注意言行

不要作一些异乎寻常的动作，不要用手指指人，不喧哗，不放声大笑，不在远距离大声喊人。走路不要搭肩膀，脚步要轻，遇急事可加快步伐，不可慌忙奔跑。无论站立或坐下，姿势都要端正，不要蹲在地上等车、等人。站立时，身子不要歪靠在墙上或柱子上，不要坐在椅子扶手上。坐着时腿不要乱跷、摇晃，更不要把腿搭到椅子扶手上或把裤管撩起。手不要搭到邻座的椅背上。女士不要叉开双腿。

切勿随地吐痰，可吐在自己手帕里。不乱扔烟蒂或其他废弃物品。

在公共场合不可修指甲，剔牙齿，掏鼻孔，擤鼻涕，挖耳朵，挖眼屎，搓泥垢，搔痒，摇腿，脱鞋，打饱嗝，伸懒腰，哼小调。打喷嚏、打呵欠时应用手帕掩住嘴、鼻，面向一旁，避免发出声音。

演出和进餐等场合不许抽烟。如妇女在座，应征得妇女同意。不要边走路边抽烟，进入会客室、餐厅前，应把烟掐灭。

参加活动前不要吃蒜、葱等味大的东西；必要时，嚼一点茶叶可冲淡蒜、葱味。

资料来源：http://wmf.fjsen.com/wmly/2008-04/15/content_1514745.htm。

# 任务四　涉外交往禁忌

## 工作情境

明亮有限公司的夏总经理得知正在跟他们商谈合作业务的史密斯女士后天过生日，他通知他的秘书李明为史密斯女士订做生日蛋糕。

## 任务描述

李秘书要给史密斯女士订一个生日蛋糕，并派人或亲自送给她。

## 工作实施

李秘书来到一家蛋糕店，对服务员说："先生，您好，我要为一个外国女士订一份生日蛋糕，同时附一张贺卡，你看可以吗?"服务员接过订单一看，忙问："对不起，请问先生，您的朋友是小姐还是太太?"李秘书也不清楚史密斯女士结婚没有，他为难地抓了抓后脑勺，想想说："小姐？太太？一大把岁数了，太太。"

生日蛋糕做好后，服务员按地址到宾馆客房送生日蛋糕。房门打开后，服务员礼貌地说："请问，您是史密斯太太吗?"开门的女子愣了愣，不高兴地说："错了!"服务员丈二和尚摸不着头脑，抬头看了看门牌号。服务员打电话给李秘书，确认房间号码没错后，又敲了一遍门。开门后，服务员说："没错，史密斯太太，这是您的蛋糕!"那女子生气地大声说："告诉你错了，这里只有史密斯小姐，没有史密斯太太。""啪"的一声，门关上了。

## 工作评估

在西方，特别是女子，很重视正确的称呼。如果搞错了，引起对方的不快，往往好事就变成坏事。在和外国人交往时，不能随意向外国人打探婚姻状况、收入等私人问题，极有可能触动对方的伤心之处，伤害其自尊、自信之心，令对方感到难堪。李秘书不清楚史密斯女士的婚姻情况，就随意地让别人叫她"太太"，触动了史密斯女士的痛处。其实，他可以让服务员称呼她"女士"，这样，史密斯女士就不会生气了。

## 相关知识

不同的国家、民族由于不同的历史、宗教等因素，各有特殊的风俗习惯和礼节以及禁忌，均应予以尊重。

### 一、与外宾交往的禁忌

(1) 跟英国人打交道，要注意：一不要系带条纹的领带；二不要把王室的家事作为谈论的话题；三要把英国人通称为"大不列颠人"，就会使所有的英国人满意。

（2）欧美人忌讳谈私人性质的问题。如年龄、婚姻状况、收入等。欧美人希望别人承认自己的权利，也尊重别人的权利。随便询问个人问题，等于冒犯了个人的尊严。对上年纪的人，说话做事更要注意。“老”这个字是不受人欢迎的，称呼时，不能用“老”字。他们上楼梯或爬山时，千万不能扶，觉得那样有失体面。他们喜欢化妆，就是为了使青春永驻。

（3）德国人比较注重形式。在与德国人打交道时，如果对方有博士等头衔，要使用这个称呼。朋友们见面或离开，总是互相把手握了又握，这样，他们就会高兴。如果帮助对方把外衣穿上，那会显得更亲热。

（4）在芬兰、瑞典等北欧国家，如果应邀到主人家里做客，一定要准时到达。可不要忘了给女主人带几束单数的鲜花，最好是5朵或7朵。

（5）与东南亚国家的外宾相处，交谈时不要跷二郎腿。假如无意中把一只脚颠来颠去，以致鞋底朝向了对方，会被认为非常不礼貌。

（6）在印度、印尼等国家中，不能用左手与他人接触，也不能用左手递东西。

（7）在佛教国家不能随便摸小孩的头顶。

（8）在南美洲国家，交谈时要亲热，要离得近近的，说话时文静地把嘴凑到对方的耳边，但不可有失庄重。

（9）在拉美，不要赠送与刀剑有关的礼品。拉美人认为，赠送刀剑意味着割断关系。

（10）伊朗人称好不伸大拇指。伊朗人对婴儿眼睛特别敏感，外来人对婴儿眼睛要三缄其口。

（11）保加利亚、尼泊尔等一些国家，摇头表示赞同，点头表示不同意。

（12）慎用手势。手势在不同国家或地区的含义不同，以免犯忌。例如，用拇指与食指弯曲成一个圆圈，在美国表示“OK”，在日本表示钱，而在拉丁美洲又成了某种下流动作。在中国，跷起大拇指表示“真棒”，在英、美、澳大利亚、新西兰等国，这一手势还表示要求搭车。但如果这个动作较猛烈，它又变成了一种侮辱人的信号，例如，在希腊，急剧地对人跷起拇指，意思是要对方滚蛋。

## 二、国外一些国家的禁忌

### （一）商标图案的禁忌

（1）美国人忌用珍贵动物的头部作商标图案，因为这会招致野生动物保护协会的抗议和抵制，也不喜欢在商标图案中出现一般人不熟悉的古代神话人物，蝙蝠在美国人眼里是“凶神恶煞”。

（2）英国人忌用大象或人物肖像作商标图案，山羊在英国是不正经男人的象征。

（3）瑞士人忌讳猫头鹰的图案，认为那是死人的象征。

（4）捷克和斯洛伐克忌用红三角，认为它是有毒的象征。

（5）意大利人忌用菊花作商标图案，因为他们习惯把菊花献给死者。

（6）日本人忌用荷花作商标图案，狐狸和獾在日本是贪婪和狡诈的象征。

(7) 法国人忌用核桃作商标图案，仙鹤在法国是蠢汉和淫妇的代称。

(8) 土耳其人认为绿色三角图案是免费商品的标志。

(9) 澳大利亚人不喜欢用袋鼠和树熊作商标图案，因为他们视这些图案为本国特权。

(10) 利比亚人忌讳狗的图案。

**(二) 颜色的禁忌**

(1) 日本人忌绿色，认为绿色象征不吉利。

(2) 法国人忌墨绿色，因为这会使他们想起德国纳粹军装。

(3) 比利时人忌蓝色，以蓝色作为不吉利的标志，如遇有不吉利的事，都穿蓝色衣服。蓝色在埃及人眼里是恶魔的象征。

(4) 巴西人、埃及人忌黄色，以黄色为不幸、丧葬之色；叙利亚人也将黄色视为残废之色，巴基斯坦忌黄色是因为那是僧侣的专用服色，在埃塞俄比亚，以穿淡黄色的服装表示对死者的深切哀悼，但委内瑞拉却用黄色作医务标志。

(5) 土耳其人在布置房间时，客厅绝对禁止用花色，因为花色代表凶兆，好用素色。

(6) 印度人视白色为不受欢迎的颜色；摩洛哥人一般不穿白衣，认为白色为贫穷的象征。

(7) 乌拉圭人忌青色，认为它意味着黑暗的前夕。

(8) 泰国人忌红色，泰国人平时绝对不用红笔签名，因为在那里，人死后用红笔将死者姓名写于棺材上。

(9) 蒙古人讨厌黑色，认为它象征着不幸、贫穷、威胁、背叛、嫉妒、暴虐。

(10) 欧美人以白色为结婚礼服的颜色，象征纯洁和光明；视黑色为哀丧之色，表示对死者的悼念和尊敬。

**(三) 数字的禁忌**

(1) 西方人认为“13”是不吉利的，应当尽量避开，甚至每个月的13日，有些人也会感到忐忑不安。并且人们还认为星期五也是不吉利的，尤其是逢到13日又是星期五时，最好不办任何活动。在日常生活中的编号，如门牌号、旅馆房号、层号、宴会桌次等编号、汽车编号也尽量避开13这个数字。其原因主要源于基督教传说，耶稣的十二门徒之一犹大，为了贪图三十个银币，出卖了耶稣，结果使耶稣被钉死在十字架上。在那天最后的晚餐上的第13个人就是犹大，那天又是星期五，所以人们将13日又逢星期五的日子称为“黑色星期五”，有些人甚至会因此而闭门不出，唯恐发生不吉利的事情。

(2) 3的忌讳：点烟时，一根火柴只能给两个人点，给第三个人点时，应把火熄灭，再换火柴给第三个人点。

(3)“4”在中文和日文中的发音与“死”相近，所以在日本与韩国等东方国家将它视为不吉利的数字，因此这些国家的医院里没有四号病房和病床。如遇到“4”，且非说不可时，忌讳的人往往说“两双”或“两个二”来代替。另外，在日语中“九”发音与

“苦”相近似，因而也属忌讳之列。

（四）服饰的禁忌

（1）西班牙女子上街必定要戴耳环，因为她们认为没有戴耳环就如同没有穿衣服。

（2）即将做新娘的欧洲姑娘，在婚礼之前往往拒绝裁缝要她试穿结婚礼服的请求，原因是怕婚姻遇到破裂。

（3）一个法国人到英国，如果系了一条带条纹的领带，那将是一个严重的错误，这种领带可能是军队或学生校服领带的仿制品，这样可能会遇到麻烦。

（4）阿拉伯人的“阿格尔”是用来固定披在头和脖子上的白布的头箍，用骆驼毛做成，一般都是黑色，老年人也有少数用白色。

（五）送礼的禁忌

（1）不要给英国、加拿大人送百合花，百合花被他们认为是死亡之花。

（2）不要给西班牙人送大丽花和菊花。

（3）不要送紫色的花给巴西人。

（4）波兰、德国、瑞士忌送红玫瑰，因为他们认为红玫瑰代表浪漫的爱情。

（5）给科威特、苏丹等国家的人时送礼，不能送酒、女人照片和雕像，这是伊斯兰教规所禁止的。

（6）给哥伦比亚、阿根廷等国的人送礼，不要送衬衫、领带之类的贴身用品。

（7）不能给美国妇女送香水、衣物和化妆品。

（8）忌给东南亚国家的友人送手帕，他们认为手帕是揩眼泪的，不吉利。

（六）花卉的禁忌

德国人认为郁金香是没有感情的花；日本人认为荷花是不吉祥之物，意味着祭奠；菊花在意大利和南美洲各国被认为是“妖花”，只能用于墓地与灵前；在法国，黄色的花被认为是不忠诚的表示；绛紫色的花在巴西一般用于葬礼；在国际交际场合，忌用菊花、杜鹃花、石竹花、黄色的花献给客人，已成为惯例；在欧美，我们被邀请到朋友家去做客，献花给夫人是件愉快的事，但在阿拉伯国家，则是违反了礼仪。

（七）饮食的禁忌

（1）印度教徒不吃猪肉、牛肉，伊斯兰教徒忌谈猪，也不吃猪肉。

（2）伊斯兰国家和地区的居民不吃猪肉和无鳞无鳍的鱼。

（3）阿拉伯人不食外形丑恶的不洁之物，不吃死动物的肉。

（4）日本人不吃羊肉。

（5）俄罗斯及东欧一些国家的人普遍不爱吃海味，忌吃动物的内脏。

（6）叙利亚、埃及、伊拉克、黎巴嫩、约旦、也门、苏丹等国的人，除忌食猪肉外，还不吃海味及各种动物内脏（肝脏除外）。

（八）其他禁忌

（1）在印度、尼泊尔、缅甸等国家把黄牛视为神牛，因此对黄牛不准鞭打、伤害、役使，更不能宰杀。神牛走到哪里，人们都会把最好的食物送上。逢年过节还要举行敬牛仪式。参观庙宇时不穿皮鞋，不带皮制品。路上遇上神牛时，行人车辆都要绕行。印度人认为把孩子放在浴盆中洗澡是不人道的。

(2) 波兰人就餐时不铺桌布不入席。他们对桌布有许多讲究，越是富贵人家越讲究，用镶有金银珠宝的桌布显示豪华。

(3) 在东南亚一些国家切忌坐着跷起大腿。

(4) 罗马尼亚最忌过堂风。

(5) 加拿大哈德逊湾的居民忌铲除积雪。

(6) 沙特阿拉伯的甸蛮人把笑看作不友好的象征，是奇耻大辱。

(7) 任何人谈话都有一定的习惯距离，美国人习惯双方保持60厘米的距离。亚非人认为应再拉开些距离。欧洲和南美人谈话的距离很近。

(8) 西方人忌伸舌头，认为这是侮辱人的举动，而尼泊尔人在山区主客相见时伸舌表示欢迎，因为舌头和心都是鲜红的，红舌头代表赤诚的心。

(9) 在欧洲国家，新人在婚礼前是不试穿结婚用的礼服的，因为害怕幸福婚姻破裂；还有些西方人将打破镜子视作运气变坏的预兆；另外西方人不会随便用手折断柳枝，他们认为这是要承受失恋的痛苦的；在匈牙利，打破玻璃器皿就会被认为是厄运的预兆；中东人不用左手递东西给别人，认为这是不礼貌的；英美两国人认为在大庭广众下节哀是知礼，而印度人则相反，丧礼中如不大哭便是有违礼仪。

(10) 佛教国家不能随便摸小孩的头顶，尤其在泰国，认为人的头是神圣不可侵犯的，头部被人触摸是一种极大侮辱，认为摸后一定会生病。门口禁止悬挂衣物，特别是内衣裤。脚被认为是低下的，忌用脚示意东西给人看，或把脚伸到别人跟前，更不能把东西踢给别人，这些是失礼的行为。

(11) 泰国忌女人盘腿而坐，一般是跪坐或蹲坐，忌用脚指东西给别人看，或把脚伸到别人面前，也不能把东西用脚踢给别人。睡觉时不能头朝西，因为日落西方象征死亡。长辈在座，晚辈必须坐在地上，或者蹲跪，以免高于长辈的头部。人坐着时，忌他人拿着东西从头上经过。小孩的头不能随便摸。

(12) 在印度和中东的一些国家，吃饭，接拿食品只能用右手，不能用左手，因为左手一般认为是用来洗澡、上厕所的，不洁净，用它来接拿食品是对主人的不敬。

## 学法指导

1. 要注意各国之间禁忌的共同点。例如，外国人普遍忌讳谈私人性质的问题，包括年龄、婚姻状况、收入等。再如，“女士优先”原则也是与外国人交往时要遵守的重要原则。

2. 要注意了解信奉佛教、伊斯兰教等宗教的有哪些国家的人，他们的宗教信仰有哪些禁忌。例如，伊斯兰教徒不吃猪肉，也忌谈猪，在斋月里日出之后、日落之前不能吃喝；佛教徒不吃荤腥；印度教徒不吃牛肉；某些国家如印度、印度尼西亚、马里、阿拉伯国家等，不能用左手与他人接触或用左手传递东西；在佛教国家不能随便摸小孩头顶；天主教徒忌讳“13”这个数字，尤其是“黑色星期五”，遇上这种日子，一般不举行宴请活动。

3. 要注意各国之间禁忌的不同点。例如，使用筷子进食的东方国家，用餐时不可用一双筷子来回传递，也不能把筷子插在饭碗中间；东南亚一些国家忌讳坐着跷大腿；伊朗称好不伸大拇指；保加利亚、尼泊尔等一些国家，摇头表示赞赏，点头表示不同意等。

## 技能训练

1. 天宇公司的秘书小贺今天第一次接待客人，因为今天有几位外国客人要来，他早早地等在公司门口。过了一会儿，他看到一辆白色高级轿车驶来，司机熟练准确地将车停靠在公司豪华大转门的雨棚下。小贺看到后排坐着两位男士、前排副驾驶座上坐着一位身材较高的外国女宾。他一步上前，先为后排客人打开车门，做好护顶关好车门后，小贺迅速走向前门，准备以同样的礼仪迎接那位女宾下车，但那位女宾满脸不悦，使小贺茫然不知所措。这位女宾为什么不悦？小贺错在哪里？

2. 天宇公司的秘书小贺按照经理的要求给法国的客人买礼品，他精心挑了几幅中国当代著名画家的《松鹤图》，临别前送给了客人，没想到客人很不高兴。客人为什么不高兴？小贺应该给法国客人送什么礼物？

3. 天宇公司的秘书小贺奉命到机场迎接日本客人，他准备了九朵鲜花，送给了客人，结果日本客人收到花后很生气，当场就把花还给了小贺。小贺很是郁闷，九朵花难道送错了？小贺送给日本客人九朵鲜花可以吗？为什么？

## 其他链接

### 周恩来智取夜光杯

20世纪50年代，某国政府高级代表团应邀访问我国。到达北京后，下榻钓鱼台国宾馆。代表团成员共计八人，仅团长一人携带夫人。当晚，我国有关部门举行豪华的宴会，为其接风洗尘。宴会上，除了丰盛的美味佳肴外，还有“国酒”茅台，而饮酒用的酒具是“老古董”夜光杯，也就是唐代诗人王翰在其《凉州词》一诗中，所说的“葡萄美酒夜光杯”诗句中的夜光杯，足见其稀罕与珍贵。

宴会开始时，大厅灯光明亮，可当宾主频频举杯觥筹交错之际，厅内灯光逐渐暗淡下来，客人不知何故。就在客人疑惑不解时，主人热情地请他们观看手中的酒杯。不看杯子则已，一看无不惊讶。原来手中之杯，闪着熠熠光芒。外宾好奇地问是什么原因？作陪者告诉他们，这是“夜光杯”，系我国古代酒具，是用天然祁连山玉制作的。由于此玉是玉之精华，故有“光明夜照功能”，因此名曰“夜光杯”。客人们一边品味茅台酒，一边观赏夜光杯，一致“赞不绝口，爱不释手”。

宴会结束后，服务人员在收拾餐桌时，发现少了一只夜光杯，立即报告有关领导和保卫部门。经现场勘察，少杯子的那个位置正巧是团长夫人坐的。由此断定，这是她喜爱至极趁人不备而“顺手牵羊”。为了找回遗失的夜光杯，有人提议趁外宾外出参观时，到其房间搜查，有关领导认为此法有损我国形象，予以否定。此时，有人提供一个细节，团长夫人有一个小巧玲珑的手提包，原来是瘪瘪的，现在是鼓鼓的，且始终不离手，即使外出时也随身携带，由此可以肯定包内藏着那只夜光杯。保卫部门深感棘手又无奈，因为虽然知道了杯子的下落，但出于外交礼节不便索要。怎么办？

夜光杯可谓“国宝”，价值连城，丢失非同小可。这一“被窃事件”层层上报，最后报到周恩来总理那里。周总理听了汇报后，问后面还有什么活动安排？有关人员汇报说，北京的活动都已结束，下一步将去上海参观访问。周总理又问，在上海的活动有些什么具体内容？有关人员一一详细汇报，当说到要招待客人观看杂技演出时，周总理灵机一动，随即对有关人员如此这般交代一番。

该国代表团到达上海的第三天晚上，市政府在天蟾大舞台举行文艺晚会，内容是杂技专场演出。演出中途有一个魔术节目，一位打扮摩登的女魔术师手拿一只夜光杯放在助手的托盘里，此时舞台灯光突然熄灭，只见杯子晶莹剔透，荧光闪烁。接着，灯光复明，表演者用一块白色纱巾遮盖在杯子上，然后举起手枪砰的一声，掀开纱巾，杯子已无踪影。此时，她走到舞台前微笑着说：“各位观众，刚才这只夜光杯变没了，大家猜猜看，它到哪里去了呢？”片刻后见无回音，她揭开谜底说：“杯子已在第五排第八座一位女外宾的手提包里。”说着，她随即跳下舞台，走到团长夫人面前，有礼貌地请她打开手提包，一看果然是那只丢失的夜光杯。当她拿出夜光杯给大家看时，不明就里的全场观众报以热烈的掌声，一致赞扬表演者的高超魔术。殊不知，周总理的这一锦囊妙计，既巧妙地拿回“被窃”的夜光杯，又不致使客人尴尬与难堪。这一两全其美的计谋，真乃“高！实在是高”。

资料来源：http://www.tianshannet.com.cn/special/content/2007-11/19/content_2297431.htm。

# 模块九

# 妆容设计

## 学习目标

1. 了解面容保养及化妆的常识，能运用所学知识结合自身的特点进行面部保养和化妆。

2. 掌握女性秘书的化妆要领，能结合女性秘书职业特征进行化妆。

3. 掌握男性秘书的化妆常识，能结合男性秘书职业工作要求设计妆容。

## 任务一　面容保养及修饰

### 工作情境

小杨是三灵公司新来的秘书，今天是她第一天上班，她精心打扮了一番才出门。一到公司，同事们投来异样的眼光看着她，她心里特得意，觉得自己今天很出彩，所以，回头率很高。她负责接待工作，她刚把接待台收拾好，第一位客人就来了。来客是个老太太，大约 60 多岁，小杨赶紧上前招呼老太太，“您找谁?”老太太上上下下仔细地打量了一番小杨，才说话：“你是新来的? 你怎么这么打扮自己?”小杨很诧异，说：“我是新来的。我觉得我的装扮没什么不好呀。您要找哪一位?”老太太没搭理她，径直走了进去。

后来，其他的同事告诉小杨，老太太是董事长的太太，脾气很大，不好惹。公司要求员工上班时，只能化淡妆，你今天化的妆有一点浓，因此，她有点不高兴。今天对小杨就算客气了，要是换了其他人早就被骂得狗血喷头了。

## 任务描述

小杨要了解公司里的有关员工职业形象的规定，还要知道秘书妆容设计的要求，要把自己的浓妆改成淡妆。

## 工作实施

小杨在听完同事的劝告以后，立即找了一个同事帮她顶一会儿班，自己到盥洗室把浓妆卸掉了，并换上了淡妆。她又去有关部门要了一份公司的员工职业形象规定的制度。做好这一切以后，她又回到了前台，继续她的工作。

## 工作评估

小杨这样做是对的，能够知错就改，及时弥补自己的过失。也能及时了解公司的关于职业形象的各种规定，也是对的。

## 相关知识

### 一、面容保养

面容保养主要指皮肤的保养，女秘书要保养好皮肤，必须要了解自己的面容皮肤属于什么类型。

（一）皮肤类型

人的皮肤按其皮脂腺的分泌状况，一般可分为四种类型。即：中性皮肤、干性皮肤、油性皮肤和混合性皮肤，但在实际操作过程中，敏感性皮肤、痤疮性皮肤和色斑性皮肤也是常见的。各类皮肤具有各自不同的特点。

（1）中性皮肤。中性皮肤是健康理想的皮肤，多见于青春期前的少女。皮脂分泌量适中，皮肤既不干也不油，皮肤红润细腻，富有弹性。皮肤纹理不粗不细，毛孔较小，厚薄适中，对外界刺激不敏感。皮肤的 pH 值为 5～5.6。

（2）干性皮肤。干性皮肤皮肤白皙，毛孔细小而不明显。皮脂分泌量少，皮肤比较干燥，容易生细小皱纹。毛细血管表浅，易破裂，对外界刺激比较敏感，易生红斑。干性皮肤可分为缺水和缺油两种。缺水干性皮肤多见于 35 岁以上及老年人，缺油干性皮肤多见于年轻人。干性皮肤的 pH 值为 4.5～5。

（3）油性皮肤。油性皮肤肤色较深，毛孔粗大，皮纹较粗，皮脂分泌量多，皮肤油腻光亮，不容易起皱纹，对外界刺激不敏感。由于皮脂分泌过多，容易生粉刺、痤疮，常见于青春发育期的年轻人。油性皮肤的 pH 值为 5.6～6.6。

（4）混合性皮肤。混合性皮肤兼有油性皮肤和干性皮肤的特征。在面部 T 型区（前额、鼻、口周、下巴）呈油性状态，眼部及两颊呈干性状态。混合性皮肤多见于 25～35 岁的年轻人。

（5）敏感性皮肤。敏感性皮肤可见于上述各种皮肤，其皮肤较薄，对外界刺激很敏感。当受到外界刺激时，会出现局部微红、红肿，出现高于皮肤的疱、块及刺痒等症状。

（6）痤疮性皮肤。痤疮性皮肤多见于青春期，一般35岁以后大部分人可以自愈。皮脂腺分泌过多，不能及时排出，积于毛囊内，皮肤油腻，毛孔粗大。易出现黑头、白头及痤疮。黑头是由于皮肤积于毛囊内，毛囊口处的皮脂与灰尘及角化死细胞混合，凝成小脂栓，堵塞毛孔，形成黑头粉刺；白头是由于皮脂积于毛囊内与角化细胞混合形成硬块，产生白头粉刺；痤疮是由于皮脂堵塞毛孔，导致皮肤内缺氧，皮脂中含有大量的营养，使痤疮杆菌大量繁殖，堵塞毛囊，使毛囊发炎而形成的。

（7）色斑性皮肤。色斑性皮肤是指皮肤上出现大小不一的异常色素沉着，可以影响人体皮肤的美观。常见的皮肤色素斑有两种：雀斑和黄褐斑。雀斑是一种面部常见皮肤病，发生在颜面、颈部、手背等日晒部位。本病始发于学龄前儿童，少数自青春期发病，女多于男，多伴有家族史。皮损多为针尖至芝麻大小的圆形或椭圆形淡黄或褐色斑点，数目多少不定，散在或密集，对称分布，互不融合，无自觉症状，病程缓慢。夏季或日晒后颜色加深，数目增多，冬季色淡，数目减少。多见于皮肤白皙的女子。黄褐斑是指颜面出现面积大小不等的斑片，小的如钱币大小，或蝴蝶状；大的满布颜面如地图。颜色呈黄褐色或淡黑色，平摊于皮肤上，摸之不碍手。黄褐斑多对称分布于颧、颊、额、鼻、口周、眼眶周围，界线明显，压之不褪色，表面光滑，无鳞屑，无痒痛感。多见于30岁以上的女性。

### （二）皮肤保养

完美的皮肤保养步骤包括日常基础保养和每周特殊护理。

#### 1. 日常基础保养

日常基础保养是我们每天都必须履行的护肤步骤，若皮肤出现问题，如黑眼圈、眼袋、肤色暗淡、毛孔粗大、干燥、斑点等，每日还需进行加强保养。

日常基础保养包括洁肤、爽肤、润肤。

洁肤：卸妆后，取洁面用品，用无名指以向上向外打圈的手法揉洗面部及颈部，清除尘垢、过剩油脂及化妆品，去除表面老化细胞，促进新陈代谢，让肌肤清新、爽洁。洁肤是令肌肤美丽的第一步。

爽肤：用棉球蘸取爽肤水，在脸及颈部以向上向外手法轻拍，避开眼部，再次清洁面部残留的污垢，补充水分，平衡皮肤的pH值，帮助收缩毛孔。

润肤：将润肤品抹于脸部及颈部，以向上向外打圈的手法轻轻抹匀，为肌肤补充必要的水分与养分，令肌肤柔润而有弹性。

#### 2. 每周特殊护理

每周特殊护理是指每周进行磨砂、按摩、敷面等步骤，促进面部的血液循环，增加肌肤的弹性与光泽，供给肌肤水分和养分，让肌肤处于健康状况之下。

每周特殊护理包括磨砂、按摩、敷面。

磨砂：去除老化的细胞，预防角质增厚，使新生细胞更快到达表层，加速新陈代谢，使养分更易吸收，令肌肤光洁平滑。取磨砂膏，以按摩手法在面部轻轻按摩，T界部位较为油腻，可稍加按摩，然后用清水彻底清洗。每周1～2次。

按摩：按摩可促进血液循环，增强肌肤弹性。

脸部：从额头由内向外打圈，T界则往上往下按摩；面颊从鼻翼旁由内而外打大圈；在下眼圈及眼尾处稍加轻拍。

颈部：以由下而上手法轻推，可舒缓精神疲劳，令肌肤结实，更有弹性。每周1～2次。

敷面：利用在表皮形成的薄膜，阻隔皮肤水分和体温的散发，使皮肤温度升高，加速血液循环，促进新陈代谢。

撕拉式面膜：软化角质层，深层清洁，彻底清除毛孔内的尘垢和过剩油脂，保持毛孔通畅，令肌肤洁净、细致。将面膜均匀涂于脸部，待10～20分钟后撕除。每周2～3次。

水洗式面膜：清洁的同时，补充水分及养分，令肌肤柔软光滑，将面膜敷于面部10～20分钟，待干后用清水彻底冲洗干净，每周1～2次。

## 二、面容的修饰

塑造良好的职业形象是商务秘书的必修课，作为秘书要塑造良好的职业形象，必须要重视自身的仪容，主要注意以下几个方面。

### （一）仪容干净、整洁

（1）整洁的发型，即头发干干净净、整整齐齐、长短适当，发型简单大方、朴素典雅。要勤洗发、勤理发，把头发梳理到位。男秘书以短发为宜。女秘书头发的长度则相对来说宽松一些，不过最好是不要长过肩部，或挡住眼睛。工作场合，则必须将长发扎起来。

（2）清爽的面孔，不允许面部不干净、不卫生。要做到这一点，必须勤洗脸，不允许自己的面部有一丝一毫的汗渍、泪渍以及不洁之物。还要注意经常检查和修剪鼻毛，最后还要注意去除口部的多余物，这是指口角周围沉积的唾液、飞沫、食物残渣和牙缝间的牙垢。要消除口腔异味，养成在参加商务活动前不吃生蒜、生葱和韭菜一类带刺激性气味的食物的良好习惯。

（3）干净的手部，必须勤洗手，常剪指甲，决不要留长指甲。

### （二）可适度化妆

工作岗位上宜施淡妆，白天的社交活动也应是淡妆。浓妆只适合晚上的娱乐性活动，如舞会等。在喜庆的场合化妆可以艳丽些，以烘托热烈的气氛；而在吊唁、丧礼的场合浓妆艳抹则是非常失礼的，此时只允许施淡妆。

## 三、头发的保养和注意事项

闪亮的秀发，可让整个人看起来精神熠熠，反之，如果发质干枯，没有生气，那么，你的妆容再美丽，整个人看起来也会无精打采。头发是妆容设计中不可忽视的一个重要的方面，如何保养头发以及选择合适的发型显得特别重要。秘书人员不能让头发像野草般自生自灭，蓬乱无序的头发不仅会破坏面部轮廓，还会直接影响整体形象。要想拥有一头健康光泽的头发和一个完美的造型，在生活中，只要留意一些护发的基本规则，保持一头美发应该不是一件难事。

（一）头发的保养

1. 养成洗护好习惯，善待秀发

（1）应该根据自己的发质来选择洗发露。干性发质选择滋润调理洗发露；油性发质选用清爽调理洗发露；有头屑的朋友可选去屑调理洗发露。

（2）洗发前，先梳理头发一次，可除去表面的污垢和解开缠结。要养成每天梳头一百下的好习惯。

（3）直接在头发上抹上洗发露，然后用温水冲净。这是最有效和快捷的方法。直发最好用保湿洗发液，它可以使不服帖的发缕变得柔润，然后再用适合的护发素，让头发如丝一般光滑。

（4）护发素涂在发梢和发茎的位置，如在发根涂得太多，头发很快会变得油腻。卷发需要用一种含有钙和维生素的营养护发素，每一次用它洗发后都会为易断的卷发重新增添活力，更便于造型。脆性发质每周都应使用一次强力护发素，以使头发光泽柔韧。

（5）热水会令头发的鳞状表层膨胀，出现纠结和色泽晦暗。故此，应用冷水，因冷水能锁紧鳞状表层，保持头发充满光泽。

（6）不应用毛巾擦干头发。最好是用手指慢慢榨出多余的水分，然后轻轻地用毛巾吸干。这样能有保湿的效果，又不会损坏头发的弹性。

（7）最好让头发天然风干，或者用散风器（即在吹风机上装一个散风头），使头发不致胡乱缠绕在一起。不过，有一点是要注意的，热吹风最毁头发，长期使用热吹风会使头发失去光泽。

（8）待头发干透后，可以把保湿喷雾喷在梳子上，然后梳头，有助于头发服帖及长时间固定发型。长头发女士可把头发束起，而短头发的女士可利用各种定型产品，选出自己喜爱的发型。

2. 细心呵护，加强保养

（1）粗、硬头发的保养。

粗、硬的头发比柔软纤细的头发健康，但缺乏柔性，难以修饰。粗、硬的头发在吹风成型时要不断地喷洒药用化妆水，平时最好经常擦些头油以保持美丽的发型。

（2）易断、易分叉头发的保养。

要保护好头发，首先要防止外部刺激，应在头发表面涂一层薄薄的油膜，这样可以起到保护头发的作用。给头发涂油膜，必须洗发后进行。洗发时不要将头发揉搓在一起，以免损伤。其次要经常修剪，也可避免头发发叉。用刷子梳拢时，不要马上从头发根部开始，应先将发梢散乱的部分梳开后，再从根部开始拢，梳拢或吹风时，可用一些药用化妆水以保护头发。

（3）卷发的保养和修整。

想要维持头发的卷度其实并不难，秘诀在于要使用为卷发设计的造型产品，它们通常有保湿作用，更能使头发保持卷度与弹性；也可以选择护发成分较强的造型品，增加头发的丰盈弹性与支撑效果。此外，洗头的时候，不要使劲拉扯搓揉发丝，洗发后也要用拍的方式擦干头发的水分，才能在最长的时间内保持发型的完美卷度。

卷曲的头发容易互相交错纠缠，梳拢时应先从发梢开始一点点地梳向发根，整修发型时，也应先从发梢开始涂烫发液再吹风，经过这样的修饰，可以使卷发充满生机和活力。

(二) 保养头发的注意事项

头发是身体的一部分，它的好坏与身体健康息息相关。身体健康了，对头发相当有益。因此，一定要有健康的生活方式。要保持秀发在生活上需注意以下几个方面。

1. 保证充足的睡眠

要想拥有一头健康美丽的头发，就要保证充足的睡眠。细胞新陈代谢最旺盛的时间是深夜 10 点到凌晨 2 点，这时候人必须要睡觉，一天要至少保证 7 小时的睡眠时间。美丽和健康是睡出来的，美发也不例外。

2. 禁烟

抽烟会导致身体和头皮的温度下降。头皮温度变低，血液循环就会变缓慢，这是头皮硬化的重要原因之一。为了避免头皮活力下降，最好不要抽烟。

3. 保持头发清洁

要防止头发的干燥，适当的皮脂是必需的，但皮脂过多会导致毛孔堵塞，因此，要经常而有规律地清洁头发和头皮。在冬季，也要保证一个星期清洁 3 次头发。

4. 防止紫外线的侵害

头发每天会受到紫外线的侵害：紫外线会氧化头发，造成头发的干燥和断裂。在紫外线强的春夏要打遮阳伞，在冬天也不能忽略紫外线的危害，外出时最好选一顶漂亮的帽子，既好看、又保护了头发的健康。

5. 减轻压力

压力过大，会导致自律神经的平衡崩溃。给肌肤过大压力时，作为肌肤一部分的头皮也会出问题，会导致头发干枯和脱发。因此，不要囤积太多的压力。

6. 尽量选择泡澡

泡澡对解除疲劳非常有效，经常泡泡澡，会使整个身体的血液循环加快，当你感到头皮开始发热时，效果就达到了。

7. 适量运动

人如果运动 20 分钟以上，脑内荷尔蒙就会分泌，这有利于心情变好，因此，一定要进行适度的运动。另外，运动不足会导致韧带老化、心肺功能降低、血液循环变差，因此那本来向大脑和头部供输营养就比较困难却又想要健康头发的女性们，更要运动起来。

8. 防止瘦身过度

有些女同胞为了美丽，就选择瘦身。过度的瘦身节食、饮食不均衡会给身体和心脏造成负担，导致身体营养不足，无法供应头发所需要的养分，头发得不到滋养。

9. 不要饮酒过度

适当饮酒，对解除压力非常有效。但过度饮酒，会给身体的内脏器官增加负担，也不会给头皮好的影响，尤其是大量的酒精会妨碍蛋白质的结合，严重阻碍了头发的生长。

总之，头发的维护与保养以及发型的选择是秘书妆容设计很重要的一项内容。拥有美丽的容貌必须要从"头"开始，才能赢得美丽的人生。

## 学法指导

1. 秘书在保养面容时，重点要保养自己的皮肤，在保养皮肤时，要根据皮肤的类型选择保养的化妆品。

2. 秘书要重视修饰面容，主要是要保持仪容干净、整洁，可进行适度的化妆。

3. 秘书在保养头发时，与身体健康的原则是相一致的。换句话说，只要身体健康，头发就健康。

## 技能训练

1. 把班级的同学分组，每个小组派两到三名同学上台讲自己属于什么皮肤类型，平时应如何保养自己的皮肤，保养时要注意哪些问题。请同学评分并给出评分的理由，老师总结。

2. 请每组派一到两名同学说一说，在设计秘书的职业形象时，在仪容方面应如何设计，以及要注意哪些问题。

3. 请每组派两名同学上讲台说说，自己的头发是属于什么发质，应如何保养。在保养头发时，应注意哪些问题。

## 其他链接

### 告别头皮屑的烦恼

1. 免吃煎炸、油腻、辣、含酒精及咖啡因的食物，它们会刺激增加头油及头皮屑的形成，应戒掉。

2. 戒食过甜食品。头发属碱性，甜品属酸性，会影响体内的酸碱平衡，加速头皮屑的产生。

3. 勿将洗发水直接倒在头上。因未起泡的洗发水会对头皮造成刺激，形成头皮屑或加剧头皮屑出现，故应倒在手中搓起泡后再搽在头发上。

4. 用温水洗头。水过热会刺激头皮油脂分泌，令头油更多；水温过凉会令毛孔收缩，使发内的污垢不能清洗掉，应用约20℃的温水即可。

5. 勿用指甲梳头。应用指腹轻轻按摩头皮，这样不但可增加血液循环，还可减少头皮屑形成。

6. 七日换一次洗发水。洗发水的清洁对头发是短暂性的，七日后头皮会适应，会失去清洁效果，宜同时买两支洗发水交替使用。

7. 喷发胶等化学性用品会伤害发质，刺激皮肤，同样会加剧头皮屑生成。

8. 早晚梳头一百下，有助增进血液循环，减少脱发又可减少头皮屑。

9. 可食用一些含锌量较多的食物。如：糙米、蚝、羊、牛、猪、红米、鸡、奶、蛋等。

资料来源：http://zhidao.baidu.com/question/148032294.html。

## 任务二　女秘书的仪容

### 工作情境

王红是霞光电器有限公司行政经理李明的秘书，一次，她随同李经理去机场接一位外地来的贵客。到了机场以后，客人还没到，王红先到盥洗室去了一趟，在那里，她习惯地对着镜子查看自己的仪容，发现脖子上的项链戴歪了。她又发现自己的手和脖子跟自己的脸很不协调。早上，在家化妆时，时间紧，竟然忘了脖子和手都没有涂上润肤露，也没有上一些粉。

### 任务描述

王红作为秘书，要化工作妆，还要注意不能忽视脖子、手等部位，在工作时要注意自己的形象，随时检查自己的妆容有无不适合的地方。

### 工作实施

她用手把歪掉的项链摆正，还拿出随身携带的小化妆包，及时给自己补了妆，把脖子和手都涂上了润肤露，也适当地施了一点粉。

### 工作评估

王红能注意自己的形象，化好淡妆上班，而且能注意一些细节问题，如：脖子和手部也要适当地化妆。当发现问题时，能及时进行弥补，并注意到了场合，在盥洗室里补妆。王红的所作所为符合一个秘书的职业规范。

### 相关知识

#### 一、面部化妆

##### （一）面部化妆的步骤

面部化妆是非常重要的，女秘书要想化好面部的妆容，必须知道日常上班面部妆容的化妆步骤。

（1）洁面：用有效的清洁用品彻底清洁皮肤。在未涂敷底色之前，必须将面部皮肤的不洁之物除去，才能开始化妆。除去面部油污的方法，一般有油洗和水洗两种。如果条件允许，最好是油洗，即选用洗面霜、清洁霜这类的油质皮肤清洁剂洗面。它的优点是，既能除去面部油污，使面部洁净，又能保护皮肤，免除肥皂等碱性物质对皮肤的不良刺激。

（2）护肤：涂抹能改善并保护皮肤的护肤品，包括紧肤水或爽肤水、面霜、眼霜。用爽肤水轻按面部和颈部，然后再加一层有色润肤液，使未经化妆的面部洁净、清爽而滋润。这种有色润肤液，不仅对皮肤有益无害，而且能增强化妆品效能，使妆容持久、均匀、细柔，色泽也不易改变。特别是夏季，使用润肤液可使皮肤呈现天然的日晒色，有利于保护皮肤。

（3）打底粉：用少量粉底涂在脸上，再用棉球或海绵将粉底仔细地抹匀，一直抹到鬓边和颈下，以免出现痕迹。然后用少许油质眼影膏打底，它能将眼影粉的颜色表现得更加纯正；颧骨上也可用少许油质眼影膏打底，用指尖在颧骨上轻轻抹匀。如果要遮盖眼睛上部的黑圈或面部的瑕疵，可先涂上遮瑕膏，并用海绵抹匀。应注意，千万不要涂到眼下细柔的皮肤上。

（4）上眼影：用毛刷清扫眼影粉，使不同颜色的眼影粉刷得更加均匀。然后，在眼睑内侧涂上较深的眼影，以衬托出鼻子的线条，这是我们东方人脸型常用的一种技巧。

（5）画眼线：用黑色眼线笔在上下睫毛线上画眼线，这样眼睛就显得炯炯有神，使人增添魅力。

（6）扫睫毛：用睫毛刷，从睫毛下侧面上扫两次，待干。当扫下睫毛时，可先用睫毛棒扫一次，再用干净的睫毛刷轻扫。

（7）打胭脂粉：打上胭脂粉，能使整个脸部显得柔美自然，也能使颧骨显得突出。然后再用同色胭脂粉轻扫太阳穴部位，便可使面部色彩显得浓淡和谐。

（8）画唇形：首先在原来的唇线上搽粉底，再打粉，然后用唇线笔画出所设计的唇形。在上下唇中加上珠光唇彩，以增光泽。

完成上述几个步骤后，日常妆就算化完了。化妆完毕的面容应毫无痕迹，并显得典雅大方。这样，就算达到面容化妆的预期效果了。

### （二）面部化妆时需要注意的问题

琳琅满目、功能繁多的化妆品给爱美女秘书带来了自信和美丽，但是，如果化妆品使用不当，不但起不到美的效果，相反，会造成皮肤的损伤，轻者在停用或经药物治疗后会渐渐痊愈，重者会因此造成永久性的皮肤损害。

化妆品中造成面部皮肤损伤的因素主要有如下几种：

（1）色素：主要存在于我们日常使用的唇膏、眼影、胭脂、甲油等化妆品中。

（2）香料：化妆品的芳香成分主要是香精，而香精绝大多数是人工合成的，纯天然成分的香料不多。

（3）生物分子：化妆品中大都掺有油脂、氨基酸、维生素等营养成分，还有些会含有银耳、蜂王浆、人参液等天然物质，若保存不善有可能成为培养细菌的场所。

（4）防晒成分：一般在防晒护肤品及化妆品中都含有此种成分。

（5）目前市面上充斥着大量的伪劣和不合格的化妆品。

鉴于以上种种的因素，经常化妆的女秘书应注意：

一是不能让化妆品常留脸部，应于每晚临睡前彻底卸装，让脸部清爽入睡。

二是使用化妆品应谨防被污染，长期存放的化妆品不应再用。

三是过敏性皮肤应慎用各种化妆品，若使用后皮肤出现痒、痛、红肿等情况应立即停用，症状严重者应及时就医。不能把“皮炎平”、“氟轻松”等激素类软膏作为护肤品长期使用，否则将会出现激素性皮炎，面部皮肤毛细血管扩张，汗毛增长，色素沉着、皮肤变薄及发生损伤性改变等不良后果。

## 二、选择适宜的发型

一个人的发型是最有可塑性的，它对装扮的重要性无论怎么强调都不过分。但发型选择要根据脸形、身高、肤色而定，不可东施效颦。女秘书选择发型时，需注意以下几点。

（1）长头发或披肩发是绝大多数女性发型的首选，长发美女受到男士的普遍喜欢。留长发要注意理顺有光泽，否则很难看。身材矮的女性不宜长发过肩，中老年女性也不宜留长发。

（2）脸形为瓜子形或鸭蛋形者，头发可长可短，短发显精神，长发则温婉柔美。五官精致或眼睛漂亮者可留短发突出自己的优点。需注意身体不好时，不要留长发，长发更显精神不振。

（3）脸形非瓜子形或鸭蛋形者，尤其是肤色黝黑者，不宜留短发。长瘦形脸宜留长发并使之蓬松有加宽效果；宽脸则宜直发披散下来放在脸庞两侧，不宜推至耳后；圆脸宜长发侧分，遮住眉骨至颧骨部分。额头窄不宜留刘海，可以把额头两边的头发剪掉一些或从中挑掉一些头发以弥补。

（4）盘发显得优雅，具有高贵的贵族气质。

（5）脸白者长发可直可卷，脸黑者不宜卷发，否则显老。长发而带有修饰性的少量卷曲富有浪漫气质；全卷则只有脸小而白者适宜。短发而卷，不到四十五岁不要尝试。

（6）刘海、发辫给人淳朴的感觉，偶尔做此发型让人感觉新鲜，不宜长久留此发型，否则给人村妇的感觉。

注意不要随意更换发型，也不要逆潮流（流行趋势）而动，还要记住，要漂亮，就要吃得苦。比如：在海南，一年四季高温，长发扎成马尾巴或剃个小子头肯定凉快又方便，但会大大降低你的吸引力。

## 三、其他部位的保养与修饰

女秘书要设计妆容除了要做好面容保养、面部化妆和头发发型的设计之外，还要注意颈部、手部和脚的美化与修饰等。

### （一）颈部的美化

在精心护理面部的同时，一定要注意对颈部皮肤的护理，颈部的皮肤很薄，皮肤组织也很脆弱，另外，颈部皮肤没有支撑，容易下垂，再加上经常受到衣服的磨擦，如果忽视保养的话，细纹很容易随着年龄的增长爬满颈部。颈部护理要做到以下几点：

（1）建议大家在临睡前对颈部进行适当的按摩，促进该部位的血液循环，同时延缓皮肤老化。

（2）在用面霜或乳液涂抹脸部的时候千万不要遗忘了颈部。涂后用手在颈部轻轻按摩，拍打，直至皮肤组织完全将护肤品吸收。

（3）适当做一些颈部的运动。如：上下左右扭动头部，每天10～20次即可，让颈部的肌肉得到充分的舒展和活动。

（4）保持良好的坐姿、站姿。不好的姿态习惯很容易使颈部产生皱纹，此外，还要注意睡眠的姿势，尽量不要枕过高的枕头睡觉，高枕会使颈部弯曲从而产生皱纹，要尽可能枕平一些的枕头入睡。

**（二）手部的美化**

都说手是女人的“第二张脸”，当你与人相视，进入眼帘的除了面容外，就是双手，双手也是最能标志性感的部位之一。手的美化基本在于三点：即手的皮肤的保养滋润，手掌、手指的柔软灵活以及手指甲的修饰。大部分女生小心翼翼地呵护自己的宝贝脸庞，但对于保养自己的双手，却并没有重视起来，专业整形医生告诉我们，由于手部皮肤缺少皮脂腺分泌，又整天接触清洁剂等化学物质，是最容易衰老和产生皱纹的部位。在日常生活中，如果要清洗餐具或洗衣服等，一定要戴上手套。

**（三）脚部的卫生**

女秘书要想有一双“美脚”，应知道如何保养脚。

（1）脚的卫生。除了把脚洗干净之外，天热时，脚容易出汗，可将爽足粉撒在脚底或鞋子内，除了感觉清爽外，还有预防脚臭的作用。

（2）用柠檬、西瓜皮、小黄瓜等富含维生素C的蔬果擦脚，可使脚部肌肤滑柔、细嫩，防止脚部发炎，并有增白效果。

（3）脚底长茧者可把海沙和润肤剂拌匀，来磨擦粗糙的部位，能使硬皮变得柔细。

（4）脚部疲劳的消除。可将双脚浸入烫水（以脚能承受为限）约两分钟，然后再浸入冷水中两分钟，交换两三次，即可消除疲劳。

其次是脚部的修饰。脚部的修饰主要指修剪趾甲，每周至少修剪一次。

（1）在修剪趾甲之前，先要清除趾甲上的趾甲油。先用肥皂清洗双脚，再去除硬皮，并用软牙刷除去污垢；再用指甲剪修剪趾甲，不要剪得太短，长度以能盖住趾尖为宜。

（2）选用趾甲油的原则。要使大脚显得小一些，应选用浅色的趾甲油，如浅玫瑰色。不要使用亮丽醒目的色彩，那会使人更注意你的脚，宜用不发光的色调。如粉红或浅棕色，涂抹时不要擦满整个趾甲，左右各留点空白，更能达到修长的效果。

（3）脚上青筋暴起或过分露骨者，应选用柔和色彩的趾甲油以缓和压迫感。如果想使趾甲显得修长一点，应选用带有银光粉的趾甲油，如白金色等。

## 学法指导

1. 女秘书日常上班面部妆容的化妆步骤是：洁面、护肤、打底粉、上眼影、画眼线、扫睫毛、打胭脂粉和画唇形等。

2. 女秘书要根据自己的脸型，选择最适合自己的发型。如果是瘦长型的脸，发型最好是蓬松的卷发；如果是偏胖型的脸，发型可以是长一些的卷发。

3. 颈部要擦润肤露，要注意适当的按摩和运动，同时要注意站姿和坐姿要正确，睡觉时的枕头不能太高。

4. 手部皮肤的保养滋润要重视，还要注意尽量让手少接触清洁剂等化学物质，否则，很容易使皮肤衰老，并产生皱纹。

5. 脚部要注意除臭，也要注意消除疲劳，还要注意选择适合自己的趾甲油。

## 技能训练

1. 课前布置同学自带化妆品，上课时，请各个小组选派一些女同学上台展示女秘书工作妆的化妆步骤，边演示边讲解。同学做完后，师生共同评分。

2. 请各小组选派一些女同学上台说一说，选择发型的原则是什么，自己的发型是什么，选择的依据是什么。

3. 请同学说一说在日常生活中对颈部、手部和脚部的保养与修饰，哪些地方做得比较好，哪些地方做得不够好。

## 其他链接

### 如何保持年轻的外表

1. 如何保持年轻的外表

发型——很影响人的外貌，理个适合自己的发型，如拥有光泽润亮的秀发，可剪一个齐脚的短发，强调自己的优美；若秀发是卷曲的，不妨来个层叠发型，看来别具风韵。

刘海——如何处理额前刘海，也是一门学问。如要使别人集中欣赏你一双明眸，而不去注意开始松弛的下巴，刘海便成了功臣，还可掩饰你额前的皱纹。

眼镜——戴眼镜的女士，可试着戴隐形眼镜，减少一份老气。

指甲——指甲要经常修护，最好涂上红色甲油，使双手看来更幼嫩。

皮肤——光洁的皮肤更显青春，最忌面上有斑点或大痣，最好请专业皮肤医生脱掉，面上的毛亦应脱掉。

眼化妆——眼部化妆务求柔和，可利用睫毛夹卷曲睫毛，矫正下垂的眼尾，这可使双目看来更大。

化妆品——化妆品宜用天然色，如：眼部用桃红及棕色；胭脂也宜用柔和的自然色。

口红——鲜明的口红，可掩饰你的疲态，使人感到你活力充沛。

施粉——粉底及面粉宜薄施，因太厚反而强调了干燥的皮肤及皱纹。

牙齿——牙齿也不可忽略，必须定期到牙医处洗牙，使牙齿更洁白，笑容也更具信心。

身材——最好能够保持苗条的身材，过重或过肥，看上去会显得年龄较大。

睡眠——即使在工作紧张的日子，也要有充足的睡眠，防止加快衰老。

睡姿——睡姿也要正确，背要直、双肩垂下、腹部收缩、抬起头，健康的睡眠，能令你容光焕发。

衣着——青春派的衣着，使你看来更年轻；尤其注意比例，如上衣宽大、下裳窄，或上衣长下裳短。裙长以在膝上为宜，短裙使双腿看来瘦而具曲线。如果不是高挑型，则别穿长裙，否则看来既矮且没精打采。

除了以上各点，要保持青春，当然还有很多要注意的地方，生活必须要正常。只要有恒心，懂得保养，虽年过四十却依然可以青春迷人，明艳如昔。

2. 画出自然妆的小奥秘

你站在浴室的镜子前，仔细地化好妆，可是出了门再照一照镜子，就发现自己的妆化得太浓了。最有可能的差错是你屋里的灯没能成功地模仿日光。

在室外的太阳光下化妆是能够帮你取得自然效果的最佳方法。实际上，化妆品生产商都是在太阳光下检验他们的产品的，因为太阳光是最清晰的一种光。只可惜每天早晨都跑到室外去化妆对大多数人来说不仅是不现实的，而且是很荒唐的。

3. 长得越美的地方越要注重化妆

别人说你眼睛漂亮，那就加倍地爱护它吧。要反反复复地进行试验，找出最恰当的眼睛化妆方法，让这双又黑又亮的大眼睛充分发挥作用。

鼻形好，就让它高一些，使其他缺陷得到掩饰。鼻子恰巧就在脸的正当中，有举足轻重的作用，要学会利用它增加你的美。

如果你的眉毛天生秀美，就要当回事，不要用头发把它盖住。让秀美的眉毛清清楚楚地显露出来吧！

如果唇形好，就用鲜明醒目的颜色，但是，强烈的颜色容易显得平板单调，这是应当注意的。总之，要反复推敲，找出最适合自己的涂口红的方法。嘴唇是最能表现出化妆效果的部位。

4. 好的化妆只有一个醒目焦点

决定你脸上的妆是否成功的关键在于平衡效果上。化好妆后，一定要在远处仔细检查，如果脸上出现二个以上的醒目点，那就是个失败的妆。若以眼睛为重点，口红则采用能稳定全体的色调，反之亦然。所以好好研究各部位的色调、浓淡，取得平衡。

5. 法国妇女的3个化妆绝招

法国妇女魅力的一大部分来自她们的化妆——仿佛有魔术师的秘手把光艳和润泽完美无缺地描画在她们的面容上。事实上，她们只不过施用了一些一辈辈人传下来的小秘诀而已，而在适当地使用这些诀窍之后，你也一样能光彩照人。

法国女性的化妆品里有三样不可缺少的重要成分，它们是：半透明的粉底、大红色的唇膏和浓润的睫毛膏。均匀地打上粉底能使一个人的化妆更趋自然而不造作；大红色的唇膏由于颜色鲜亮而使人显得更加神采奕奕、精神焕发；而浓润的睫毛膏则使你的睫毛更加浓密诱人。

6. 香水的特殊妙趣

香水正如丝绸、醇酒和鲜花，是生活中必不可少的奢侈享受。香水的特殊妙趣就在它对你的心情具有强大的影响，一搽香水，顷刻便给予你信心、罗曼蒂克和高雅的情调。

你知道吗？我们对气味的记忆永比对其他的感觉准确、持久。我们都有过这样的经历，曾被一阵如此记忆犹新的气味带回到自己的童年时代，简直令人惊愕不已。由于香水能如此直截了当地调动潜在意识的活动，所以对那些我们衷心热爱的人来说，它就成了个人特有的印记和怀念，大量的回忆与联想总是伴随着香气一齐涌来。挑选香水要谨慎，可别仓促行事。香水如同好酒，要经过散发才能达到完美境界。它在皮肤上要 30 分钟左右才能完全发挥效用。不能走进一家商店，只闻上几下，就立即定夺。最好先试一种香水，保留几小时，再看自己感觉如何。第二天，再试另一种。最终你才能找出最适用于你的香水。

说到香水的用处，记住这句话："爱怜和芳香，都不可囤积。"在所有的配件与属品中，香水是最富于感染力的东西之一。尽情地使用吧。而既然香水十分昂贵，你就须小心照料它。阳光会对其产生作用，过冷或过热也会对其有影响。还有，瓶子一经拧开，氧气就会改变香味。据说，香水的寿命为 3 年，但明智的还是一次只买够 1 年用的就行。这样，它就能长期保持良好的性能了。

资料来源：http://www.tudou.com/home/diary_v1305466.html。

## 任务三　男秘书的仪容

### 工作情境

大学毕业后，几经波折，刘明在一家大公司找到了一个秘书岗位。在上班的前一天，他特地到理发店理了一个很新潮的发型，头顶的头发特别长，而且还染成了红色。他本来以为如此新潮的发型一定会引来新同事的青睐，没想到，他到行政经理王进办公室报到时，王经理盯着他的头发看了一会儿，委婉地告诉他："秘书的发型不能新潮，也不能染成黑色之外的其他颜色，否则，客户会产生不信任的感觉。你是新员工，有的事情还不懂，我不怪你，以后，遇到事情要多向办公室的老员工请教。"

### 任务描述

刘明的发型过于新潮，被王经理批评了，应该怎么说，怎么做？

## 工作实施

刘明是个聪明的小伙子，他立即向王经理保证："我以后一定会注意我的仪容仪表的，请您放心。我马上就去把头发染成黑色，发型也换成正常的发型。今天，我耽误的时间我会加班补回来的。谢谢王经理的提醒！"

王经理同意了刘明的请求，给了他一个小时的假去理发。

过了约一个小时，刘明以崭新的形象出现在王经理的面前。王经理很满意。

## 工作评估

刘明很聪明，能及时改正仪容方面的问题，这一点值得肯定。但是，作为秘书人员，应该了解秘书工作人员的仪容礼仪，并按礼仪要求去做，刘明缺乏仪容礼仪常识，导致了上班第一天给上司留下了不太好的第一印象。值得庆幸的是，刘明后来能够及时进行弥补，及时纠正了自己的错误，挽回了一些消极影响。

## 相关知识

在日常工作和与人交往中，仪容会在第一时间里留给对方一个印象，这个印象将影响到自己和企业的形象。仪容不仅是打扮和美容，它体现的是对自己、对客户、对上司和同事的尊重，体现的是秘书的精神面貌和个人修养，它能使秘书在工作中保持良好的精神状态，在社交中保持自信和神采。职场中，无论是女秘书还是男秘书都要化妆，稍稍上点妆可以让气色更佳，在待人接物上无往不胜。

### 一、男秘书的仪容设计

在日常工作和生活中，男秘书也要注意自己的仪容，可以适当作一些化妆。不过，在化妆时要注意分寸，不能化成夸张做作的艺妓妆，最好用简单的几个步骤就能修饰好仪容。

（1）洗脸。可以用控油的或祛痘的洗面奶。

（2）润肤。在化妆前先拍上爽肤水和保湿乳液，然后可以进行粉底上妆了。

（3）修面。男秘书不许蓄须，最好每天坚持剃一次胡须，绝对不可以胡子拉碴地上班或会面。还要注意经常修剪鼻毛，不能让鼻毛伸出鼻孔。

（4）搽遮瑕膏。有的男士容易出现眼袋，可以选颜色浅一些的遮瑕产品（但要避免过白），以指腹轻点的方式拍整个眼袋的部位使其明亮。对痘痘和痘疤的部位，也可以用遮瑕产品。

（5）祛味。男秘书在商务活动当中经常会接触到香烟、酒等有刺激性气味的物品，要随时保持口腔的清新。

### 二、男秘书的头发护理和发型设计

头发表现了一个人的生活状况和情绪，作为男秘书必须要注意护理自己的头发。男秘书的头发一定要干净整洁，要注意经常修饰、修理。

(一) 男秘书的头发护理

1. 勤梳头

梳理头发是每天必做的事，而且还不止一次。不管从哪个方面说，一个人的头发凌乱不堪都会让人难以接受，感觉不舒服。在出门前、上岗前、摘下帽子时、下班回家时，其他必要时都要自觉梳理头发，保持头发的整齐。

2. 勤洗头

要让头发闪闪发亮就要保持头发的清洁，养成周期性洗头的习惯，特别是夏天更要及时清洗。洗头发时水温不要太高，大约摄氏四十度就好，选用适合自己发质的洗发剂。洗干净后最好自然晾干，如果必须让头发迅速变干，可以用温度不高的电吹风，不然会损伤头发。

3. 勤理发

男秘书要常剪发，头发留短不留长，头发以 6 厘米左右为佳，最长也不应该后及领口，前过额头，更不要在耳朵前面故意留下一缕头发。通常留短发最好，除了艺人、文艺创作者、学生外，男士头发长度应前不遮眉，左右不遮耳，后碰不到衣领。

特别需要注意的是：交谈的时候，不要在别人面前梳理头发，使残发、头屑满天飞。还要随时注意清理落在肩背上的头皮屑，头皮屑太多的人更要注意。多吃水果是减少头皮屑很好的方式。

(二) 男秘书的发型设计

男秘书要设计自己的发型，在设计发型时，有如下几个原则。

1. 自然至上

男秘书的发型看起来要自然，可以喷抹各种美发品让头发更顺，更有型，但要注意不能把头发弄得很油很亮。油油亮亮的头发容易给人华而不实的感觉，特别是从事办公室或公关工作的男秘书更是如此，也会显得比实际的年龄大很多。

2. 染发要循序渐进

因为遗传或者年龄增长，把灰白色头发染黑是无可厚非的，可是，如果一夜之间从满头白发变成乌黑亮丽，也未免过于让人惊艳。所以，由白染黑时，要慢慢地一点一点地增加，等到大功告成时，就没有人发现了。此外，染发颜色一定要自然，金红或者红色等颜色虽酷，却一看就知道是做出来的，或许适合创意行业，但不适合传统行业的打扮。

3. 少就是多

有人以为头发长一点，稀少的头发看起来就会更多一些。其实正好相反，头发太长，发型看起来会更扁，也会显得更少。为自己找一位好的发型设计师，剪出一个很棒的短发，短发使发量看起来比较丰厚，同时也更好打理。头发少的人如果每天早上有洗头吹头的好习惯，会有意想不到的效果。

4. 避免变成浓密的狮子头

对于头发过于浓密的人而言，就需要勤于修剪，让美发师削出层次，别让它太长，更不宜太蓬，不然看起来容易杂乱无章，缺乏精神。

5. “短”就是美

对于上班族男性而言，无论是何种发质、何种脸型，都比较适合清爽的短发。头发不应该过长，前部的头发不要遮住眉毛，侧部的头发不要盖住耳朵，后部的头发不要长过西装衬衫领子的上部，头发不要过厚，鬓角不要过长。长发给人不修边幅、懒散或者过于忙碌，疏于照顾自己的印象，而这跟秘书在职场上要传达的干练形象相矛盾。

6. 不要掩饰秃头

有的男秘书头顶脱发了，不想植发，也不想戴假发，但也不要掩饰秃头。不要把头发左梳右梳分开梳，费尽脑汁遮掩光头，这只会让秃头更为明显。头皮下的东西比头皮上的重要得多，更何况秃头也是一种魅力的象征。同时不要认为，把后面的头发留长，看起来头发会比较多，长度和整个头发成比例才是上策。

## 学法指导

1. 男秘书每天要刮干净脸上的胡须，洗干净脸，在此基础上，搽一些润肤露或护肤霜。如果脸上有眼袋、痘痘和痘疤，就要搽一点遮瑕膏。记住：男秘书化妆切忌过分。

2. 男秘书在护理头发时，要注意一个字“勤”，勤梳头、勤洗头和勤理发。

3. 男秘书在设计发型时，概括地讲最重要的原则有两点：一是顺其自然，不能强求；二是头发要短。

## 技能训练

1. 课前请同学自备化妆用品，上课时，请两个班上的男同学上台演示男秘书的化妆操作步骤，在演示时还要作有关的说明。师生共同评分。

2. 请班上的男同学结合自己日常头发护理的做法，谈男秘书头发保养的注意点。

3. 请班上的男同学说一说男秘书发型设计有几种？在设计发型时，要遵循哪些原则？

## 其他链接

### 夏季男士面部控油五步解决

酷夏，让本就较女性易出油的男士们更加“油光满面”。这时如不注意面部护理，会导致出油日趋严重、肤色暗沉、甚至长出粉刺等诸多问题，严重影响形象。其实，仅需五步就能解决面部控油问题，爱出油的你快来学学吧。

男士面部控油第一步：要控油，洗好脸。

男性的皮脂分泌和汗腺都较发达，约为女性的两倍，所以容易堵塞毛孔，产生暗疮、粉刺。为了确保肌肤健康，选用正确的洗脸用品，在早晚要认真洗脸之外，白天至少应多洗一次，尤以下午三点左右洗脸效果最好。但千万不能以为洗脸次数越多越干净。过度清洁反而会刺激肌肤不断地分泌油脂，而破坏肤质原有的平衡机制。不过在运动流汗之后，千万记得要洗脸。因为留在脸上的汗水和空气中的污垢，会结合细菌造成发炎和毛孔堵塞，常常是脸部问题的最大症结。

男士面部控油第二步：收缩你的毛孔。

洗完脸后，面部肌肤处于水分易蒸发且无保护的状态，这时如果你想要有效地控油，那么可使用化妆水。化妆水可以渗透内部使肌肤饱满，也可以避免水分蒸发，让你的肌肤“超含水”，而且在瞬间收敛皮脂分泌，使肌肤不易发出油光，还可以达到预防面疱的效果。如果平时你就是属于易长痘痘的肤质，那么必须使用含杀菌及收敛成分的化妆水。

男士面部控油第三步：选用无油保养品。

如果不想要让自己的肌肤“油上加油”，在选择保养品时就该选择一些无油产品，如清爽无油配方的保湿露、保湿凝胶，因为油性肌肤所需要的水分远大于油脂，因此能适度补充肌肤水分，却不增加油脂负担。

此外，你还可以积极地使用抑制油脂分泌的保养产品，以达到百分百控油的目标。如对出油严重的T字部位使用“T字部位去油凝胶”，让泛油光、长痘痘、毛孔扩张的问题逐一改善。不过要注意的是使用抑制皮脂出油产品时，应尽量避免红肿面疱之处，以避免情况恶化。

男士面部控油第四步：敷脸功夫少不得。

使用去除多余皮脂污垢的面膜。特别是油性肌肤，面膜不但有助于去除你毛孔内的眉头粉刺，对于面疱的预防更是有效。剥除式的面膜在你涂抹上脸部后，会渗入毛孔黏住毛孔里的污垢，并在撕去时将污垢一起拔除。这样的效果虽然明显可见，但是因为刺激性较强，一周最多用两次，如果你的皮肤属于较为脆弱的人，则适用涂抹冲洗式的面膜。当然若你想小小偷懒一下，不想花这么多时间保养时，就可以选择贴布式的面膜；贴布式面膜因为撕去时会有点疼痛，所以注意不要让它过于干燥，撕去时也要从边角慢慢撕。

男士面部控油第五步：让生活变得更规律。

想要彻底有效地控制脸部出油量，最根本的一个方法是有规律的生活以及配合饮食的控制，例如不熬夜，减少油炸食物、酒精饮料、高糖食物的摄取量，多运动、放松身心、每天补充1 000毫克可助抑制皮脂的维生素C等。此外抽烟也是伤害皮肤的一大杀手，如果不想让你的肌肤缺水、毛孔粗大，油脂不停地冒，那么就得提醒自己少抽烟。

肌肤唯有在你每日每夜规律的生活下和悉心的照顾中，才能拥有正常的循环代谢，才能变得清爽、不泛油光。

资料来源：http://www.3158.cn/news/20100720/14/3310287064_1.shtml。

# 模块十

# 服饰装扮设计

## 学习目标

1. 了解秘书服饰装扮原则。

2. 了解并掌握秘书服饰穿着规律，提高秘书的审美情趣和职业修养，学会塑造职业秘书新形象。

3. 掌握在不同场合和环境中服饰的选择和具体的着装规范，并能够在实际工作中做到熟练、得体地穿戴和搭配服饰。

## 任务一　秘书服饰的规范

### 工作情境

一次某公司招聘文秘人员，由于待遇优厚，应征者如云。中文系毕业的李小华前往面试，她的背景材料也许是最棒的：大学四年中，在各类刊物上发表了 3 万字的作品，内容有小说、诗歌、散文、评论、政论等，还为六家公司策划过周年庆典，一口英语也极为流利，书法也堪称佳作。李小华五官端正，身材高挑、匀称。

请问，李小华应该如何打扮自己，穿什么样的服装去面试？

### 任务描述

李小华必须运用有关服饰礼仪知识恰如其分地打扮自己，以一个职场新人的面貌出现在面试官的面前。

## 工作实施

李小华脑子迅速飞转，到底是穿职业装还是休闲装去面试？是穿得性感一点还是稳重一点？是穿件迷你裙，露出一截大腿，上身穿个露脐装，还是……最后，经过慎重考虑，决定选择西装套裙。因为这是最通用、最稳妥的着装，而且自己应聘的是文秘人员，一套剪裁合体的西装套裙搭配一件色彩相宜的衬衣，会使女性求职者显得优雅而自信，给招聘方留下良好的印象。

脚穿一双高跟皮鞋看起来显得挺拔，有自信，当然还不忘穿一双肉色长筒袜，不能露腿，否则不雅，另外在包里塞了双备用的丝袜，防止脱丝。

出门前给自己化了个淡妆，带上应聘资料高高兴兴出发了。

## 工作评估

李小华能恰如其分地装扮自己，符合秘书服饰礼仪规范。

## 相关知识

服装是一种无声的语言，在人与人的交流中，服饰给人留下的印象是深刻、鲜明的，俗话说“三分长相、七分打扮”，一个秘书人员的服饰是否得当，穿衣是否得体，不仅反映了他（她）的审美情趣和修养，同时也反映了对他人的态度，因此应谨慎对待。

我们都有凭第一印象判断一个人的习惯，认为一个人好时，觉得他（她）什么都好，认为一个人不好时，觉得他（她）什么都不好，而这第一印象的评判，往往服装占90%以上。所以不要小看服装的作用。

### 一、秘书着装应遵循的原则

(1) 与身份一致。秘书担任的工作一般分为两类，一类是文员，工作环境基本在办公室里，从事文案工作、档案管理、收发文件等，处在一个安静的环境之中，因而他们的服饰也要体现安静的特点，选用质地较好，款式大方的职业装。而行政公关助理，从事的是公关、谈判、接洽等工作，平时出入宴会、酒店、社交场所较多，因而他们的服饰应款式新颖、时髦年轻、做工精细、色彩明亮。

(2) 与环境一致。不同的环境、不同的场合，穿衣着装也要发生改变。秘书的工作环境会发生变化，因此服饰穿戴要与环境、场合保持一致。

(3) 与时节相一致。穿衣着装要考虑气候、时节的变化。冬天穿保暖性强一点的职业装，夏天则穿透气性好的衣服。在色彩的选择上，也要考虑季节的变化。比如冬天适宜穿深颜色的衣服；春天适宜穿温暖明亮颜色的衣服；夏天适宜穿轻柔淡雅颜色的服装；秋天适宜穿浓郁华丽颜色的衣服。

(4) 与自身条件相协调。秘书的身材有高有矮、有胖有瘦，肤色有黄有白、有明有暗。所以在穿衣着装时，应尽可能考虑自身因素，既要穿出个性，又要得体大方、扬长避短。

## 二、秘书着装的色彩语言

### (一) 服装色彩语言

红色代表热烈、浪漫。容易让人联想到太阳、火、鲜血等，让人激情澎湃，血液沸腾。黄色代表明朗、休闲、高贵。在中国，黄色还是权力的象征。这种色彩可以让人焦虑，也可以让人亢奋。紫色代表神秘和高贵。绿色代表生命、希望，能给人带来安宁与平静。蓝色让人联想到大海与天空，给人以安静与舒适的感觉。灰色代表稳重、朴实、大方。白色代表纯洁、平凡、古板、孤高，给人以圣洁的感觉。黑色代表庄重、严肃，在职场上给人以稳重的感觉。

### (二) 服装色彩搭配原则

不同的颜色搭配能体现职场的不同形象，一般来说，主要有以下几种情况：专业形象：黑/深灰/深蓝＋蓝；权威形象：黑/深灰/深蓝＋红；成功形象：黑/深灰/深蓝＋红；自信形象：黑/深灰/深蓝＋红/黄/橙；稳重形象：黑/深灰/深蓝＋蓝/绿；年轻形象：白＋粉红/橙/黄/蓝等。

不过，对于秘书而言，职场上着装颜色不宜太艳，也不宜太暗。

### (三) 服装色彩搭配方法

(1) 同色系搭配方法。在同一色系中按颜色的深浅、明暗做一个搭配，此种方法有种和谐美。如西服中的深灰外套与浅灰领带的搭配。

(2) 邻近色搭配方法。把色卡中相邻的颜色搭配在一起，能起到一定的对比作用。比如红与黄的颜色，绿与蓝的颜色，它们都是邻近色，搭配在一起效果还是不错的，适合在工作场合和社交场合穿着。

(3) 相反色搭配方法。此种搭配对比鲜明，能产生强烈的反差效果，较吸引人的眼球，比如黑色西服搭配白色的衬衫，常常是经典的搭配方法。

(4) 点缀搭配方法。这种方法是指在同色系搭配时，局部运用不同的花色点缀一下，改变整体效果，有万绿丛中一点红的效果，起到画龙点睛的美感。比如蓝色套裙，脖子围根靓丽一点的花色丝巾，就能起到意想不到的效果。

当然，颜色的搭配还要结合个人的肤色、年龄、脸型等，才能达到最佳的效果。

## 学法指导

1. 注意秘书着装的原则。
2. 注意秘书着装的颜色搭配问题。

## 技能训练

1. 李丽今年40岁了，工作能力很强，却一直没有得到晋升的机会。她平时喜欢穿少女装，服装颜色很亮丽。一次，公司内部竞聘行政主管这一职位，这是李丽向往已久的职位，便报名参加了竞聘。笔试、演讲都过关了，就在最后的面试关被刷了下来。

请找找李丽竞聘失败的原因。

2. 今天，我们公司要和北京天地公司的客户洽谈业务，您的着装会给人留下重要的第一印象。

作为男士，你该穿怎样的服装和鞋子出现在客户面前？

**其他链接**

### 服饰颜色搭配礼仪

服饰的美不美，并非在于服饰价格的高低，关键在于配饰得体，适合年龄、身份、季节及所处环境，更主要的是全身色调的一致性，取得和谐的整体效果。

有人认为色彩堆砌越多，集五色于一身，遍体罗绮，镶金挂银，越“丰富多彩”。其实这样的服装搭配效果并不好。

“色不在多，和谐则美。”正确的配色方法，应该是选择一两个系列的颜色，以此为主色调，其他少量的颜色为辅，作为对比，衬托或点缀装饰的重点部位，如衣领、腰带、丝巾等，以取得多样统一的和谐效果。

资料来源：http://www.welcome.org.cn/fushiyirong/2009-11-25/yansedapei.html。

## 任务二　男秘书的服饰

**工作情境**

张强今年刚刚大学毕业，便到一家公司上班，被分配到办公室给经理当秘书，从事公关工作。张强听说在商务交往中个人形象很受重视，所以自己觉得也应该注重一点形象。一天，经理叫张强外出谈项目，想到第一次独当一面，张强很兴奋，将自己精心打扮了一下，穿上了一身新买的深色西装，黑色皮鞋，觉得白色袜子好看，因而穿上了那双白色袜子。

让张强很奇怪的是，当他坐下与对方谈项目的时候，对方将他打量了几下，便将他打发走了，项目没谈成。请你帮帮张强分析一下原因，他该怎么做？

**任务描述**

张强必须要运用有关服饰礼仪知识装扮自己，让自己充满信心，投入到工作中。

**工作实施**

张强回来后百思不得其解，不知自己到底哪里做错了，后来问单位同事，同事告诉他，你穿的是深色西服、黑色皮鞋，但却穿了一双白色的袜子，这种穿法，有悖西装穿着的原则。张强听后，才恍然大悟。

## 工作评估

虽然张强穿错了袜子，但他能及时讨教，发现问题所在，为他今后工作的顺利开展奠定了一定的基础。

## 相关知识

男秘书在公务场合和社交场合最得体的服装应该是西装。西装是公认的既有档次又很大方的服装。因为它能既显得正统，又有绅士风度，在当今社会，它已成为通用的礼仪服装了，也非常适合秘书的身份。

不过，西装的穿着有很多的讲究，下面将进行一一分述。

### 一、西服着装应遵循“三个三”的原则

（1）三色原则：全身颜色不得多于三种颜色。因为颜色太多，显得太杂乱，不适合公务场合穿。

（2）三一定律：鞋子、腰带、公文包这三个物件应保持一个颜色为佳，特别是黑色最佳，其次是咖啡色。

（3）三大注意：1）左袖商标要拆掉。新买来的西服，在袖口上有一商标，记得要把它拆掉。2）不穿尼龙袜，不穿白色袜。西服一般颜色相对较深，所以穿白色袜子对比太明显，不适宜这样搭配。3）领带质地选择真丝或纯毛的。真丝和纯毛的料子比较挺括。

### 二、男性西服的组成部分

西装一般由衬衫、外套、西裤、领带和马夹组成，穿着西装比较讲究，否则就显得不伦不类。

### 三、西服的款式、颜色和面料的选择

#### （一）西服最常见的有三种款式

（1）意大利式西服：多为双排扣，如单排扣的话扣子较多，有4粒扣或5粒扣，衣领较宽，后摆没有开衩。这种款式适合身材瘦高的男子穿着。

（2）英式西服：多为单排扣，通常是3粒扣，衣领较窄，有点收腰。衣服后摆两侧开衩。这种款式适合身材不高也不矮的人穿。

（3）美式西服：多为单排扣，一般是2粒扣，衣领宽大，腰部较宽松，后摆中间会开衩。如果你是身材高大健壮型的，这种款式比较适合你。

#### （二）西服色彩选择

秘书该如何选择西服的颜色？哪几种颜色在职场上是常青树？

（1）选择色彩较深、稳重、无明显花纹图案的，适用场合广泛，穿用时间长，利用率较高。一般来说，藏蓝色西服是理想的秘书西服颜色，它适用于任何场合。

（2）灰色也不错。灰色总体显得大方，不过如果是金属灰就显得过于新潮，不太适合在公务场合穿着。

（3）黑色西服。它更适合庄重的场合和肃穆的场合穿。如颁奖晚会或是葬礼上穿比较适合，而在公务场合，黑色西服显得过于严肃。

衣服颜色越深，传达的权威程度越高，所以切记，作为秘书，你的服装颜色不要比你的上司服装颜色深。

### （三）西服面料的选择

西服面料的选择应慎重。因西服讲究挺括，所以可选不易皱的面料，如毛料、涤纶等。

## 四、西装穿着应遵循的礼仪原则

### （一）西服套装上下颜色应保持一致

在搭配上，西装、衬衣、领带其中应有两样为素色。比如衬衣、西装是素色，则领带可选斜纹或圆点图案的。而西装是条纹的，领带和衬衣一般应选择单色的。

### （二）穿西服必须穿皮鞋

穿西服必须穿皮鞋，不能穿便鞋、布鞋和旅游鞋，否则会显得不伦不类。鞋子对于秘书来说，是至关重要的一个细节，应让皮鞋保持整洁、光亮，平时要注意保养。从鞋子的外观可以看出你做事是否细心，这是上司观察你的一面铜镜。

### （三）西装系扣的要求

一般来说，穿西服在站立时纽扣该扣的应该扣上，而在坐着的时候，可以解开扣子，防止衣服变形。

西服扣子有好几种类型，系扣子也有不同的讲究：

（1）双排扣的，正式场合全扣。

（2）两粒扣的，一般扣上面一颗，下面的那颗不扣。

（3）三粒扣的，一般只扣中间的一颗，上下两颗可以不扣。

### （四）西装的口袋

上衣口袋：只作装饰，不可以用来装任何东西，但有时可装折花式的手帕，起到点缀的作用。西装左胸内侧衣袋，可以装票夹（钱夹）、小日记本或笔。右胸内侧衣袋，可以装名片、香烟、打火机等。裤兜也与上衣袋一样，不能装物品，防止裤子变形。但裤子后兜可以装手帕、零用钱等。

## 五、西装的衬衫穿着要求

### （一）面料

应为高织精纺的纯棉、纯毛面料，或以棉、毛为主要成分的混纺衬衫。这类衬衣穿着舒适，又不易变形，容易熨烫。

### （二）颜色

一般选择单色，白色是首选。因为西装外套颜色较深，白色衬衣搭配显得精神、干练，符合秘书的身份要求。

### （三）图案

衬衣以无图案为最佳，花衬衣显得不够庄重。在工作场合，男秘书的衬衣要简单，不宜花哨。

（四）领型

衬衣的衣领以方领为宜，扣上扣子，打好领带，才能显示出职业秘书的精神风貌。

（五）衬衫穿法讲究

(1) 衣扣：衬衫的第一粒纽扣，穿西装打领带时一定要系好。

(2) 衬衫的袖长：衬衫的袖口以露出西装袖口以外 1.5～2 厘米为宜。袖口必须扣上，不可翻起。

(3) 衬衫的下摆：下摆要塞到裤子里面。

(4) 不穿西装外套只穿衬衫打领带仅限室内，而且正式场合不允许这样穿着。

## 六、西裤穿着要领

因西装讲究挺括，追求线条美，所以西裤必须要有中折线。要经常用熨斗熨直。西裤长度以能盖住脚背为宜，不可太长，否则会被鞋子踩住。不能将西裤裤管卷起来。

## 七、西装的配件

（一）领带

领带被称为“西装的灵魂”，是男士的重要装饰品，在西装的穿着中起到画龙点睛的作用。男士穿西装时，不打领带会使西装黯然失色。在选择领带时，要注意以下几点：

(1) 面料：质地一般选真丝、纯毛为宜。

(2) 颜色：应选用与西服颜色相协调的，典雅朴素的领带。

(3) 质量：外形美观、平整、无挑丝、无疵点、无线头。

（二）西服与领带的搭配原则

黑色西装可搭配白衬衫，配红黑领带。这样搭配，即遵循西装穿着的三色原则，又使得颜色对比分明，立体感强，给人耳目一新的感觉。

中灰西装可搭配暗灰衬衫，配银灰领带。此种搭配，颜色显得协调，不会突兀。

暗蓝色西装可搭配灰蓝衬衫，配暗蓝色领带。这种搭配，同属蓝色色系，整体效果很好，而且蓝色代表沟通，特别适合秘书的职业特质。

（三）常见的领带打法

(1) 平结（见图 10—1）。

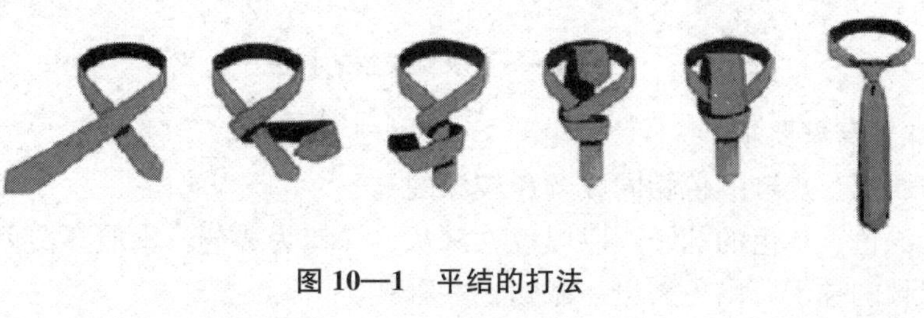

**图 10—1 平结的打法**

（2）交叉结（见图10—2）。

**图10—2 交叉结的打法**

（3）双环结（见图10—3）。

**图10—3 双环结的打法**

（4）温莎结（见图10—4）。

**图10—4 温莎结的打法**

（5）双交叉结（见图10—5）。

**图10—5 双交叉结的打法**

（四）袜子穿着要领

要穿与西裤、皮鞋颜色相同或颜色较深的袜子。

一般选深色、单色的袜子，以黑色、深灰、深蓝为最佳，不能穿白色袜子，并且不能穿低于踝骨的袜子，以免露出一截腿，不雅观。

（五）公文包

男士的公文包是不可或缺的部件，颜色以选用黑色或咖啡色公文包最佳。

（六）手表

与西服相配的手表要选择造型简约，没有过多装饰，颜色比较保守，时间准确的，表带以金属链的为佳。不可戴劣质的、卡通的、时间不准确的、造型很夸张的手表。

## 学法指导

1. 需注意西装的穿着要领。
2. 需注意穿西装的搭配原则。

## 技能训练

1. 小王刚参加工作，每天上班要穿西装、打领带，假如你是小王，你可以打多少种领带花样？

2. 今天是你第一天上班，你打算给自己塑造什么样的形象，穿什么样的服装来迎接你的第一天？

## 其他链接

### 西装穿着九忌

1. 西裤过短。
2. 衬衫下摆放在西裤外。
3. 衬衫扣子解开。
4. 西服袖子长于衬衫袖子。
5. 领带过短。
6. 西服上装两扣都扣上（双排扣西服除外）。
7. 西服的衣、裤袋内装得鼓鼓囊囊。
8. 西服配休闲鞋。
9. 领带的打法出现错误。

# 任务三　女秘书的服饰

## 工作情境

王雨是某公司的行政助理，今天公司要和另一家企业洽谈业务，总经理派王雨前往，王雨穿哪一套衣服合适呢？

## 任务描述

王雨必须要运用有关服饰礼仪知识装扮自己，既能代表公司形象，又不失女性的柔美。

## 工作实施

王雨从自己的衣柜里挑出几件衣服，一套是自己喜欢的玫红色裙子，一套是浅灰色的职业套裙，还有一套是颜色亮丽的运动装。经过一番对比后，王雨决定穿上那套浅灰色的职业套裙，内配一件玫红色的衬衣，因为是要出席商务场合，所以这套衣服比较得体，又不失年轻女秘书的青春形象。于是王雨高高兴兴地穿上了套裙，信心十足前往目的地。

## 工作评估

王雨能区别职业装、休闲装与运动装的不同之处，能根据场合来着装，符合服饰礼仪的规范。

## 相关知识

爱美是人之天性，对于女秘书也不例外。如何让自己打扮得很得体，值得女秘书们重视。一般说来，女秘书主要从以下几个方面重视自己的服饰。

### 一、女性秘书着装要求

#### （一）套裙的选择

套裙分两种：一种是配套的，即上衣和裙子同种颜色，同种面料；另一种是不配套的，即上衣与裙子颜色、面料存在差异。严格来说职业套裙指的是第一种。

1. 面料

套裙选用的面料与男士相比，选择的余地要大得多。一般选用纯天然质地且质量上乘的面料，比如羊毛、亚麻、棉织品、毛涤和高档的化纤面料等。夏天则选丝绸、麻纱等。面料必须平整、挺括，不容易起皱，变形。一般来说，上衣、裙子、背心要求同一面料。

2. 图案

讲究朴素简洁，以单色最佳，或选精致的方格、圆点、条纹等图案。这些图案可使女性充满活力，有朝气。职场上还是比较受欢迎的。但不能选花卉、动物、人像、符号、字母为内容的图案，否则会让人眼花缭乱，目不暇接。

3. 点缀

西装套裙通常不宜添加过多的点缀，比如绣花、蕾丝花边、彩色镶边、亮片和皮草等，效果都不会好，会显得杂乱、烦琐、不大气，有失稳重。当然并不是所有点缀都应去除，有时，加点包边、金属扣还是不错的。总之，点缀宜少不宜多。

4. 款式

西服套裙的款式是西装上衣，裙子是半截裙。上衣和裙子的比例变化，体现不同的款式，包括长短和宽窄两方面。衣服长度可长可短，短至齐腰，长至臀部。腰际可收腰，也可宽松。扣子有单排扣和双排扣之分。女子裙子一般有三种形式：及膝式、过膝式、超短式。一般来说上衣不宜过长，裙子不能过短，不能短于膝盖以上15 厘米。

上衣的领子可以有多种多样，有西装领、披肩领、一字领、V 字领、U 字领等。

（二）衬衫的选择

衬衫的颜色可以是多种多样的，只要与套装相匹配就可以了。白色、黄白色、米色的衬衫与大多数套装都能搭配，有时也可用粉红色、浅蓝色的衬衫来搭配，最好少选紫色和绿色的衬衫。衬衫面料最好是丝绸的，但是不太好打理，特别要注意洗涤方法，只加点洗涤液再用清水漂清即可。另一种选择就是纯棉的，但要注意洗过要用熨斗烫平整。穿衬衫时，衬衫的下摆必须放在裙腰之内，不能放在裙腰外或把衬衣的下摆在腰间打结。

（三）内衣的选择

内衣不仅要合身，体现身体曲线美，又要穿得合适，还要注意内衣颜色不要外泄。

（四）围巾

选择围巾时要注意颜色中应包含有套裙颜色。围巾选择丝绸质地的为好，其他质地的围巾打结或系起来没有那么好看。

（五）袜子

女性穿西服套裙时，穿肉色的长筒或连裤式丝袜为宜，当然现在流行黑色丝袜，但要注意衣服颜色属浅色系的不可配黑色丝袜。不允许光腿或穿彩色丝袜、短袜。如果穿旗袍，则穿肉色连裤丝袜最为得体。特别要注意，女士不能在公众场合整理自己的长筒袜，而且袜口不能露在裙摆外边。不要穿带图案的袜子，因为它们会惹人注意你的腿部。应随身携带一双备用的透明丝袜，以防袜子拉丝或跳丝。

（六）鞋子

女秘书穿的鞋子以皮鞋为佳，一般穿鞋跟高度为三至五厘米的高跟、半高跟的船式皮鞋。黑色的高跟或半高跟船鞋是职场女性必备的基本款式，几乎可以搭配任何颜色和款式的套装。太高不合适，走路不稳，穿着也太累，鞋跟太矮也不对，显得身材瘦小，不挺拔。

系带式皮鞋、丁字式皮鞋、皮靴、皮凉鞋等，都不宜在正式场合搭配套裙，露出脚趾和脚后跟的凉鞋也不适合商务场合。

鞋的颜色应与裤子或裙子的一致或再深一些。衣服从裙摆开始到鞋的颜色一致，可以使大多数人显得高一些。如果鞋是另一种颜色，对比太强烈，人们的目光就会被吸引到脚上。推荐职场上较适用的颜色，如黑色、藏青色、暗红色、灰色或灰褐色。不要穿红色、粉红色、玫瑰红色和黄色的鞋。即使在夏天，穿白鞋也带有社交而非商务的意义。亮片或水晶装饰的鞋子也不适合于商务场合，这类鞋子只适合正式或半正式的社交场合。

（七）手提包和手提箱

手提包和手提箱最好是用真皮制成的。女性的手提箱可以用硬衬，也可以用软衬。最实用的颜色是黑色、棕色和暗红色。钱包的颜色应与鞋相配，而手提箱则不必。

## 二、女性秘书着装原则

(一) 依据场合着装

1. 正式场合

女秘书在正式场合以穿套裙为宜。在正式场合还是选用上衣与裙子同色同料的比较好。

西服套裙是女性的标准职业着装，同时也比较适合女秘书在正式场合穿着。因为整体形象要能体现信任度、庄重度，服饰就要穿得严谨、端庄、简洁一点。颜色以冷色调为主，以体现着装者典雅、端庄、稳重的气质。比如藏青、烟灰、雪青、紫红等颜色都是可以选用的。不必像男士西服一样除了黑，就是灰和蓝，女士的套裙颜色选用的范围大得多。

一般来说颜色能体现权威感的高低，显示权威感的颜色普遍较深。

2. 一般工作场合

一般工作场合可穿颜色稍微清新、雅致一点的衣服，比如白色、藏青色、灰色和暗红色的套裙都是不错的选择。款式、面料、图案都可随意一些，可时尚、个性化一点，但忌讳鲜艳的颜色和靓丽的流行色，比如红色、黄色或淡紫色的套裙要小心，因为它们的颜色过于抢眼。

3. 休闲场合

下班后逛街购物，外出旅游，周末休息应该穿休闲装，显得轻松自在。

4. 隆重场合

隆重场合要穿礼服。大礼服是非常正式的隆重场合穿的服装。而在出席宴会、小型聚会、舞会、沙龙时可选择与这类场面相一致的小礼服，充分展现女性温柔美丽的一面。

5. 运动场合

运动场合适合穿运动装，便于舒展身体各部位，如果这时还穿职业套裙的话，会显得格格不入。

(二) 巧用服饰修饰体形

女性秘书在着装时，要注意扬长避短。我们不是模特，身材没那么标准，怎样让自己看起来显瘦、显高、显精神？这就要求我们运用一定的服饰穿着技巧来加以修饰。

1. 显高

可以采取上衣颜色深下身颜色浅的穿着方法，或者上下穿同色系的套装，这样看起来会显高。另外，穿单色的套裙能使身材显得瘦高一些。

假如穿的是裙子，那么如何让自己看起来显高一点？这要根据裙子的长度来评判，裙子短于膝盖，看起来显高，裙子过膝，会显矮。

2. 显瘦

利用颜色、长外套、长项链、腰带等方法加以掩饰。

衣服颜色越深，会显瘦一点。外面披长外套，里面穿深色裙子，看起来也会显瘦。胖的人戴长的项链会显得瘦些，还有一种方法是腰间扎一腰带，看起来也会显瘦。

（三）穿对色彩彰显气质

我们每人的肤色都不一样，在职场中，应该如何穿对衣服的颜色呢？

一般来说女秘书应慎用深灰色的套裙，因为看起来会没精神，缺少朝气，而选择高级灰就很好了。宝石蓝的西服套裙很显档次，但肤色偏黄的人，不宜选用紫色、宝石蓝的衣服。

## 三、女秘书着装禁忌

（1）黑色皮裙不能穿。在正式场合，不能穿黑色皮裙，因为不合着装礼仪规范，会使人对你的身份产生误解。在西方国家，黑色皮裙是街头应召女郎所穿的。

（2）正规场合不能光腿，应该穿上长筒袜或连裤袜。

（3）袜子不能出现残破，一旦发现有破损，要及时更换。随身携带的包内应准备一双备用袜子，以防万一。

（4）鞋袜不配套。穿西服套裙应穿与之相配套的鞋子。选用船式皮鞋为宜，鞋跟不宜过高，以免影响工作和走路。不能穿凉鞋，也不宜穿平底鞋，平底鞋会让你看上去个子矮小，不挺拔，同时也会让人觉得没精神。

（5）避免袜口露在裙外，防止出现半截腿露出来的情况，显得不够庄重。

（6）套装不允许过大或过小。过分短小和过分紧身的衣服都是不行的。一方面自己穿着不舒适，另一方面也会影响工作效率。

（7）衣服过分暴露、过分透视。太透、太露的都是有损秘书形象的。毕竟秘书有别于社会青年。

（8）衣服颜色过分杂乱、过分鲜艳。颜色过分杂乱，让人看着眼花；颜色过分鲜艳，不适合在上班时穿着。

## 四、女秘书配饰礼仪

饰品，在女性着装中，起到关键的作用，不仅能起到装饰点缀作用，而且能使女性更加有魅力。饰品主要包括服装配件（如帽子、手套等）和首饰佩戴（如戒指、胸花、项链、眼镜等）。

（一）饰品佩戴原则

女秘书饰品佩戴的原则主要有以下几点：

（1）以少为佳。在工作中，女秘书不宜佩戴珠宝饰品，而宜选戴简洁的普通饰品。要力求少而精，全身上下不超过三件饰品。

在工作场合，允许佩戴的饰品有耳钉、项链、戒指。不宜佩戴的饰品有耳环、手链、脚链，手链会影响工作，脚链太显休闲。

（2）同质同色。即遵循同种颜色、同种质地。比如耳钉、项链是白金的，则戒指也应该是白金的。

（3）符合习俗。佩戴首饰应遵循习俗。如佩戴玉器挂件，则“男戴观音女戴佛”。

（4）注意搭配。女秘书饰品搭配的原则是：饰品的佩戴应讲求整体的效果，要和服装相协调。同时，还应考虑所处的季节、场合、环境等因素。

（5）符合身份。部门经理和普通工作人员佩戴的首饰要有所区别。

（6）扬长避短原则。注意饰品的佩戴方法，可以弥补自身的缺陷。如脖子短的人可佩戴长一点的项链。

**(二) 几种常见饰品的佩戴方法**

1. 戒指

戒指一般只戴一枚，而且戴在左手。戒指戴在不同的手指上，表示不同的意思。戴在食指上，表示求爱；戴在中指上，表示正在热恋；戴在无名指上，表示已结婚；戴在小拇指上，表示独身。因此，女秘书在戴戒指时要注意不能太过随便，否则，会被人笑话。

2. 项链

短项链，一般长 40 厘米左右，又叫颈链，适合人们穿低领服装时戴，一般适合脖子细长的人；中长项链一般长 50 厘米左右；长项链一般长 60 厘米左右。后两者适合上班时佩戴，也适合社交场合。长度 70 厘米以上的项链，称特长项链，它适合与礼服搭配，佩戴于特别隆重的场合。职业女性穿西装套裙时，不适合戴特长项链。

3. 胸针

穿西装套裙时，别上一枚精致的胸针，能造成视线上移，让身材显得高挑一些。穿西装时，应别在左胸襟，穿无领上衣时，应别在左侧胸前。其具体高度，应在从上往下数的第一粒、第二粒纽扣之间。胸针的大小、款式、质地可根据每个人的爱好决定。

4. 耳环

耳环的形状不应与脸型“雷同”。即圆脸型不应戴圆耳环，长脸形不宜戴长耳环，方脸型不应戴方耳环。不然将会使自己的脸型被强化得走样。应该戴与脸型相反形状的耳环。

推荐几种适合女秘书佩戴的饰品：白金、白银、水晶、钻石、珍珠——这几种虽没有明显的色彩，但能显出稳重的一面，适合职业女性在任何场所佩戴。

## 学法指导

1. 注意女秘书着装的要求。
2. 注意女秘书着装的搭配原则。
3. 学会适时地穿衣打扮。

## 技能训练

1. 某商务代表团到外地开会，当地某政府机构的一位女公务员负责接待他们。当代表团成员们见到这位 30 多岁的女士时不禁面面相觑，暗想："她怎么穿了一身童装啊!"原来该女士为了使自己显得年轻些，穿了一件绒布的带图案的上衣和一条花哨的七分裤，特别是上衣的领子和花边酷像童装的样式。

你帮她设计一下，她应该换一套什么样的衣服?

2. 说说你的服装搭配原则，每人搭配一身衣服，说明自己的着装原则。

3. 王丽、李华、张花分别要去参加舞会、企业洽谈会、大型庆典酒会。

请你为她们设计一套服饰，对她们的穿着服饰提点建议，并说明原因。

## 其他链接

### 女秘书的装扮禁区

身为秘书的你，在讲究"包装"的时代，如果一味地追赶潮流，将所有的流行顶尖元素都带入办公空间，可能会给你的工作带来一些不必要的困扰。你不妨认真反思一下自己有没有犯以下着装禁忌，如果有，就要及时改正，以重建自己的形象。

禁忌一：发型太新潮。

尽管你很陶醉于发型师的建议，梳个最新潮的"龙珠头"，再配一身"彩色狂野装"，但若是将它带到办公室里，一定会使同事向你投来诧异的目光，甚至让人一见到你就眉头紧锁。

禁忌二：头发如乱草。

凌乱的长卷发垂在鬓边，或是刘海遮了眼睛，别人会以为你起床后没有梳头就匆匆上班，更认为你披头散发会失尽仪态。想想你一边忙着拨弄头发，一边忙着整理桌上文件的狼狈相，会让人觉得你是一个不修边幅的人，对你的工作能力也会大打折扣。

禁忌三：夸张化妆。

女孩子喜欢涂脂抹粉、画眉、染唇，但如果把两颊涂得像中国大戏妆，就绝对不符合白领一族。其实，女士若爱上浓妆厚粉，夸张眼线，除了表示她的年纪越来越大之外，更代表她对自己越来越没有信心。如果在大热天仍然这么浓妆，不仅妨碍皮肤呼吸，而且这个浓妆特别容易融化，稍有不慎就让你变成大花脸。

禁忌四：服装太前卫。

未必人人都了解眼下的潮流是什么，也并非人人都懂得欣赏前卫打扮，在办公室搞个人时装展览会，把最潮的民族服装、东方服装和欧美服饰全部轮流披上身，会和严谨的办公环境格格不入。

禁忌五：天天扮"女黑侠"。

黑色虽然是永恒的色彩，却不是万能的，一个星期有五天全黑打扮，未免缺乏生气。别以为黑色一定能显得你苗条，如果款式及裁剪不好，即使黑如墨的颜色，也对你的身材美化无济于事。假如碰上睡眠不足，黑色会让你显得更加憔悴。

禁忌六：脚踏"松糕鞋"。

近年来许多女性因赶时髦又贪方便，都穿露趾凉鞋上班，但那种超厚底"松糕鞋"

或“大头仔鞋”实在难登大雅之堂，也不宜上班穿着。要知道，穿这类鞋走路时比穿高跟鞋容易失掉重心，在狭小的办公室“踏来踏去”，既危险又失态。

禁忌七：衣不称身。

不妨检查一下自己穿的外套或西装是否衫袖太长，领位太大，即使你身材高挑喜欢穿较长的衣服，你也不要一味地穿又长又阔的服装，因为那样会令你显得既老气又累赘！

资料来源：http://www.sunstu.com/mishu/kaoshizhinan/2010-03-01/141730.html。

模块十一

# 举止仪态设计

## 学习目标

1. 了解并掌握站姿、坐姿、走姿、蹲姿的礼仪知识以及形体美塑造的基本知识。

2. 能在实践中保持正确得体的姿态，内外兼修，塑造美好的形象、培养良好的气质。

## 任务一　秘书的站姿与坐姿

### 工作情境

2010 年 5 月 11 日早上，远大公司新进的秘书小夏陪经理到阳光集团去洽谈业务，对方很热情地在会客室接待了他们。请问，小夏在站立与就座方面应该注意哪些礼仪问题?

### 任务描述

小夏必须要懂得秘书的站姿与坐姿方面的标准要求，从而在与对方交往的过程中保持良好的姿态，给对方留下文明优雅的美好印象。

### 工作实施

小夏在工作中一直对自己严格要求，包括平时的言行举止。因为刚刚工作，小夏不放过任何锻炼和提高自己的机会。在陪经理到阳光集团去洽谈业务时，小夏能够挺胸、收颌，双手自然叠放于腹前，双腿基本并拢，保持优美的站姿；在对方的会客室，小夏双腿并拢，脚尖对着正前方，上身挺直、头部端正地面对交谈对象，把笔记本放在大腿上记录双方的谈话，并适时与对方进行目光交流。

## 工作评估

小夏在工作和交往过程中，能够保持正确的站姿和坐姿，不仅姿势优美，而且符合礼仪规范。

## 相关知识

### 一、立姿

立姿，又叫站姿、站相，指人在站立时所呈现出的姿态，它是一种静态姿势。立姿是一个人的根本姿态，优美而典雅的立姿是发展动态美的起点和基础。

#### （一）标准的立姿

人们的立姿通常呈现为三种基本形态——立正、稍息与跨立。立姿的基本要求是：头端、肩平、胸挺、腹收、身正、腿直、手垂。由于性别的差异，立姿的标准要求也有差异。男子要求稳健，女子要求优美。

1. 男子的立姿

男子在站立时，一般应双脚平行，间距大致与肩同宽，全身正直，双肩向后稍展，头部抬起，双臂自然下垂伸直，双手贴放于大腿两侧。

如果站立时间太久，可以将左脚或右脚交替后撤一步，将身体的重心分别落在另一只脚上，伸出的脚不可伸得太远，双腿不可叉开过大，上身仍保持直挺，膝部要注意伸直。

2. 女子的立姿

女子在站立时，应当挺胸、收颌，目视前方，双手自然下垂，叠放或相握于腹前，双腿基本并拢。站立时，女子可以将重心置于某一脚上，即一腿伸直，另一条腿则略为前伸或弯曲；还可以双脚脚跟并拢，脚尖分开，张开的脚尖大致相距 10 厘米，其张角约为 45 度，呈现“V”形。

#### （二）禁忌的立姿

人在站立时，应当禁止如下不雅的姿态：

（1）全身不够端正。站立时身体要端正，因此一定要力戒站立时头歪、肩斜、臂曲、胸凹、腹凸、背弓、臀撅、膝屈等不雅姿态。

（2）双腿叉开过大。站立过久，可采取稍息的姿势，双腿可以适当叉开一些。但在他人面前双腿切勿叉开过大，尤其是女士。

（3）双脚随意乱动。人在站立时，双脚应当老实规矩，不要肆意乱动。用脚尖乱点乱划，双脚踢来踢去，蹦蹦跳跳，用脚去够东西、蹭痒痒，随便脱下鞋子等姿势都是非常不雅的。

（4）表现自由散漫。如果站得久了，还没有条件休息，仍应站有站样，而不要随意扶、拉、倚、靠、趴、踩、蹬，显得无精打采，自由散漫。

## 二、坐姿

坐姿，即人在就座之后所呈现出的姿势。在社交活动中，坐姿是人们所采用得最多的姿势。

（一）正确的坐姿需要兼顾的问题

正确的坐姿，一般要兼顾深浅、角度、舒展三个方面的问题。深浅即坐下时臀部与座位所接触面积的多少，坐有深坐、浅坐之别；角度指坐定后上身与大腿、大腿与小腿所形成的角度，坐姿因为角度的大小而有所不同；舒展，即入座前后手、腿、脚的舒张、活动程度，舒展与否，往往可以间接反映双方关系。

（二）坐姿的标准

坐姿既包括坐定后的姿势，也包括就座时的姿势。

1. 就座姿势

就座，即走向座位到坐下这一整个过程，它是坐姿的前奏，要注意三个问题：第一，要注意顺序。一般来说，就座时合乎礼仪的顺序有两种：一是请位尊之人先入座；二是平辈人或者亲友同事同时就座。第二，要讲究方向。在正式场合一定要遵守“左进左出”的礼仪规范。不论就座者从什么地方走向座位，都讲究从左侧一方走向自己的座位，再从左侧一方离开自己的座位。第三，要落座无声。在就座的整个过程中，要注意，不管是移动座位还是放下身体，或是调整坐姿，都不能发出嘈杂的声音。

2. 坐定姿势

一般来说，坐定后的姿势要注意如下五个方面的问题：

(1) 要挺直上身、头部端正、目视前方或面对交谈对象。一般情况下，不要将身子靠在座位的背部，也不要仰头靠在座位背上，或是低头注视地面，更不要左顾右盼、闭目养神、摇头晃脑。

(2) 在较为正式的场合，通常不宜坐满整个座位，一般说来，只占据座位的 2/3 位置就可以了。

(3) 坐下之后，双手应掌心向下，叠放于大腿之上，或是放在身前的桌面之上；侧坐时，双手叠放或相握于身体侧向的那条大腿上。双手要尽量减少不必要的动作，比如双手端臂、双手抱于脑后、双手抱住膝盖或者以手抚脚、双手夹在大腿中间等不雅姿态。

(4) 面对尊长或贵客时，双腿应当并拢。在非正式场合，允许坐定后双腿叠放或斜放。双腿交叉叠放时应并拢膝部之上的部位；双腿斜放则以与地面构成 45 度夹角为最佳。不要在尊长面前高跷“二郎腿”、两腿直伸或反复抖动。

(5) 脚应该自然下垂，置于地面之上，脚尖应面对正前方或朝向侧前方。坐定后将脚抬得过高，以脚尖指向他人，使对方看到自己的鞋底，脱鞋子、脱袜子，踩踏其他物体，两脚脚跟着地、脚尖朝上、摇荡抖动不止等都是不符合礼仪规范的不雅行为。

（三）离座谨慎

离座时应注意礼仪顺序，优先尊长，或与之同时起立。突然跳起、惊吓他人，弄出声响，或把身边东西弄到地上去都是不礼貌的。在离开座位时，应从左边起身退出，并且随手把椅子摆放到原来的位置，以显示出良好的教养。

## 学法指导

1. 认真学习并牢记正确的立姿与坐姿的标准要求和禁忌。

2. 平时对自己严格要求，努力使自己始终以比较优雅得体的姿态出现在各种社交场合。

## 技能训练

1. 张宇是大地集团的秘书。有一次，他去参加业务交流活动。在交流会场和一位同行站着交流时，张宇歪着头、斜着肩、一条腿还不停地晃来晃去，这位同行对他的表现很不满意。

张宇的行为符合礼仪规范吗？为什么？

2. 李彦是雨燕公司的秘书，她性格开朗，工作能力很强，但是有时不拘小节。有一次，她到领导办公室和领导商谈工作，仗着平时和领导接触多、很熟悉，她刚进领导办公室，就一屁股坐在沙发上，双腿先是叉开，然后又跷起二郎腿不停地抖动，领导对此颇有看法。

李彦的上述行为符合礼仪规范吗？她应该注意哪些礼仪问题？

## 其他链接

### 手姿礼仪

手姿，又叫手势。由于手是人体最灵活的一个部分，所以手姿是体语中最丰富、最具有表现力的传播媒介，做得得体适度，会在交际中起到锦上添花的作用。适当地运用手势，可以增强感情的表达。古罗马政治家西塞罗曾说："一切心理活动都伴有指手画脚等动作。手势恰如人体的一种语言，这种语言甚至连野蛮人都能理解。"作为仪态的重要组成部分，手势应该正确地使用。

谈话时，手势不宜过多，动作不宜过大，更不能手舞足蹈。传达信息时，手应保持静态，给人稳重之感。拍拍打打、推推搡搡，抚摸对方或勾肩搭背，依偎在别人的身体上等行为，会让别人反感，也是不符合礼仪的行为。

不能用食指指点别人，更不要用拇指指自己。一般认为，掌心向上的手势有一种诚恳、尊重他人的含义；掌心向下的手势意味着不够坦率，缺乏诚意等；攥紧拳头暗示进攻和自卫，也表示愤怒；伸出手指来指点，是要引起他人的注意，含有教训人的意味。因此，在引路、指示方向等时，应注意手指自然并拢，掌心向上，以肘关节为支点，指示目标，切忌伸出食指来指点。在谈话中说到自己时，可以把手掌放在胸口上；说到别人时，一般应掌心向上，手指并拢伸展开进行表示。

接物时，两臂适当内合，自然将手伸出，两手持物，五指并拢，将东西拿稳，同时点头致意或道声谢谢。递物时，双手拿物品在胸前递出，并使物体的正面对着接物的一方，递笔、刀剪之类尖利的物品时需要将头朝向自己，摆在手中，而不要指向对方，不可单手递物。

资料来源：http://depart.jgsu.edu.cn/jgsuxgc/xgcnstd/20091011950.html。

## 任务二 秘书的走姿与蹲姿

### 工作情境

于凡是公司的秘书，有一次，她在给经理送材料的途中，一会儿跑一会儿跳，结果不小心把手中的部分材料掉在了地上。于是，她低头弯腰捡拾材料，结果手中的其他东西也散落地上，请问，于凡应该怎么做才能避免这些尴尬？

### 任务描述

于凡应该懂得秘书的走姿与蹲姿方面的标准要求，从而在实践中保持良好的姿态，同时避免一些不必要的麻烦。

### 工作实施

于凡知道自己没有严格要求自己，不按秘书的走姿与蹲姿方面的标准要求自己，结果出现尴尬。于是，她不慌不忙，一条腿弯曲，一条腿跪着，捡起了东西，并整理整齐，然后继续从容前行。

### 工作评估

于凡在工作中，能够及时纠正自己的错误走姿，采取蹲姿捡东西，符合礼仪规范。

### 相关知识

#### 一、走姿

走姿，亦称行姿，是指人在行走的过程中所形成的姿态，体现的是人的运动之美和精神风貌。通常对走姿总的要求是轻松、矫健、优美、匀速、不慌不忙、稳重大方。行走时，应以正确的立姿为基础，同时要兼顾如下六个方面：

（1）昂首挺胸，全身伸直。行走时要面向前方，双目平视，头部端正，胸部挺起，背部、腰部、膝部不要弯曲，使全身看上去形成一条直线。

（2）起步前倾，重心在前。身体的重心应落在反复交替移动的前面脚的脚掌之上。当前脚落地、后脚离地时，膝盖一定要伸直，踏下脚时再稍为松弛，并即刻使重心前移，这样走动可以使步态好看。

（3）自始至终，直线前进。在行进时，双脚两侧行走的轨迹，大体上应呈现为一条直线。在行进中，身体不要左右摇摆，腰部至脚步保持直线移动。

(4) 双肩平稳，两臂摆动。行进时，双肩应当平稳；两臂自然、有节奏地摆动，摆动时，掌心向内，手掌向下直伸，摆动幅度以30度为佳。

(5) 脚尖前伸，步幅适中。在行进时，前伸的脚尖应保持向前，不要形成内八或外八字形；同时步幅大小适中，正常的步幅应为一只脚的长度。

(6) 全身协调，匀速前进。在行走时，速度要均匀、有节奏感；全身各部分的举止要相互协调、轻松自然。

与此同时，应尽量避免一些不雅行姿：首先，方向不定——在行走时方向不明确，忽左忽右，变化多端。其次，瞻前顾后——行走时左顾右盼，反复回头注视身后，身体乱晃不止。第三，速度多变——行走时，忽快忽慢，时而奔跑、时而停步，让人不可捉摸。第四，声响过大——行走时用力过猛，声响过大而影响或惊吓他人。第五，八字步态——行走时，脚尖内伸或外伸构成八字步。这些行姿直接影响个人的整体形象，因此要特别注意。

## 二、蹲姿

蹲姿即下蹲的姿势，是人处于静态的立姿时的一种特殊情况。多用于拾捡物品，帮助他人或照顾自己。在他人面前拾物品时，俯首、弯腰、撅臀很不雅观，应该采取蹲姿。

### (一) 基本方法

基本方法有三种，一是单膝点地式，即一条腿弯曲，一条腿跪着；二是双腿交叉式，即下蹲时双腿交叉在一起；三是双腿高低式，即下蹲后双腿一高一低，互为倚靠。

### (二) 主要禁忌

在公共场所下蹲有三条禁忌：一是面对他人，这样会使他人不便；二是背对他人，这对他人不够尊重；三是双腿平行叉开，被称为“洗手间姿势”，这种姿势极不文雅，特别是对女士而言。

## 学法指导

1. 要掌握走姿和蹲姿的标准要求，尽量避免不雅姿势。
2. 在实践中，要严格要求自己，在公共场合始终保持良好的姿态。

## 技能训练

1. 肖灿是公司的秘书，平时做事风风火火。一天，公司开会，结果有一份重要的材料被她的顶头上司张经理遗忘在了办公室里，张经理让肖灿代他去取材料，并嘱咐她不要着急，因为最后一个议程才用到。可是，肖灿一路飞奔，结果在楼梯转弯处撞到了一位同事，差点酿成大祸。

请从礼仪的角度分析肖灿的行为是否符合礼仪规范。

2. 舒雅与占丽是一对形影不离的好朋友，她们也在同一个单位上班。有一天，两个人在公司大楼前的路上边走边说，不时发出爆笑声，有时还你推我搡，甚至对过往的人指指点点。

请谈谈二人的行为是否符合礼仪规范。

## 其他链接

### 举止礼仪

举止，指的是人的行为动作，也包括表情和穿着打扮。举止也是一种语言，而且是内涵极为丰富的语言——体态语。一位哲人说过："行为举止是心灵的外衣，它不仅反映一个人的外表，也可以反映一个人的品格和精神气质。"在商务活动和日常生活中，某些动作也具有特殊的礼貌意义。

1. 举止的礼貌意义

点头。这是与他人打招呼时的礼貌举止。点头打招呼时，点头者应两眼看着对方，面带微笑，并把上体略向前倾 15 度左右。这种举止多用于迎送场合。当迎送者较多或距离较远时，可用点头致意，接近时也可以和握手配合使用。

举手。这是用于和对方远距离相遇或仓促擦身而过时打招呼的礼貌举止。它的用意在于表示自己认出了对方，但因条件限制而无法与对方交谈或站停施礼。举手打招呼是表示敬意的比较合适的方式。

起立。这是向尊者、长者表示敬意的礼貌举止。常用于集会时对报告人到场或重要来宾莅临时的致敬。在其他较正式的场合，有重要人物到来或离去时，在场者一般以起立表示敬意。

鼓掌。这是表示赞许或向别人表示祝贺的礼貌举止。在正式社交场合，重要人物的出现、精彩讲演、商务签字仪式结束等，多用热烈鼓掌表示钦佩或祝贺。

拥抱。这是表示亲密感情的礼貌举止。通常用于外事及迎来送往的场合，偶尔也用于久别重逢等难以用语言来表达强烈感情的特殊场合。但在同辈异性之间不要轻易使用。当然，礼貌举止不仅是这些，这里提及的只是比较常见的几种。在社交场合，每一个人都应该恰当地运用礼貌举止，充分体现出自己的教养和风度。

2. 举止的文明要求

这里所说的文明，是相对于粗俗而言的，它与礼仪密切相关。在各种交际场合，都应当稳重自持，尊重对方，不卑不亢，落落大方。为此，应注意如下几点：

（1）注意个人和公共卫生。卫生是文明的标志。良好的卫生习惯是尊重自己、尊重他人、尊重社会和热爱生活的表现。不随地吐痰，不乱扔废弃物，注意保持地毯、地板的清洁，进入地面干净的室内，应先在门口踏擦鞋底或脱换拖鞋进入。

（2）不抽烟或节制抽烟。现在一般交际场合，均不"敬烟"。即使自备香烟要吸，也应礼貌地征得旁人的允许，或自觉去指定吸烟场所。在禁止吸烟的场所，不要吸烟。在允许吸烟的场所，也要吸完后，把烟头完全熄灭，烟头烟灰要放进烟灰缸，不能随意乱扔烟头。

（3）守时守约。守时守约是社交活动中的一项基本要求。有约在先而不按时赴约，是失礼的，也容易引起对方的误解，有时甚至被认为是故意冷落。守时守约并不等于“越早越好”，而是要按预定时间适时到达。一般来说，拜会、会见、会谈等活动应正点准时到达；参加招待会、宴会，可正点到达或迟两三分钟；参加会议或出席文艺晚会等，应提前到达，以便按时或提前入座；去车站、机场送行或接客，则应提前到达。现代社会里人们都十分珍惜时间，所以，守时守约，既是文明礼貌的重要表现，也是快节奏工作的需要。

（4）避免不雅行为。参加交际活动前，不要吃葱、蒜、韭菜等辛辣异味食品，吃后必要时可含茶叶、口香糖、口香液以除臭味。不在他人面前擤鼻涕、抠鼻孔、挖耳朵、搓泥垢、揩眼屎、剔牙齿、修指甲、打哈欠、瘙痒或挠头摸脑、抖动腿脚等。咳嗽、打喷嚏时，应用手帕掩住口鼻，面向一旁，避免发出大声。

3. 举止必须克制自律，分寸有度

在商务社交场合，要注意克制自律，讲究分寸。比如微笑服务，如果运用得恰到好处，就会有一种天然的吸引力，能使人相悦、相亲、相近。同陌生客户见面，友好、真诚地微笑表示“欢迎你，见到你我很高兴”，使对方感到亲切，洽谈业务时气氛就不会冷峻。当有求于别人时，由衷地微笑可使对方无法拒绝。遇到了误会，应大度地一笑了之，表现坦荡的胸怀。自己处于窘境时，自嘲地一笑也就避免了难堪。在待人接物中学会运用微笑的技巧，就会拥有更多的朋友。但微笑也有很多种，有“会心微笑”、“相视而笑”、“不觉失笑”、“无人自笑”、“似笑非笑”、“不笑强笑”、“皮笑肉不笑”等。

假如不分场合不分对象，用了不恰当的笑法，只会令人厌恶和反感。

例如，眼神是最富于感染力的表情语言，运用恰当就魅力无穷，使人赞赏；运用失度就陷入轻佻，令人咋舌，暗送秋波、挤眉弄眼就属这一类。

眼神传情达意有很多类型，在商务活动中，比较注重运用公事凝视型眼神。它是人们在洽谈业务、磋商交易和贸易谈判时所使用的一种凝视行为。这种凝视是指用眼睛看着对话者脸上的三角部位（两眼和额头中部之间）。洽谈业务时，如果看着对话者的这个部位，就会显得严肃认真，别人也会感到你有诚意。再如，在社交场合把握好近体度也是举止适度的一个重要方面。身体距离不适度，对人是一种冒犯。一般近体距离有四种尺度：亲密距离为0.5米以内，适于亲情关系；个人距离为0.5～1米，适于朋友关系；社交距离为1～3米，适于礼节关系；公共距离为3米以外，是可以与不相干的人共享的空间。近体度的变化反映出人际关系的变化。当然，近体空间是受场景、情绪、性别、性格、年龄、地位制约的，上述划分只是一般而言。在社交场合，与异性接触尤其要注意分寸、礼节，保持适度的距离。不单独一人跟陌生的异性到不熟悉的地方去，也不单独约会谈与商务无关的问题，不轻易接受异性赠物。

资料来源：http://www.welcome.org.cn/jibensuzhi/2008-11-1/Makings.html。

# 任务三　形体美的塑造

## 工作情境

朱羽是远大公司的秘书，身材高挑、苗条，是不折不扣的美女。可是，她平时不爱看书、听音乐，没事就喜欢逛街，买各种稀奇古怪的时装。单位的同事都觉得她很漂亮，但是气质一般，甚至审美品位有些庸俗。请问，朱羽应该如何塑造自己的形象，使之更加完美。

## 任务描述

朱羽应该通过读书或其他艺术积累来提高自己的审美品位，而且应当加强自身的形体训练，内外兼修，使自己的形象更加完美。

## 工作实施

朱羽开始意识到只有先天的美丽基础是不够的。于是，她利用业余时间不断充实自己，参加自学考试取得了本科文凭；有空的时候，她还和一些朋友去看画展，到博物馆去参观，而不是无所事事；她参加了一个健身俱乐部，经常去健身。一段时间以后，她的言行和举止跟刚进单位时相比，有了很大的变化，同事们都认为她的涵养和气质都比以前好，她的工作也比以前更加出色了。

## 工作评估

朱羽能够意识到形体美不仅来自于外表，而且源于良好的内在修养，同时，她努力使自己内外兼修，从而使自身的形象得到了进一步的完善。

## 相关知识

美的风貌和仪态一直被人们视为自我完善不可缺少的部分。当今社会，竞争日益激烈，健康的形体往往可以使人在竞争中保持一定的实力和自信，从而促进事业上不断获得成功。目前，大家普遍对外在的形态美比较重视，但对姿态美化和气质培养的认识还不够。其实，真正的形体美，除了要外塑形态美，还应采取其他手段和途径美化姿态，提高艺术修养和审美能力，从而培养良好的气质。

### 一、形体美概述

人体形态的协调优美，主要体现在骨骼发育正常，身体各部分均称，如躯体左右对称，四肢长短均衡，达到一定的标准指数，即身高、体重的比例，颈围、胸围、腰围、臀围和腿围等的大小。如这些围度和长度的指数符合黄金分割规律，则这样的身体形态被认为是美的。

形体美是一种天然健康的美，美是建立在健康之上的，有损于健康的美不会长久，也不可能是真正的美。一个人的身材、容貌与先天遗传和后天营养、锻炼以及健康状态密切相关。形体美源于科学合理的营养和锻炼。但真正的形体美不仅是外在的健美和匀称，而且还包括优雅的姿态和良好的气质。

## 二、姿态美的塑造

姿态美能表现一个人的精神面貌和气质的高雅。姿态美的人，举止大方优雅，表现出极高的艺术品位，可以给人以赏心悦目的感受。下面介绍一些塑造姿态美的手段。前面我们对坐立行等基本姿态做了介绍，下面介绍一些实用的方法以使我们能够做到这些标准姿态。

### （一）地上练习

在掌握正确坐姿、跪姿和卧姿的基础上，可以做一些拓展性的低姿动作练习。比如，在坐姿的基础上可进行脚的勾、绷、开、并；腿的举、控、屈、伸、踢和压等；在跪姿的基础上可进行头颈部、肩部、胸部和腰部的练习；在卧的基础上体会站立的基本姿势，特别是站立时胸、腰、髋部受身体重心的影响，很容易出现含胸、塌腰和翘臀的动作，而在仰卧时，背、腰、臀都贴紧地上形成一条直线，此时的肌肉感觉与站立时上体的肌肉感觉是一致的，这样身体就会很挺拔，给人以美感。

### （二）把杆练习

把杆练习是塑造姿态美的主要手段，对发展下肢及躯干的力量、柔韧、灵巧、协调，增强对身体重心的控制、提高平衡能力都非常有效，同时它可以使身体的姿态规范化。

首先，规范的站立姿势是姿态美的前提。站立姿势是否标准，直接影响到人的精神面貌和姿态的美。大家可以借助把杆进行练习，帮助维持身体重心的平衡。

其次，把杆练习对腿部姿态的美化具有其他方法不可替代的功效。把杆进行站位、起重、压脚跟、下蹲、擦地、小踢腿、大踢腿、弹腿、小跳等练习，可美化腿部的姿态，增强腿部的弹性、柔韧性和灵活性，使肌肉的线条优美、流畅。

最后，以步伐和舞姿练习为主的中间姿态练习，可以增强身体的平衡感和控制力，使身体造型更加优美。步伐练习包括足尖步、柔软步、跑步、变换步、华尔兹步等，舞姿练习包括鹤立舞姿、燕式平衡等，这些联系能展现身体在运动过程中的动态美，同时可提高身体各部位之间的协调配合能力，使身体姿态更加生动，富有活力。

上述练习可以配乐进行，从而培养对音乐的理解能力、想象力、表现力，使身体姿态更加优雅，且富于艺术情感和韵味。

## 三、气质的培养

气质通常指人的典型而稳定的个性特点、风格和气度。它是人体内在的文化素养和艺术修养的展现，是内在美自然真实的流露。因此，在加强体形美、姿态美、动作美训练的同时，还应该全面提高文化素质、道德修养、审美品位，这样才能培养出良好的气质。气质的培养主要从“内”和“外”两个方面进行。

（一）内在素质的培养

首先，应加强文化修养。学习知识是认识世界、完善自我的过程。只有具备了丰富的知识，才能立足于社会，也才能做到自尊、自爱、自信、自立，才有可能具有完善的人格和高雅的气质。

其次，应努力提高艺术素养。音乐能陶冶人的情操、净化人的灵魂；美术通过塑造静态的视觉艺术形象来反映社会生活、表现人的思想感情，使人受到美的教育和熏陶；文学艺术是用语言来创造艺术形象，具有广泛的表现力，同时又是想象的艺术，是各门艺术的基础……总之，欣赏音乐、美术作品和阅读文学作品，通过视觉和听觉去体会和审视世界，可以培养人的审美能力和鉴赏力，使人在潜移默化中形成良好的气质。

（二）外在素质的培养

外在素质的培养主要是对人进行形态美、姿态美和动作行为美的塑造。形态和姿态美的塑造本身就是美育的过程，它使练习者在塑造形体美的过程中受到艺术的熏陶，情感的升华，从而不断地创造美、欣赏美和表现美。与此同时，还应该注意行为美。一个人在言行举止和坐、立、行方面都要得体，尊重他人、文明行事，才能表现出文雅大方的气度。

（三）良好的气质需要“内在素质”与“外在形象”相结合

“内”和“外”的素质不是独立的，内在美为外部美奠定了良好的基础，而外部美为内在美的表现提供了条件，只有二者和谐统一，才会表现出良好的气质。

形体美的塑造不是短时间或暂时性的，它需要有计划而且持之以恒地进行练习，才能达到预期的目的。

## 学法指导

1. 学会塑造形体美的一些常用的方法，并坚持练习。

2. 通过读书和其他形式的艺术熏陶，提高自己的知识水平和艺术修养，从而内外兼修，具有良好的气质。

## 技能训练

1. 小朱是立文公司的秘书，她学习特别认真，工作也很踏实卖力，老板很欣赏她的工作态度和工作能力。不过，小朱戴着一副厚厚的大框眼镜，而且有些含胸，每次遇到接待工作，老板总是想找其他部门的员工出场。

请从形体美的角度谈谈小朱身上存在的问题。

2. 赵帆是公司的秘书，刚刚参加工作，做事情干脆利落，领导很喜欢。可是，赵帆脸上经常起痘痘，脸色经常不好。原来，赵帆特别喜欢吃零食，甚至放弃主食，以零食充饥，一段时间下来，营养不良，脸色也变得更加不好。

请从形体美礼仪的角度谈谈赵帆应该如何调整自己。

其他链接

## 现代女性形体美的标准

俄罗斯艺术家盖特尔提出了评定现代女性形体美的标准：身高 1.64～1.66 米，体重 55～57 公斤，胸围 0.90～0.94 米，腰部周长为 0.60～0.64 米，腿长 0.86～0.91 米，手腕周长 0.17～0.18 米。盖特尔还认为，优美的体型来源于健康的体魄。为此，他提出，健美的女性应当达到下列几项健康指数：脉搏每分钟 70 次左右，呼吸每分钟 12～14 次，肺活量为 3 200～3 400 毫升，胸扩 5～7 厘米，屏息（憋气）40～60 秒，手腕握力 28～30 公斤，背负重力 80～90 公斤。此外，还能够在 12～13 分钟内跑完 2 400～2 600 米的距离。他认为，以上健康指数，只要坚持合理饮食，经常进行体育锻炼，每个青年妇女都可以达到。

资料来源：http://wuxizazhi.cnki.net/Search/LNTK198904017.html。

# 参考资料


1. 胡静．礼仪学．武汉：华中师范大学出版社，2006
2. 李莉．实用礼仪教程．北京：中国人民大学出版社，2002
3. 宋莉萍．礼仪与沟通教程．上海：上海财经大学出版社，2007
4. 周芙蓉．礼仪教程．北京：中国长安出版社，2003
5. 侯红杰．礼仪．上海：东华大学出版社，2004
6. 教育部教育管理信息中心组．礼仪与文化．北京：清华大学出版社，2007
7. 谭洛明，徐红．礼仪与形象塑造．广州：中山大学出版社，2008
8. 陈福义，覃业银．礼仪实训教程．北京：中国旅游出版社，2008
9. 陆予圻，郭莉．秘书礼仪．上海：复旦大学出版社，2002
10. 周增文，石运芳．现代礼仪使用指南．济南：济南出版社，2004
11. 张岩松．现代交际礼仪．北京：中国社会科学出版社，2007
12. 孙荣．秘书工作案例．上海：复旦大学出版社，2005
13. 孟庆荣．秘书工作案例及分析．北京：清华大学出版社，2007
14. 金正昆．商务礼仪教程．北京：中国人民大学出版社，2005
15. 王守福．秘书礼仪．北京：高等教育出版社，2003
16. 陆纯梅，范莉莎．现代礼仪实训教程．北京：清华大学出版社，2008
17. 金正昆．商务礼仪简论．北京工商大学学报，2005（1）
18. 金正昆．社交礼仪．北京：北京大学出版社，2005
19. 王剑，张岩松．现代公关礼仪．西安：西安电子科技大学出版社，2009
20. 边露．现代社交礼仪．南京：南京大学出版社，2008

21. http://zhidao. baidu. com/question/181591599. html
22. http://www. wyfwgw. com/Article/4916. html
23. http://www. exam8. com/lunwen/jingjixue/qita/200910/972364_2. html
24. http://www. welcome. org. cn/yishiliyi/2008-1-26/QuZhiWuHuiDeLiYi. html

**图书在版编目（CIP）数据**

秘书礼仪与职业形象设计/生素巧，程萍主编. —北京：中国人民大学出版社，2011.12
高等职业教育文秘专业“十二五”规划教材　21世纪高职高专精品教材. 现代秘书系列
ISBN 978-7-300-14692-8

Ⅰ.①秘…　Ⅱ.①生…②程…　Ⅲ.①秘书-礼仪-高等职业教育-教材②个人-形象-设计-高等职业教育-教材　Ⅳ.①C931.46②B834.3

中国版本图书馆CIP数据核字（2011）第241594号

高等职业教育文秘专业“十二五”规划教材
21世纪高职高专精品教材·现代秘书系列
**秘书礼仪与职业形象设计**
主　编　生素巧　程　萍
副主编　高卫红　刘　玉　段　赟
主　审　刘凤云

| | | | |
|---|---|---|---|
| **出版发行** | 中国人民大学出版社 | | |
| **社　　址** | 北京中关村大街31号 | **邮政编码** | 100080 |
| **电　　话** | 010－62511242（总编室） | | 010－62511770（质管部） |
| | 010－82501766（邮购部） | | 010－62514148（门市部） |
| | 010－62515195（发行公司） | | 010－62515275（盗版举报） |
| **网　　址** | http://www.crup.com.cn | | |
| **经　　销** | 新华书店 | | |
| **印　　刷** | 北京宏伟双华印刷有限公司 | | |
| **规　　格** | 185 mm×260 mm　16开本 | **版　　次** | 2012年1月第1版 |
| **印　　张** | 14.25 | **印　　次** | 2025年1月第6次印刷 |
| **字　　数** | 312 000 | **定　　价** | 26.00元 |

## 教师信息反馈表

为了更好地为您服务，提高教学质量，中国人民大学出版社愿意为您提供全面的教学支持，期望与您建立更广泛的合作关系。请您填好下表后以电子邮件或信件的形式反馈给我们。

| | | | |
|---|---|---|---|
| 您使用过或正在使用的我社教材名称 | | 版次 | |
| 您希望获得哪些相关教学资料 | | | |
| 您对本书的建议（可附页） | | | |
| 您的姓名 | | | |
| 您所在的学校、院系 | | | |
| 您所讲授课程的名称 | | | |
| 学生人数 | | | |
| 您的联系地址 | | | |
| 邮政编码 | | 联系电话 | |
| 电子邮件（必填） | | | |
| 您是否为人大社教研网会员 | □ 是，会员卡号：____________<br>□ 不是，现在申请 | | |
| 您在相关专业是否有主编或参编教材意向 | □ 是　　□ 否<br>□ 不一定 | | |
| 您所希望参编或主编的教材的基本情况（包括内容、框架结构、特色等，可附页） | | | |

我们的联系方式：北京市海淀区中关村大街 31 号
中国人民大学出版社教育分社
邮政编码：100080
电话：010-62515912
网址：http://www.crup.com.cn/jiaoyu/
E-mail：jyfs_2007@126.com